답은
고린도에
있다

고린도전후서 강해설교

답은 고린도에 있다

최영기 지음

요단
JORDAN PRESS

들어가는 글

설교집을 출간하라는 권유가 종종 있었지만 그동안 귀를 기울이지 않았습니다. 몇 가지 이유가 있었습니다.

첫째, 제 설교가 설교집으로 만들어 출간할 만큼 '좋은' 설교가 못됩니다. 어떤 설교 전문가는 제 설교를 '큐티식 설교'라고 폄하하기도 했습니다.

둘째, 저는 설교의 목적이 선포보다 설득이라고 생각합니다. 설득하기 위해서는 같은 말을 반복해야 하고, 사족에 가까운 권면의 말을 해야 하는데, 들을 때에는 상관없지만 글로 옮겨 놓으면 어수선하고 혼잡스럽습니다.

셋째, 성도들의 삶에 변화를 주기 위해서는, 같은 주제를 반복해서 설교해야 하는데, 이런 설교들을 모아 설교집으로 만들면 똑같은 내용을 '우려먹는' 인상을 줄 수 있습니다.

그럼에도 불구하고 요단 출판사에서 설교집을 출판하고 싶다고 했을 때 응한 이유가 있습니다. 교회 다닌 적이 없는 사람들은 제 설교가 귀에 들어온다고 합니다. 제가 1993년 휴스턴 서울교회에 담임목사로 부임했을 때 장년 출석이 약 100명이었는데, 2012년에 은퇴할 때에는 장년 출석이 1,000명이 되었습니다. 이러한 성장은 비신자 전도를 통해서 이루어졌습니다. 은퇴 당시 통계에 의하면 교인 중 84%가 저를 통해 예수님을 영접하고 침례를 받았습니다. 이처럼 비신자 전도 열매가 있었던 데에는 제 설교도 한 몫을 하지 않았나 싶습니다. 그래서 비신자들을 향해 어떻게 설교를 하는지 배우고자 하는 목회자에게 도움이 되지 않을까 싶어서 설교집 출간을 결심했습니다.

또한, 휴스턴서울교회 평신도 사역자들은 지속적으로 지치지 않고 기쁨으로 사역할 수 있는 힘이 주일 예배를 통해서 온다고 합니다. 주일예배에 큰 몫을 차지하는 것이 설교입니다. 그래서 각 교회에서 열심히 사역하는 평신도들에게 도움이 되지 않을까 싶어서 설교집을 출간하기로 결심했습니다.

이 설교집은 제가 휴스턴서울교회에서 2003~2004년 주일에 설교한 것을 모은 것입니다. 저는 강해 설교를 하는데, 은퇴하기 전에 성경 전체를 설교해 보고 싶었습니다. 그러기 위해서는 본문을 길게 잡아야 했습니다. 그래서 이 설교집에서는 성경 한 장이 설교 한 편을 이루고 있습니다.

설교 내용에 성경 본문 주석이 많지 않은 것을 아쉬워하는 분들이 있을 것입니다. 하지만 제한된 주일 설교 시간에 성경 한 장을 설교하려면, 본문 주석을 할 시간적 여유가 없습니다. 그래서 본문 공부는 금

요일 목장 모임(소그룹 모임)에서 하고, 주일 설교 시에는 생활 적용만을 다루었습니다.

　고린도전후서를 선택한 것은 고린도 교회가 오늘날 현대 교회가 갖고 있는 모든 문제점을 거의 다 갖고 있었기 때문입니다. 고린도 교회는 교회 분쟁, 이혼, 성관계, 제사, 방언, 성령의 은사 등 다양한 문제를 갖고 있었습니다. 이러한 문제를 가진 고린도 교회에 사도바울이 던지는 메시지와 제시하는 해결책은 오늘날의 교회에도 훌륭하게 적용할 수 있습니다.

　약 15년 전에 한 설교를 수록했기 때문에 인용한 예화나 시사담이 오늘날의 독자들에게는 낯설 수도 있습니다. 그러나 사도 바울의 교훈을 이해하는 데에는 큰 문제없을 것이라고 생각합니다.

　설교 이해를 돕기 위해 휴스턴서울교회를 잠깐 소개합니다. 휴스턴서울교회는 가정교회로 알려진 교회입니다. 가정교회에서는 소그룹을 목장이라고 부르고, 책임자를 '목자'라고 부르고, 목자의 아내를 '목녀'라고 부릅니다. 목장은 구역같은 교회 부속 기관이 아니라, 교회의 본질적인 기능을 다하는(예배, 교육, 전도, 선교) '교회'공동체입니다. 이러한 목장들이 모여서 휴스턴서울교회를 이룹니다. 목장을 책임지는 목자는 관리자가 아닙니다. 목양을 하는 평신도 목회자입니다.

　'초원'은 목자들로 이루어진 소그룹을 의미합니다. 초원 책임자를 '초원지기'라고 부릅니다. 설교에서 언급하는 '집사'는 '안수집사'를 의미합니다. 서울교회 집사는 장로교회의 장로에 해당합니다. VIP라는 단어도 등장을 하는데 'Very Important Person'의 약자로, 가정교회에서는 비신자를 지칭합니다. 하나님께 돌아오기를 간절히 기다리는 '아주 중요한 존재'라는 의미입니다. '생명의 삶'은 세계 어느 곳에서나 가정교회를 하는 교회에서 제공하는 신앙생활의 틀을 짜주는 13주 성경공부입니다. '예수 영접 모임'은 예수님을 영접할 준비가 되어 있는 사람들을 담임 목사가 정기적으로 모아 복음을 제시하고 예수님을 영접하도록 돕는 모임입니다.

설교집을 읽을 때 서울교회, 집사, 목자 목녀, 교인들을 지나치게 자랑하는 것처럼 느껴질지 모르겠습니다. 저는, 성도들의 삶에 변화를 가져오기 위해서는 잘못한 것을 지적하기보다 잘하는 것을 제시해 주어야 한다고 믿습니다. 그러다 보니 교회 안에서 일어나고 있는 좋은 일들을 예화로 사용했는데, 독자들에게는 자랑처럼 들릴 수도 있겠습니다. 그러나 여기에 수록된 설교는 외부인을 향한 것이 아니라 서울교회 성도들을 향해 한 것이라는 것을 기억해 주시면 감사하겠습니다.

설교집이 나오도록 도움을 준 휴스턴서울교회 심운기 집사와 박인배 목녀에게 감사를 드립니다.

2019년 5월

최영기 목사
휴스턴서울교회 은퇴 목사, 국제가정교회사역원 원장

목차

들어가는 글 —— 4

고린도전서

- 1장 파당 짓기를 경계합시다 —— 12
- 2장 하나님께 영광 돌리는 삶 —— 22
- 3장 하나님의 마음을 아는 영적인 사람 —— 33
- 4장 이렇게 삽시다 —— 42
- 5장 교회에서의 징계 —— 53
- 6장 소송과 음행 —— 63
- 7장 결혼, 이혼, 재혼, 성생활 —— 74
- 8장 제사와 술 —— 83
- 9장 목회자의 생활비에 관한 원칙 —— 92
- 10장 신앙적인 교만을 경계하라 —— 103
- 11장 남녀유별, 성찬식 —— 114
- 12장 성령의 나타나심이 있는 교회 —— 124
- 13장 사랑이 최고야 —— 135
- 14장 예언은 누구나 합니다 —— 146
- 15장 부활에 관한 7가지 의문 —— 157
- 16장 영적 지도자에 관한 오해 —— 167

고린도후서

장	제목	쪽
1장	고난은 축복의 전주곡	180
2장	터프 러브(Tough Love)	190
3장	성령 충만이 답이다	200
4장	어수룩해 보이면서도 강한 크리스천	210
5장	새로운 피조물의 삶	220
6장	은혜를 헛되이 말라	230
7장	믿음 좋은 사람에 관한 오해 풀기	241
8장	재물이 화가 되지 않고 복이 되려면	251
9장	돈 잘 쓰는 법	262
10장	하나님이 쓰시는 리더	273
11장	좋은 팔로워가 좋은 리더가 된다	283
12장	능력 있는 크리스천	292
13장	건강한 공동체를 이루려면	302

고린도전서

고린도는 그리스 남단에 있는 항구 도시입니다. 거기에는 그리스 사람들이 '아프로디테'라고 부르고 로마 사람들은 '비너스'라고 부르는 사랑의 여신을 수호신으로 모셨습니다. 이 때문에 주민들은 도덕적으로 타락했고, 성적으로 매우 문란하였습니다. 자연히 이런 곳에 세워진 고린도 교회는 문제가 아주 많았습니다. 사도 바울은 이들의 잘못을 교정하기 위하여 고린도전서와 후서를 썼습니다.

고린도전서 1장

파당 짓기를 경계합시다

고린도는 그리스 남단에 있는 항구 도시입니다. 거기에는 그리스 사람들이 '아프로디테'라고 부르고 로마 사람들은 '비너스'라고 부르는 사랑의 여신을 수호신으로 모셨습니다. 그렇기 때문에 주민들은 도덕적으로 타락했고, 성적으로 문란했습니다. 이런 곳에 세워진 고린도 교회는 문제가 많을 수밖에 없었습니다. 사도 바울은 이들의 잘못을 바로잡아 주기 위해 고린도전서와 후서를 썼습니다.

오늘 고린도전서 1장에 기초해서 설교 준비가 어려웠습니다. 1장에서 다루고 있는 주제는 파당 짓기인데 서울 교회는 아직 드러나는 파당이 없기 때문입니다. 어떤 교회에서는 담임 목사 지지파와 담임 목사 반대파로 파당이 형성됩니다. 강력한 두 장로를 중심으로 파당이 형성되기도 합니다. 교회는 인간이 모인 공동체이기 때문에 파당이 형성될 가능성은 얼마든지 있습니다. 예방 차원에서 바울의 파당에 관한 가르침은 우리에게도 유익할 것입니다. 그렇다면 어떻게 하면 교회에서 파당이 생기는 것을 방지할 수 있을까요?

자만을 경계해야 합니다

자신이 믿음이 커졌다고 생각할 때에 자만을 경계해야 합니다. 고린도 교인은 영적으로 갖춘 것이 많았습니다. 그래서 사도 바울은 하나님께 기도할 때마다 이들의 영적 풍요를 감사했습니다(4절). 전도에 열심이었고, 성경지식도 많았고, 구원에 관한 확신도 견고했습니다. 영적 은사에도 부족함이 없었고, 재림에 관해서도 확실한 신앙을 가지고 있었습니다(6-7절). 그러나 안타깝게도 이처럼 신앙적으로 잘 갖추어졌다는 사실이 이들에게 자만심을 심어주었습니다. 이러한 자만심은 파당을 짓는 것으로 발전했습니다.

우리 주위에서도 믿음이 자라면서 파당을 만드는 것을 봅니다. 목장에서도 그렇습니다. 목장 식구가 믿음이 어릴 때에는 문제가 없습니다. 그런데 믿음이 자라면서 목자를 비판하기 시작하고 목자와 갈등이 생기는 경우를 봅니다. 이렇게 갈등이 생기면 목사에게 비판적인 그룹이 형성되고 파당이 형성됩니다.

어떤 사람이 사역을 열심히 해서 남에게 인정받고 영향력을 갖게 되면, 담임 목사에 대하여 비판적인 마음을 갖기도 합니다. 또한 그 사람을 중심으로 담임 목사에게 반대하는 그룹이 형성되는 경우도 있습니다. 그러므로 우리는 자신의 믿음이 커졌거나, 교회에서 없어서는 안 될 중요한 일꾼이 되었다고 느낄 때, 자신을 살펴야 합니다. 자신으로 인하여 파당이 형성되지 않도록 조심해야 합니다.

1) 불만의 말은 자만의 증거입니다

파당이 생기지 않기 위해 우리는 어떻게 조심해야 할까요? 자신이 하는 말을 살피시기 바랍니다. 파당이 형성되는 데에는 교만이 큰 역할을 합니다. 자신이 교만해졌는지 아닌지는 자신이 하는 말에 주의를 기울여 보면 알 수 있습니다. 전에는 교회 생활에 만족했는데 교회를 비판하고, 불만을 표시하는 말을 하고 있으면 자신이 교만해지고 있다는 것을 인지해야 합니다. 교회는 달라진 것이 없는데 행복했던 교회 생활이 불만족스럽게 느껴진다면 자신이 교만해져서 그렇다고 봐도 무방합니다.

2) 하나 됨을 지상 목표로 삼아야 합니다

그러므로 믿음이 자라서 교회에서 영향력 있는 사람이 되거나 지도자가 되면 하나 되는 것을 지상 과제로 삼아야 합니다. 바울은 본문에서 고린도 교인들이 하나가 될 것을 간곡히 부탁합니다(10절). 예수님께서는 하나 됨을 자신이 하나님께서 보내신 분이라는 사실을 증명하는 증거로까지 삼고 계십니다(요 17:21).

세상 사람들은 하나가 되는 것이 무척 어렵습니다. 이익 때문에 잠시 협력하는 것은 가능하지만 이해관계가 없어지거나 손해가 된다고 생각하면 사역의 동역자도 배신하고 부부 관계도 끊습니다. 그런데 크리스천이 나이, 사회적인 지위, 교육 정도가 다름에도 불구하고 하나가 되는 것을 보면 믿지 않은 사람들이 신기하게 생각할 것입니다. 성격적으로 맞지 않는 부부가 행복한 부부 관계를 이루어 가는 것을 보면 신기하게 생각할 것입니다. '이 사람들이 믿는다는 예수 때문인가?' 생각하게 될 것입니다. 이렇게 하나 되는 모습을 보여줌으로써 우리는 세상에 예수님께서 하나님이 보내신 분이심을 증명할 수 있습니다. 반대로 하나가 되지 못하는 것은 예수님이 하나님으로부터 온 분이라는 것을 부인하는 것입니다. 그러므로 우리는 하나가 되는 것을 지상 과제로 삼아야 합니다. 교회 리더들은 사역의 효율과 하나 되는 것 두 가지 중에 하나를 선택해야 한다면 하나가 되기를 선택해야 합니다.

모든 지도자를 존중해야 합니다

　신앙생활에서 존경할 수 있는 사람이 하나도 없다는 것은 불행입니다. 존경할만한 리더가 있다는 것은 복입니다. 그러나 한 리더만 지나치게 좋아하면 파당을 형성하는 등 부정적인 결과를 가져올 수 있습니다.

　휴스턴서울교회에 와서 예수를 믿게 된 분들 가운데에는 한국으로 귀국해서 오랫동안 교회를 정하지 못하고 방황하는 분들이 계십니다. 첫사랑을 못 잊듯 예수님을 만나게 해준 저를 못 잊고 휴스턴서울교회를 못 잊는 것은 이해할 수 있습니다. 그러나 그렇다고 한국에 있는 교회와 목사님을 받아들이지 못해 교회를 정하지 못한다면 문제입니다.

1) 파당 짓는 것은 예수님보다 인간을 더 좋아한다는 뜻입니다

　고린도 교회에 존재하는 파당은 지도자를 좋아했기 때문에 생긴 결과였습니다(11-12절). 고린도 교회가 바울에 의하여 세워졌으니 교회 창립자인 바울을 좋아하는 사람들이 있었습니다. 그러나 예수님의 수제자였던 베드로를 존경하고 따르는 사람들도 있었습니다. 그런가 하면 지적인 아볼로에게 매력을 느끼고 따르는 사람들도 있었습니다(아볼로는 행 18:24-25에 소개된 인물입니다). 그런가 하면 어느 파당에도 속하지 아니하고 "우리는 오직 예수님만을 따르겠다"하는 그룹이 있었습니다. 특정 인물을 좋아하고 따르는 것은 좋았지만, 다른 인물을 좋아하는 사람들을 배척하면서 파당을 형성했습니다.

파당이 나쁜 것은, 예수님보다 특정 지도자를 더 사랑하기 때문입니다. 예수님은 자신을 사랑하는 사람은 자신의 계명을 지키는 사람이라고 말씀하셨습니다(요 14:15). 예수님은 하나가 되라고 명하셨습니다. 그런데 특정 개인을 사랑함으로 파당을 형성해서 이 명령을 어긴다면 예수님보다 특정인을 더 사랑한다고 말할 수밖에 없습니다.

파당이 생기는 것을 막고 새로운 지도자를 수용하기 위해서는 새로운 지도자의 스타일에 자신을 적극적으로 적응시켜야 합니다. 목장이 분가하는 경우 이전 목자를 너무 사랑해서 새로운 목자에게 정을 붙이지 못하는 사람들이 있습니다. 그래서 옛 목자를 선호하고 지금의 목자에게 마음을 닫는 등의 파당을 형성하게 될 수가 있습니다. 그래서는 안 됩니다. 예수님이 자신의 진정한 목자이고 목자는 예수님의 대리인이라는 것을 믿는다면 새 목자의 스타일에 적극적으로 자신을 적응시켜야 합니다.

사역 부서도 마찬가지입니다. 사역부장이 바뀌면, 이전 사역부장과 사역하던 사람들이 우르르 물러나는 것을 가끔 봅니다. 이런 사람들은 자신에게 심각하게 질문을 던져야 합니다. "내가 특정 사역부장을 위해서 사역했는가, 아니면 주님을 위해서 사역했는가?" 만일 주님을 위해서 사역을 했다면 사역부장이 바뀌었다고 해서 사역을 그만두는 어리석음을 범하진 않을 것입니다.

2) 하나님은 인간이 예상하지 못한 방법으로 일하십니다

사역에서 물러나는 이유는 새로운 리더가 이전 리더보다 유능하지 못하고 리더십 스타일이 마음에 들지 않기 때문일 것입니다. 그러나 하나님께서 새로운 리더를 통해 이전 리더보다 더 큰 일을 이루실 수 있습니다. 하나님께서 일하시는 방법은 우리의 예상과 다른 경우가 많습니다. 이러한 사실은 복음 자체에서 볼 수 있습니다.

하나님이 인류를 구원하신 방법은 인간의 생각을 초월한 것이었습니다(18절). 하나님께서는 아들을 십자가에 달려 돌아가시게 함으로 세상을 구원하셨습니다. 이러한 방법은 유대인들에게도 이방인들에게도 '말도 안 되는' 방법이었습니다(22-23절). 유대인들은 메시야가 모세처럼 큰 능력을 행하는 사람일 것이라고 기대했습니다. 그래서 예수님에게도 끊임없이 표적을 요구했습니다(요 6:30). 그리고 유대인들은 또한 나무에 달려 죽는 사람은 하나님의 저주를 받은 사람이라고 믿었습니다(신 21:23). 그런데, 예수님이 모세처럼 능력을 행하는 대신에 십자가에 달려 저주스러운 죽음을 당했으니 예수님을 메시야로 받아들일 수 있었겠습니까?

지혜를 추구하는 이방인들은 모든 일을 지적으로 접근하는 오늘날의 지성인에 해당하는 사람들입니다. 이런 사람들이 하나님의 아들이 인간으로 세상에 왔고, 십자가에서 처참한 죽임을 당했고, 그런 후에 부활하여 인류의 구원을 이루었다는 것을 논리적으로 받아들일 수 없는 것은 당연합니다.

그러나 하나님은 아무도 예상하지 않았던 방법으로 구원을 이루셨습니다(21절). 하나님의 방법은 세상적인 관점에서 보면 난센스 같아 보이지만 능력이 있습니다(24절). 세상이 보기에 복음은 어리석어 보입니다. 그러나 복음을 믿고 변할 수 없을 것이라 여겼던 사람이 변하는 모습을 심심찮게 봅니다. 또한 복음 안에서 우리는 수많은 기도의 응답을 체험합니다. 이러한 체험을 한 우리들이 복음의 능력에 대한 증인입니다.

바울이 이처럼 복음에 관하여 말하는 것은 고린도 교인이 안고 있는 파당의 문제를 염두에 두고 말하는 것입니다. 그러므로 우리들도 특정 지도자의 사역 방법이 익숙하다고 할지라도 새로운 지도자의 방법을 적극적으로 수용해야 합니다. 왜냐하면 하나님은 기대하지 않은 방법으로 일하시기 때문입니다. 파당은 담임 목사가 가정 교회로 전환하려 할 때에도 형성될 수 있습니다. 담임목사에 동조하는 사람과 이에 저항하는 사람들로 편이 갈라질 수 있습니다. 그런데 가정 교회를 반대하는 사람들은 특별한 이유가 있다기보다 가정 교회가 낯설기 때문에 그러는 경우가 많습니다. 이런 사람들은 하나님께서 새로운 사람을 통하여 새로운 방법으로 일하실 수 있다는 가능성을 배제하고 있다는 것을 깨달아야 합니다. 하나님께서 기대하지 않는 방법으로 일하실 수 있음을 받아들이고 성경에 어긋나지 않는 한 담임목사를 적극적으로 지원해야 합니다.

제가 서울교회에서 사역을 잘 할 수 있었던 것은 집사님들이 이러한 태도를 가져주셨기 때문입니다. 분명히 제가 잘못되었다고 생각하면 지적을 하지만, 성경에 어긋나지 않으면 별난 제안도 적극적으로 받아들여 주셨습니다. 사실 최선의 방법이 아니었어도 한 마음이 되어 추진했기 때문에 좋은 결과가 생겼습니다. 별 차이가 없는 방법론으로 다투기보다 새로운 지도자가 시도하는 방법이 성경에 어긋나지 않는다면 반대하다가 파당을 형성하는 일이 없도록 적극적으로 지원하시기 바랍니다.

3) 하나님의 능력은 약한 자로부터 더 잘 나타납니다

파당을 형성하는 또 하나의 이유는 지도자의 자질에 민감하기 때문입니다. 우리는 알게 모르게 사람을 사회적 지위로 평가합니다. 목장이 분가할 때에도 새로 임명 받은 목자가 이전 목자보다 사회적 신분이 떨어진다고 생각되면 협조에 소극적이거나, 목장을 바꿔달라고 요구하는 사람들이 있습니다. 이래서 파당이 생깁니다. 그러나 우리는 하나님께서 인간이 예상하지 않았던 방법으로 일하실 뿐만 아니라 예상하지 않았던 사람을 사용하시는 것을 알아야 합니다. '아무개가 아무개보다 더 낫다'는 식의 사고 때문에 파당을 형성하고 있는 고린도 교인들에게 사도 바울은 이러한 사실을 지적합니다(26-27절).

사회적인 신분이 별로 높지 못한 고린도 교인을 하나님께서 구원하시고, 사용하고 계시다는 사실이, 하나님께서 인간적으로 볼 때 탁월해 보이는 사람만을 쓰시는 것이 아니라는 것을 증명합니다. 그러므로 지도자를 비교하고 파당을 형성하지 말라고 권면하십니다.

교회 안에서 사회적 신분이나 지위가 높은 사람을 선호해서 생겨나는 파당을 경계해야 합니다. 우리는 새로운 목자, 사역부장, 리더를 평가할 때 사회적 기준으로 평가해서는 안 됩니다. 하나님께서는 사회적인 신분이 없는 사람, 갖춘 것 없는 무능해 보이는 사람을 더 사용하십니다. 왜냐하면 이럴 때 생기는 사역의 열매는 전적으로 하나님 때문인 것을 사람들이 볼 수 있기 때문입니다(27-29절). 우리 교회에서는 세상적인 기준으로 볼 때 별로 갖춘 것이 없는 목자가 목장도 더 부흥시키고 분가도 더 많이 하는 것을 봅니다. 그러므로 지도자가 바뀌었을 때에 우리는 새 지도자에 관하여 두 가지 질문만을 던져야 합니다. "이분이 하나님의 뜻대로 살려고 노력하는 분인가?" "이분이 기도하는 분인가?" 이 두 가지만 확실하다면 하나님이 그분을 쓰십니다. 적극적으로 지지하여 하나님의 일하심에 참여해야 합니다.

고린도전서 2장

하나님께 영광 돌리는 삶

저는 지난주에 가졌던, 부시 대통령 자문위원으로 일하고 있는 시각장애인 강영우 박사님의 말씀을 통하여 많은 은혜를 받았습니다. 제가 자주 인용하는 성경 구절은 로마서 8:28, "하나님은 모든 것을 합력하여 선을 이루신다"는 구절입니다. 이 말씀을 갖고 설교도 했습니다. 그런데 강 박사님의 말씀을 통하여 진정한 확신이 생겼습니다. 하나님을 떠나지 않고 그분께만 매달려 있으면 어떠한 역경도 복으로 변하겠다는 확신이었습니다.

제가 자주 인용하는 구절 또 하나가 "하나님의 능력은 약한 데서 완전해진다"는 고린도후서 12:9 말씀입니다. 그런데 강 박사님 간증을 들으면서 저는 자신의 약함을 받아들이는 것으로 만족했지 진정한 자랑거리로 삼고 있지는 않다는 것을 깨달았습니다. 그리고 약함이 진정으로 자랑거리가 되겠다는 생각이 들었습니다. 왜 이미 알고 있던 말씀이 이처럼 확신으로 마음에 와 박힐 수가 있었을까요? 그것은 강 박사님이 말만 하고 끝난 것이 아니라 삶으로 이 말씀이 진리라는 것을 보여주었기 때문입니다. 머릿속으로 아는 진리와 삶에서 경험된 진리의 차이점을 새삼스럽게 깨달았습니다.

고린도전서 1:31에서 바울은 "누구든지 자랑하려거든 주님을 자랑하라"고 말합니다. 어떻게 주님을 자랑합니까? 자신의 약함을 자랑하는 것이 주님을 자랑하는 것입니다. 우리는 하나님께 영광 돌리는 삶을 살고 싶다고 종종 말하는데, 어떻게 영광을 돌립니까? 자신의 약함을 정직하게 노출시킬 때 그 삶에서 나오는 능력은 본인에게서 나오는 것이 아니라 하나님으로부터 나온 것임을 주위 사람들이 보게 됩니다. 그럴 때 하나님께서 영광을 받으십니다.

그렇다면 우리는 어떻게 나의 약함을 자랑함으로써 하나님의 이름을 높여드릴 수 있을까요? 고린도전서 2장은 두 가지 방법을 제시하고 있습니다.

복음을 단순하게 믿고 전한다

바울은 1-5절에서 자신의 약한 모습을 그리고 있습니다. 사람들은 남에게 자신만만한 모습을 보이려고 하지만, 사도 바울은 자신이 약하고, 두려워했고, 떨었다고 적습니다(3절). 약하다는 것은 신체적인 질환을 의미하고 있는 것 같습니다. 두려워하고 떨었다는 것은 고린도를 복음화해야 한다는 사명 앞에서 자신의 부족을 의식하며 느끼는 감정을 그린 것 같습니다.

바울은 그리스 문명의 중심부에 있는 고린도 주민에게 복음을 전하기 위해 그들이 선호하는 논리와 수사학에 의존하지 않았습니다(1절). 유대인들에게는 걸림돌이 되고 그리스 사람들에게는 어리석게 보이는 십자가와 그리스도만 전했습니다(3절). 그런데 결과는 어떠했습니까? 하나님의 능력이 나타났습니다(4절). 타락한 도시에서 타락한 생활을 하고 있던 고린도 주민들 중에 예수를 믿는 사람이 생기고 교회가 세워졌습니다.

1) 세상의 논리와 방법에 의존하지 않는다

그러므로 우리도 복음을 매력적으로 들리도록 하기 위해 논리나 철학에 의존하는 일을 피해야 합니다. 복음은 가능하면 투박할지라도 단순하게 전해야 하나님의 능력이 나타납니다. 바울도 설교할 때에 세상의 지혜로 하지 않았습니다. 왜냐하면 지혜에 근거한 믿음은 그 지혜보다 더 큰 지혜가 등장하면 무너지기 때문입니다(5절). 우리의 주위에 철학이나 신학 책을 많이 읽고 논리에 근거한 설득에 의해 예수를 믿게 되었다는 분들이 계십니다. 그런데 이런 분들은 엉뚱한 의문으로 인해 쉽게 믿음이 흔들리기도 하고 사소한 것에 실망하여 시험에 빠지기도 합니다. 거기에 비해, 기복 신앙이라고 비판 받기도 하면서도, 단순하고 우직하게 믿는 사람들은 삶도 변하고, 기도 응답도 많고, 교회 봉사도 열심히 하고, 헌금도 많이 하는 것을 봅니다. 하나님의 능력이 그 안에서 역사하시기 때문입니다.

2) 복음을 전할 때에 학위와 지위에 위축되지 않는다

하나님을 자랑하고 영광 돌리는 삶을 살려면 단순하게 믿고 단순하게 전해야 합니다. 학문을 많이 닦은 사람이나 사회적인 지위가 있는 분들에게 복음을 전할 때에는, 그들의 수준과 기호에 맞는 언어와 방법으로 복음을 전해야 한다고 생각할지 모릅니다. 그러나 그럴 필요 없습니다. 자신이 믿는 예수님을 단순하게 전하면 됩니다. 말의 기교가 아니라 복음 그 자체가 하나님의 능력이기 때문입니다.

제게 고모부님이 한 분 계셨습니다. 머리가 비상한 분이셨습니다. 아이비리그(ivy league)에 속한 명문 대학 수학과에서 가르치셨고 교육자로 대한민국 공로 훈장까지 받으신 분입니다. 그런데 이분은 안타깝게도 예수를 믿지 않으셨습니다. 그런데 아내인 우리 고모는 교회를 다녔기 때문에, 자기 집에서 구역 모임을 하면 고모부도 참석을 하셨습니다. 그런데 담임 목사님이 참석하게 되면 신앙에 관해서 여러 가지 어려운 질문을 던지는데, 목사님이 토론을 벌이다가는 결국 당하지 못하고 물러나곤 했습니다. 그러다가 이분이 학회 인도 차 한국 방문 중에 배가 아파서 병원에 가서 검진을 받게 되었는데, 위암 말기라는 판정을 받았습니다. 너무 늦게 발견해서 치료 방법이 없어서 죽음을 기다리고 있을 때에, 한 흑인 목사님이 찾아오셨습니다. 그리고는 단도직입적으로 물었습니다. "Brother, are you saved?"(형제여, 당신 구원받았소?) 이 질문은 그동안 담임 목사님이 대학 교수라는 지위에 위축되어 묻지 못했던 질문이었습니다. 그리고는 복음을 단순하게 전했습니다. 그런데 놀라운 일이 일어났습니다. 고모부님이 예수님을 주님으로 영접한 것입니다. 그로부터 약 1달 후에 고모부님은 세상을 떠나셨습니다. 저희 고모는 그 한 달이 결혼 생활한 중에서 가장 행복한 기간이었다고 말합니다. 이것이 복음의 능력입니다. 능력은 복잡한 것에서 나오는 것이 아닙니다. 단순한 것에서 나옵니다. 세상 학문의 지혜와 논리에 주눅 들지 마십시오. 복음을 단순하게 전하십시오. 하나님의 능력은 단순한 데서 나옵니다.

자신이 아닌 성령님을 의지한다

어떻게 하면 약함을 자랑하여 하나님께 영광을 돌릴 수 있을까요?

자신의 힘이 아닌 성령님을 의지해야 합니다. 하나님의 능력은 자신을 의지하는 자에게는 나타나지 않습니다. 성령님을 의지할 때 하나님의 능력이 나타나고 하나님께서 영광을 받으십니다.

1) 예수님을 주님으로 영접하여 성령을 받는다

어떤 분은 복음이 완전히 이해될 때 예수님을 받아들이겠다고 말합니다. 그러나 복음은 인류를 구원하기 위한 하나님의 지혜입니다. 세상을 구원하신 하나님의 방법을 이해하는 것은 인간의 지혜로는 불가능합니다. 오직 성령님의 도움(7-9절)과 조명(10절)이 있어야 이해할 수 있습니다.

하나님은 초자연적인 존재이십니다. 또한, 복음은 하나님의 초자연적인 지혜입니다. 그렇기 때문에 인간의 지혜와 논리로 복음을 이해하려 하는 것은 전쟁터에서 깜깜한 밤에 맨 눈으로 적들을 감지하려는 것과 마찬가지입니다. 아무리 눈을 부릅뜨고 살펴도 달빛 없는 그믐밤이면 아무것도 감지할 수가 없습니다. 그런데 적외선 안경을 쓰면 살금살금 기어오는 적군들을 식별할 수 있습니다. 몸에서 방출되는 열을 적외선 안경이 감지하기 때문입니다. 성령님이 바로 이러한 적외선 안경과 같습니다. 성령님을 통해서만 복음은 온전히 이해됩니다.

그렇다고 덮어놓고 믿으라는 것은 아닙니다. 믿을만한 근거가 있습니다. 예수님의 부활, 예수님의 구약에 계시된 메시야 예언 성취, 주위에 예수 믿고 놀라운 변화를 보인 사람들의 간증 등이 믿을 수 있는 근거가 됩니다. 복음이 완전히 이해가 안 되도 이러한 근거로 예수님을 영접해 성령을 받으면, 복음이 이해됩니다. 이해하고 믿는 것이 아니고, 믿고 이해하는 것이 기독교 신앙입니다. 예수님을 주님으로 영접해서 성령을 받으십시오. 성령께서 복음이 이해되도록 도우실 것입니다.

2) 성령님이 주시는 하나님의 지혜를 쫓는다

성령님은 우리 안에 계셔서 하나님의 뜻을 가르쳐 주십니다. 강아지 마음은 강아지가 알고 사람 마음은 사람만이 압니다. 마찬가지로 하나님의 마음은 하나님만이 아십니다. 성부 하나님의 마음은 성령 하나님만이 아십니다(11절). 인간을 향한 하나님의 마음의 핵심은 무엇입니까? 하나님의 자녀들이 잘 되는 것입니다. 이러한 하나님의 마음을 성령님은 아십니다. 성령님은 우리가 잘 되도록 하나님의 뜻을 가르쳐 주십니다(12-13절).

바울이 이 편지를 쓸 당시에는 우리가 갖고 있는 신약 27권이 완성되지 않았습니다. 하나님의 지혜와 뜻을 찾는데 성령님에게만 의존했습니다. 그러다 보니 인간에게서 나온 것을 성령님의 사역으로 착각하고, 인간의 생각을 하나님의 뜻으로 착각하는 경우가 있었습니다. 이것이 고린도 교인들이 갖고 있던 문제였습니다. 우리에게는 이런 혼란이 훨씬 적습니다. 성경을 갖고 있기 때문입니다. 성경은 성령의 감동을 받은 분들이 하나님의 뜻을 받아 적은 것입니다(딤후 3:16). 성경에는 하나님의 지혜가 담겨 있습니다. 자녀들이 행복하기를 원하는 하나님의 뜻이 담겨 있습니다. 그래서 바울은 성경이 유익한 책이라고 말합니다. 그래서 우리는 성경을 읽고 공부하는 것입니다.

하나님의 지혜는 세상의 지혜와 다릅니다. 하나님의 지혜는 세상 사람들에게는 어리석게 보이지만 능력이 있습니다(14절). 세상 지혜는 지혜롭게 보이지만 파멸을 가져옵니다.

한 가지 예를 들겠습니다. 과학적인 연구 결과가 남녀는 신체뿐만 아니라 생각하고, 느끼고, 일 처리하는 방법이 다르다는 것을 보여주고 있음에도 불구하고 극단적인 여성운동가들은 남성과 여성 사이에 차이가 없다고 주장합니다. 이러다 보니 남성과 여성의 차이가 점점 희미해지고 있습니다. 영화나 드라마를 보아도 남성 주인공들은 예쁘고 요리를 잘 하고 여성 주인공들은 거칠고 씩씩합니다. 가정생활에서도 부부가 집안일이나 육아를 동등하게 책임져야 한다며 그렇게 못하는 남편과는 이혼할 것을 부추깁니다. 이러한 남녀에 차이가 없다는 주장은 드디어 동성의 결혼을 인정하여 사회의 기초 공동체인 가정의 기반을 흔들어 놓았습니다.

사실 남녀평등 사상은 성경에서 왔습니다. 사도 바울은 그리스도 안에서 남성과 여성의 차이가 없다고 말했습니다(갈 3:28). 그랬기 때문에 복음이 들어가는 곳마다 여성 인권이 신장되었습니다. 남녀평등 사상은 하나님의 지혜입니다. 그런데 여권 운동가들이 하나님의 지혜를 인간의 지혜로 대치하면서 남녀 차이를 인정하지 않게 되었습니다. 또한, 이러한 사회 분위기에 편승하여 동성 결혼이 법제화되고, 동성 결혼을 지지해야만 선거에서 당선될 수 있는 상황까지 이르게 되었습니다.

진정한 행복은 하나님의 지혜를 따를 때에 맛볼 수 있습니다. 세상이 뭐라든지 간에, 하나님께서는 여성과 남성을 다르게 만드셨습니다. 인격과 인권에 있어서는 동등하지만 역할에는 차이를 두셨습니다. 각각의 역할이 있기 때문에 아내는 순종하고(엡 5:22) 남편은 사랑하라고 하셨습니다(엡 5:25). 우리 주위에 진정한 행복을 고백하는 부부들은 이러한 자신의 역할에 충실한 것을 봅니다. 세상의 지혜는 행복을 약속하지만 파멸을 가져옵니다. 하나님의 지혜만이 진정한 행복을 가져옵니다. 하나님의 자녀들은 세상의 지혜를 따르지 말고 하나님의 지혜를 따라서 하나님의 능력을 체험하고 행복한 삶을 살아야 하겠습니다.

3) 세상 사람들의 오해를 예상한다

사도 바울은 성령을 받은 사람은 성령을 받지 못한 사람을 이해하지만 성령을 받지 못한 사람은 성령을 받은 사람을 이해 못한다고 말합니다(15-16절). 여기에서 신령한 사람은 특별히 신비한 체험을 한 사람이 아닙니다. 예수님을 주님으로 영접하여 성령을 받은 사람을 의미합니다. 성령님을 모셔서 그리스도의 마음을 가진 사람들입니다. 이러한 사람들을 세상 사람들은 이해하지 못하기 때문에 판단이나 비판이 부정확할 수밖에 없습니다.

그렇기 때문에 하나님의 지혜로 살려면 세상 가치관에 매여 사는 세상 사람들에게 오해를 받을 각오를 해야 합니다. 한 걸음 더 나가서 우리는 어리석어 보이는 하나님의 지혜가 세상의 지혜보다 더 능력이 있음을 증명해 보일 책임이 있습니다.

구약의 다니엘은 하나님의 지혜를 세상에 증명해 보인 좋은 예입니다. 다니엘은 소년 때 바빌론의 느부갓네살 왕에게 포로로 잡혀가 친구 세 명과 궁중에서 섬기게 되었습니다. 3년간 훈련 기간을 가졌는데, 왕이 공급하는 음식은 자신을 더럽힌다고 느꼈습니다. 그래서 왕이 하사하는 음식을 거부하고 채식만 하기로 결심합니다. 그런데 교육을 책임진 사람이 다니엘과 세 친구의 결심에 난색을 표했습니다. 채소만 먹으면 건강이 온전치 못할 것이고, 그러면 자신이 왕으로부터 문책을 당할 것이기 때문이었습니다. 이때 다니엘은 자신의 방법과 왕의 방법을 비교할 수 있는 기회를 달라고 요청합니다(단 1:12-13). 결과적으로 다니엘의 방법이 더 나았습니다. 다니엘과 세 친구는 다른 동료보다 더 건강했습니다.

하나님의 지혜는 세상의 지혜에 비추어볼 때 어리석어 보일 수 있습니다. 그래서 오해와 조롱을 받기도 합니다. 그러나 하나님의 백성은 하나님의 지혜로 세상 지혜의 어리석음을 보여주어야 합니다.

저는 우리 교인들이 하나님의 뜻에 따라 사업을 해서 큰 기업을 이루기를 바랍니다. 하나님의 뜻에 따라 직장 생활을 해서 높은 지위에 오르기를 바랍니다. 하나님의 뜻에 따라 자녀를 교육해서 강영우 박사 같이 미 주류 사회에서 성공한 사람들이 나오기를 바랍니다. 성공 자체가 중요해서가 아닙니다. 세상 지혜를 따르지 않고 하나님의 뜻을 따랐을 때 성공했음을 세상 사람들에게 보여주고 싶기 때문입니다. 하나님의 미련한 것으로 세상의 지혜를 이기는 능력 있는 그리스도인이 됨을 통해 하나님께 영광 돌리시는 여러분들이 되시길 축복합니다.

고린도전서 3장

하나님의 마음을 아는 영적인 사람

　예수님을 주님으로 영접하여 크리스천이 되면 우리 마음에 영적인 사람이 되어야 한다는 부담감이 생깁니다. 영적인 사람이라고 하면 보통 깊숙한 산 속에서 나물만 먹고 사는 '도사'나 기도원에서 기도만 하는 권사를 머리에 떠올립니다. 그러나 '영적이냐, 아니냐'는 하나님과의 관계가 결정합니다. 영적인 사람은 하나님의 마음을 아는 사람입니다. 육적인 사람은 하나님의 마음을 모르는 사람입니다. 그러므로 육적인 목사가 있을 수 있고 영적인 평신도가 있을 수 있습니다. 기도원에 가서 기도하는 것으로 세월을 보내면서도 육적일 수가 있고, 조그마한 가게에서 하루 종일 고객과 부딪히며 살면서 영적일 수가 있습니다. 하나님의 마음을 아는 영적인 사람은 다음과 같은 특징이 있습니다.

▌하나님의 종을 존중한다

하나님의 마음을 아는 영적인 사람들은 하나님의 일꾼을 귀하게 여깁니다. 믿지 않는 사람들은 영적이지 않기 때문에, 하나님에 대한 경외심이 없고, 하나님의 사역자에 대한 존경심도 없습니다. 목사를 호칭할 때에도 아무개 목사라고 '님'자를 빼고 부릅니다. 이러던 사람이 예수를 믿고 성령을 받게 되면 호칭이 '목사'에서 '목사님'으로 변합니다. 그러다가 마음에 들지 않으면 '목사님'이 다시 '목사'가 되었다가 심하면 'x 새끼'까지 되어버립니다. 영적으로 아직 어리기 때문에 영적인 지도자에 대한 진정한 존경심이 없어서 그렇습니다. 그러나 영적으로 성숙한 사람들은 하나님의 사역자를 존중합니다. 실수하는 일이 있다 할지라도 사역자에 대한 태도가 흐트러지지 않습니다. 사역자를 귀하게 여기는 하나님의 마음을 알기 때문입니다. 자신의 종을 귀하게 여기는 주님의 마음은, 예수님의 제자에게 물 한 사발이라도 대접한 사람은 천국에서 상을 잃지 않으리라고 하신 약속에서 볼 수 있습니다(마 10:42).

저는 휴스턴서울교회 성도님들이 꽤 영적이라고 느낍니다. 선교사님들이 방문했을 때 보면, 선교사로 나갈 정도의 확신과 결단력이 있기 때문에 고집이 센 분들이 있습니다. 후원에 의존해서 사역을 하니까, 과다하게 느껴지는 도움을 요구하는 분들이 있습니다. 또 원주민들과 오랫동안 생활을 하다 보니 미리 연락을 한다든지, 시간 지키는 것을 소홀히 할 때도 있습니다. 그럼에도 불구하고 정성으로 대접하고 섬기는 것을 보면 마음이 흐뭇합니다. 수요일 기도회에서 선교 간증을 마치고 사랑의 헌금을 할 때에도 헌금 액수가 제가 기대했던 것보다 항상 높습니다. 왜 이처럼 지성으로 섬길까요? 하나님의 종이기 때문입니다. 하나님의 종을 지성으로 섬기는 모습에서 영적 성숙도를 봅니다.

여러분은 하나님의 사역자의 범주를 넓혀서 선교사뿐이 아니라 목자들, 사역부장들, 또 동역자들까지 하나님의 일꾼임을 인정하고 섬기시기 바랍니다. 성탄절에 목자와 여러분의 자녀들을 돌보는 주일 학교 교사들에게 카드나 작은 선물을 통하여 "여러분이 나에게 귀한 분입니다" 사랑 표시를 하시기 바랍니다.

하나님의 마음을 아는 영적인 사람들은 모든 일꾼을 차별 없이 모두 존중하고 섬깁니다. 고린도 교인들은 여기에서 실패했습니다. 고린도 교인들은 자신들이 영적이라고 생각했고, 그러한 자부심을 가질 만도 했습니다. 이미 1장에서 살펴본 대로 이들은 언변과 모든 지식에 풍족했고 모든 은사에 부족함이 없었습니다. 그러나 사도 바울은 이들을 영적으로 어리다고 말하고, 육적이라고 말합니다(1-3절). 그 증거로 바울은 고린도 교인들이 지도자를 가지고 당파를 짓는 것을 제시하고 있습니다(4절).

하나님은 다른 지도자들에게 각각 다른 사역을 맡겨 주셨습니다. 다양한 사역을 감당하도록 다른 성품을 주셨고, 다른 은사를 주셨습니다(5-6절). 그러나 모두 다 동일한 주를 위하여 일하는 동역자들입니다. 하나님께서 다양한 성품과 은사를 가진 다양한 일꾼을 필요로 한다는 것을 알만한 영적 성숙도가 있었다면, 고린도 교인들이 한 지도자만을 따르며 파당을 짓지 않았을 것입니다.

하나님의 마음을 아는 영적인 사람들은 하나님의 일꾼을 있는 그대로 존중합니다. 사역자에게 단점이 발견되더라도 단점보다는 장점을 봅니다. 약점보다는 강점, 못하는 것보다는 잘하는 것을 봅니다. 사실 우리 교회에서 제가 큰 과실이 없이 사역을 할 수 있었던 것은 우리 교회 지도자들이 영적으로 성숙했기 때문입니다. 만일 지도자들이 저의 약점을 물고 늘어졌다면 목회가 무척 힘들었을 것입니다. 사모인 제 아내가 풀타임으로 일하는 것, 제 첫 인상이 차 보인다는 것, 1년에 2-3차씩 한국에 나가 집회를 인도하는 것 등 트집을 잡으려면 얼마든지 잡을 수 있었습니다. 그러나 이러한 약점 대신 저의 영혼 구원의 열정을 봐주고, 기도하려고 애쓰는 모습을 봐주고, 정직하게 살려고 애쓰는 것을 봐주기 때문에 교회가 평안하고, 다른 목회자들에게 제가 꽤 괜찮은 목사라고 인정받고 있습니다.

하나님의 마음을 아는 영적인 사람이 되기 원하십니까? 주님의 사역을 이루기 위해 다양한 성격과 다양한 은사를 가진 사람이 필요하다는 것을 깨달아야 합니다. 또한, 자신과 다른 성격의 사람, 다른 은사를 가진 사람, 다른 방법으로 일하는 사람들을 수용하는 습관을 들여야 합니다. 이렇게 할 때 여러분들은 주님께 인정 받는 영적인 사람으로 자라 갈 것입니다.

▌영원히 남을 것을 위하여 일한다

하나님의 마음을 아는 영적인 사람은 영원히 남을 것을 위하여 일합니다. 바울은 10-15절에서 건축에 비유하여 교훈을 줍니다. 고린도 교회는 바울에 의하여 창립되었습니다. 그래서 바울은 자신을 고린도 교회라는 건물이 세워질 때 터를 닦은 사람으로 비유합니다(10 상). 바울은 한 곳에 머물러 목회를 하지 않았습니다. 그의 소원은 복음이 전해지지 않은 곳에 복음을 전해서 하나님의 교회를 세우는 일이었습니다. 그리고 일단 교회를 세워 놓고는 다른 사람에게 맡기고 다른 곳으로 떠났습니다. 바울은 뒤를 이어 교회를 맡게 된 사람이 교회를 바르게, 견고하게 세우기를 소원했습니다(10 하-13절).

바울이 교회를 바르게 잘 세워가라고 힘주어 당부하는 것은 율법주의자를 염두에 두고 있는 것 같습니다. 고린도 교회는 유대인과 이방인이 혼재된 교회였습니다. 사도행전 18:4을 보면 바울이 회당에서 강론하고 유대인과 헬라인을 권면했다고 기록하고 있습니다. 바울의 전도 본거지가 회당이었다는 점과, 당시 교회에 베드로 파가 있는 것을 미루어 볼 때 유대인과 이방인의 혼재를 유추할 수 있습니다. 문제는 유대인들입니다. 이제까지 율법을 최고의 가치로 생각하던 이들에게 예수 그리스도의 복음이 들어왔습니다. 그래서 이들의 신앙관에는 그리스도의 복음과 율법의 준수가 혼합되어 왜곡된 복음이 자리 잡았습니다. 그러나 복음과 율법을 합치면 복음이 아닌 이상한 것으로 변질되면서, 교회가 무너집니다. 교회가 복음의 순수성을 잃어 주님이 재림하실 때에 심판 받지 않도록 하라고 경고하고 있습니다.

하나님의 소원을 모르는 사람은 그리스도라는 터 위에 엉뚱한 재료를 사용하여 집을 세웁니다. 예를 들어 일제 강점기의 자주 독립, 군사 정권 때에 민주 회복, 오늘날의 조국 통일, 모두 대한민국 국민에게 중요한 것이고 반드시 이루어져야 할 것입니다. 그러나 이것이 복음을 대체해선 안 됩니다. 이런 목적으로 교회를 세우는 것이 바로 나무나 짚이나 풀로 집을 짓는 것과 같습니다.

사도 바울은 영원히 남을 사역을 한 사람만 상을 받을 것이고 영원히 남지 못할 사역을 할 사람은 간신히 구원받을 것이라고 말합니다(14-15절). 그렇다면 영원한 것이란 무엇입니까? 그리스도와 복음입니다.

하나님의 소원은 모든 사람이 구원받는 것입니다(딤전 2:4). 모든 사람이 회개하여 구원에 이르기를 원하십니다(벧후 3:6). 그래서 예수님을 세상에 보내셨습니다. 그러므로 하나님의 마음을 아는 영적인 사람은 그리스도와 복음을 위해 일합니다. 많은 목회자들이 영혼 구원과 상관이 없는 사역에 관심이 많습니다. 골프 대회, 음악회, 야유회 등 엄청나게 많은 프로그램을 제공합니다. 그러나 이런 것들은 교인들의 삶을 풍요롭게 하기 위한 것이지 영혼 구원과는 상관이 없습니다. 이런 사역에 에너지를 쏟다가 하나님 앞에서 심판 받을 때에, 칭찬을 듣고 상을 받을 수 있을지 우려가 됩니다.

하나님의 마음을 아는 영적인 지도자들과 성도로 이루어진 교회에서는 교회 전체가 하나님의 마음을 알아 영혼 구원하는 데에 초점을 맞춥니다. 서울교회 교인들의 입에서 교회 생활이 행복하다는 고백이 나오는 것은 주님의 소원을 따라 영혼 구원하여 제자 만드는 것에 집중하고 있기 때문이 아닌가 생각합니다. 이미 이 세상에서 행복이라는 상급을 받고 있는 것입니다.

교회를 사랑한다

하나님의 마음을 아는 영적인 사람은 교회를 소중하게 생각합니다. 10-16절에서 사도 바울은 교회에 대한 하나님의 사랑을 묘사하고 있습니다. 16절에서 '여러분은 하나님의 성전'이라고 적었는데 '여러분'은 단수가 아니고 복수입니다. 여기에서 여러분은 개인을 의미하는 것이 아니라 하나님 백성으로 이루어진 공동체, 즉 교회를 말합니다. 하나님의 성전을 파괴하면 하나님께서 그 사람을 멸하신다고 했습니다. 자식이 별로 중요하지 않은 접시를 깨면 엄마는 그냥 넘어가지만, 값비

싼 접시를 깨면 심하게 야단칩니다. 교회를 파괴하는 사람을 하나님이 꾸중 정도가 아니라 멸하실 것이라고 사도 바울이 적은 것을 보면, 교회를 향한 하나님의 사랑이 얼마나 큰지 알 수 있습니다.

교회는 주님의 몸입니다. 사도 바울이 예수 믿기 전 사울이라고 불릴 때 다마스쿠스에 있는 예수 믿는 사람들을 체포하기 위하여 가던 중 빛 가운데에서 부활하신 예수님을 만났습니다. 사울이 "누구십니까?" 물으니 "네가 핍박하는 예수다"라고 대답하십니다(행 9:5). 사울은 교회를 핍박했는데, 자신을 핍박했다고 말씀하시는 것을 보면, 예수님은 당신과 교회를 동일시하고 계신 것을 알 수 있습니다. 그러므로 예수님을 주님으로 영접했다고 하면서 교회를 무시하거나, 교회 일원이 되기를 거부하는 사람들은 과연 예수님을 주님으로 영접했는지 의심해 보아야 합니다. 어떤 사람이 여러분을 사랑한다고 말하면서, 방문하는 법도 없고, 전화도 않고, 길에서 만나도 모른 척 한다면 사랑한다는 그 말을 믿을 수가 있겠습니까? 예수님을 주님으로 영접했다면서 교회를 무시하는 것이 바로 이런 행동과 마찬가지의 행동입니다.

교회를 사랑하는 사람은 교회의 유익을 자신의 유익처럼 생각합니다. 우리 교회에는 집안일보다 교회 일을 더 중요시해서, 아내의 불평까지 사는 분들이 있습니다. 집안일을 소홀히 하는 것은 반드시 개선되어야 하지만, 그럼에도 불구하고 교회를 사랑하는 그 마음만큼은 하나님이 기뻐하실 것이라고 생각합니다. 반면에 어떤 부모들은 자신의 자녀들이 건물 안에서 소란을 피우고, 벽에 글씨를 쓰고, 기물을 파괴해도 가만 둡니다. 집에서 그렇게 했으면 펄쩍 뛰었을 텐데 말입니다. 아직 영적으로 어리고, 교회를 사랑하지 않기 때문입니다.

교회를 사랑하는 사람은 교회의 명예를 자신의 명예처럼 생각합니다. 요즈음 교회가 사회의 빈축을 많이 사고 있습니다. 교회에 대한 비판을 들을 때마다 제 마음은 몹시 고통스럽습니다. 교회에 대한 비난이 주님에 대한 비난이기 때문입니다. 안타깝게도 많은 교회가 분쟁을 겪고 있습니다. 패가 갈려 싸우는 교회가 하도 많으니까, 세상 사람들의 회의에서도 의견이 엇갈려 대립이 심하면 이렇게 말하는 사람이 있답니다. "여기가 교회인줄 아냐? 싸우게!" 이런 말을 들으면 저는 마음이 너무나도 아픕니다. 교회를 향한 조롱이 주님을 향한 조롱이기 때문입니다.

하나님의 마음을 아는 영적인 사람은 교회의 수치를 자신의 수치로 여깁니다. 그래서 교회에 수치가 돌아올 일을 절대 하지 않습니다. 교회가 분열되면 세상 사람들의 빈축을 살까 봐 의견이 달라도 서로 인내하고 수용하여 분쟁이 생기거나 파당이 생기는 것을 막으려고 합니다. 이런 사람들이 하나님의 마음을 아는 영적인 사람들입니다.

서울교회 교인들 가운데에는 서울교회에 행여 수치를 가져올까 봐 염려되어, 담배도 끊고, 술집에도 안가고, 당구장조차 안 가는 사람들이 있습니다. 이런 사람이 교회를 사랑하는 사람이고 하나님의 마음을 아는 영적인 사람입니다. 하나님께서는 이러한 사람을 쓰시고 심판 날에 많은 상급으로 보상해 주실 것입니다.

고린도전서 4장

이렇게 삽시다

우리는 세상을 살아가면서 많은 오해를 주고받습니다. 이러한 세상에서 하나님의 백성은 어떻게 살아야 할까요? 고린도전서 4장은 이러한 고민에 대한 해답을 주고 있습니다.

▌종에 대한 심판은 하나님께 맡긴다

고린도 교회에는 파당이 형성되어 있었습니다. 바울이나 아볼로, 베드로, 본인들끼리는 문제가 없는데 교인들끼리 "누가 더 낫다, 누가 못하다" 평가하면서 파당을 만들고 있었습니다. 사도 바울은 자신이나 아볼로, 게바가 어떤 신분인지를 알아야 한다고 말합니다. 자신들은 하나님의 일꾼이요, 관리인에 지나지 않는다고 말합니다(1절). 여기에서 '일꾼'이라고 번역된 단어는 '노예'라는 의미도 있습니다. 노예는 주인의 필요를 위하여 존재하는 사람이고, 관리인은 주인의 물질을 위임 받은 사람입니다. 둘 다 소유권도 없고, 권리도 없으며, 오직 주인의 필요를 위하여 존재하는 사람입니다. 바울은 자신을 비롯한 지도자들이, 추앙을 받아야 할 높은 사람들이 아니라 하나님을 섬기는 낮은 사람임을 상기시킵니다. 노예나 관리인의 역할은 오직 주님의 소원을 알아서 소원을 잘 이루어드리는 것밖에 없습니다. 이들에게 요구되는 것은 신실함뿐입니다(2절).

여기서 이런 질문이 생길 수가 있습니다. "그렇더라도 누가 더 신실한 종인지는 판단할 수 있지 않을까?" 이 질문에 바울은 그 평가는 하나님만이 하실 수 있다고 말합니다. 어떤 사람을 판단하고 평가하는 데에는 하나님을 포함하여 세 개의 주체가 있습니다.

1) 이웃

첫 번째 평가주체는 이웃입니다. 우리는 이웃의 평가에 너무 많은 비중을 두며 삽니다. 연예인들은 인생의 가치 전체를 다른 사람들의 평가에 걸며 살아갑니다. 그래서 주위 사람들이 칭찬해주면 우쭐해지고 주위 분들이 알아주지 않으면 낙심합니다. 그러나 이웃은 우리가 무슨 생각을 하는지, 무슨 마음을 갖고 있는지 모릅니다. 그러므로 이웃의 평가는 정확할 수 없습니다. 이렇듯 사람의 부정확한 평가에 인생의 가치를 거는 것은 어리석은 일입니다. 사도 바울은 세상 사람이나 법정이 자신을 어떻게 평가하는지 신경 쓰지 않는다고 말합니다(3절 상).

그렇다고 주위 사람들의 의견을 완전히 무시하라는 의미는 아닙니다. 주위 사람들이 자신이 보지 못하는 약점이나 문제를 볼 수 있습니다. 그러므로 그들의 의견에 귀를 기울이되, 지나치게 의존하는 것은 피해야 합니다.

2) 자신

두 번째 평가주체는 자신입니다. 그러면 자신의 평가는 정확할까요? 자신의 평가도 믿을 수 없습니다. 저는 결혼식 주례를 설 때 신랑 신부의 기질 테스트를 합니다. 그러면 자신에 대해 너무 낮게 평가를 하는 사람들이 있는 반면, 너무 높게 평가하는 사람들도 있습니다. 어떤 가장은 아내와 자녀들은 높게 평가를 하지 않는데, 자신은 무척 괜찮은 남편이요, 아버지라고 믿습니다. 어떤 아내는 남들이 보기에는 남편이 훨씬 나은데 자신은 손해 보면서 산다고 느낍니다. 이처럼 자신의 평가도 정확하지 않습니다. 이런 사실을 알기 때문에 바울은 자신을 평가하지 않는다고 말합니다(3절 하).

사도 바울은 이렇게 말하고는 혹시 오해가 있을까 봐 "마음에 꺼리는 일이 있어서 그런 것은 아니지만, 마음에 거리낌이 없다는 것이 꼭 자신이 잘하고 있다는 증거는 아니라"고 첨언을 합니다(4절). 성령님은 하나님의 자녀들의 삶을 인도하십니다. 원하지 않는 일을 할 때는 양심에 불편을 심어주셔서 못하게 하십니다. 그러나 이러한 양심도 때로는 자기 가치 기준의 영향을 받기 때문에 부정확할 때가 있습니다. 기도는 열심히 하지만 성경을 읽지 않는 분이나, 하나님의 직통 계시를 받는다고 하는 분들을 보면, 누가 봐도 잘못된 일을 하면서도 양심의 가책을 느끼지 않는 경우가 있습니다. 우리는 양심에 꺼리는 것이 없다고 해서 반드시 하나님 앞에서 바르게 살고 있다고 자신할 수 없습니다.

3) 하나님

마지막 주체는 하나님이십니다. 우리를 정확하게 판단할 수 있는 분은 오직 하나님 한 분이십니다. 하나님은 우리의 숨겨진 행동과 동기를 아십니다(5절). 그러므로 우리는 주님이 심판하실 그날까지, 자신도 이웃도 심판해서는 안 됩니다. 정확하게 평가하고 판단할 수 없기 때문입니다. 그분만이 심판 날에 우리가 주님 앞에서 신실하기 위하여 바쳤던 숨은 희생과 노고와 기도를 인정해 주실 것입니다. 남들이 오해했던 숨은 동기를 칭찬해 주시고, 그로 인하여 받은 상처를 위로하여 주시고, 결과가 안 좋았다 할지라도 동기가 순수했다면 결과에 상관없이 상급으로 갚아주실 것입니다. 그래서 우리는 주님 오실 날을 고대합니다.

우리는 이웃에 대한 최종 심판을 보류해야 합니다. 자신의 마음도 모르는데 어떻게 남의 마음을 알겠습니까? 그렇다고 어떤 판단도 하지 말라는 의미는 아닙니다. 판단을 하지 않으면, 인생을 살 수 없고, 사역도 할 수 없습니다. 나름대로 '저 사람은 이런 저런 사람이다'라고 평가를 해야 일도 맡길 수 있고 동역도 할 수 있습니다. 또 이웃이 잘 한다, 못 한다, 판단을 해야 자신이 배울 수가 있고, 이웃의 실수를 막아줄 수 있습니다.

그렇다면 심판하지 말라는 것은 무슨 의미일까요? '최종적 판단을 보류하라'는 의미입니다. 우리는 너무나도 쉽게 사람을 단정 지어 말합니다. "저 사람은 이런 사람이야" "이런 의도로 한 것이 틀림없어." 이래서는 안 됩니다. 나름대로 판단은 하지만 틀릴 수 있다는 여지를 열어두어야 합니다. 그리고 판단하되 가능하면 긍정적인 쪽으로 하고, 가능하면 믿어주어야 합니다. 사랑은 믿어주는 것입니다(고전 13장).

또 부정적인 판단을 내리고 그를 벌하지 말아야 합니다. 우리는 어떤 사람이 잘못하면 징벌을 합니다. 적극적인 사람은 신체적 폭력이나 언어폭력을 사용해서 징벌합니다. 소극적인 사람은 부정적이고 왜곡된 정보를 뒤에서 흘려서 손해를 보게 함으로 징벌합니다. 그러나 그래선 안 됩니다. "심판은 하나님께 맡기라"고 바울이 말했습니다(롬 12:19). 예수님께서는 "원수도 사랑하라"고 하셨습니다. 못된 사람이라 할지라도 최종 심판은 하나님께 맡기고 배고프다면 먹을 것을 주고 춥다면 입을 것을 주어야 합니다.

은혜 안에 산다

하나님의 백성은 어떻게 살아야 할까요? 은혜 안에 살아야 합니다.

1) 가진 것을 자랑하지 않는다

'은혜 안에 산다'는 것은 무슨 의미입니까? 가진 것을 자랑하지 않는 것입니다. 고린도 교회에 파당이 생긴 것은 하나님의 은혜를 잊어버렸기 때문입니다. 사실 고린도 교인들은 예수를 믿기 전에는 별 볼일 없는 사람들이 대부분이었습니다(1:26). 바울이 개척한 교회를 통하여 은혜를 받고 이제는 성경 지식도 많아지고 은사 체험도 많아지고 풍요한 삶을 살게 되었지만 이러한 은혜를 잊어버렸습니다. 은혜는 받을 자격이 없는데도 받는 호의를 말합니다. 그래서 은혜를 잊어버린 고린도 교인들을 향하여 바울은 이렇게 한탄을 합니다. "그대가 가지고 있는 것 가운데서 받아서 가지지 않은 것이 무엇이 있습니까? 모두가 받은 것이라면, 왜 받지 않은 것처럼 자랑합니까?"(7절). 자신이 소유한 것이 하나님의 은혜인 것을 잊어버리면 여러 가지 부정적인 결과가 따릅니다.

첫째, 교만이 깃들기 시작합니다. 은사는 하나님이 선물로 주신 것인데 마치 자신이 획득했다고 생각하기 때문에 그렇습니다. 고린도 교인들의 문제가 바로 이것이었습니다. 둘째, 남을 심판하게 됩니다. 우월감이 있으니까 자신이 가진 것을 못 가진 사람, 자신이 하는 것을 못하는 사람을 깔보게 됩니다. 셋째, 염려에 사로잡힙니다. 하나님이 주신 것인데 자신의 힘으로 취득했다고 생각하니, '자신의 실수로 가진 것을 상실하면 어쩌나'하고 두려워합니다.

반대로 은혜를 은혜로 인정하고 사는 삶에는 긍정적인 결과가 따릅니다. 우선 항상 감사하며 살게 됩니다. 자격이 없는데 선물을 주신 하나님께 감사하지 않을 수 없기 때문입니다. 그리고 자유해집니다. 주님께서 주셨으니 주님께서 지켜주시리라는 확신을 가질 수 있기 때문입니다.

제가 부임한 이후 휴스턴서울교회는 많이 성장했습니다. 휴스턴에서 시작된 가정 교회가 세계 각처로 퍼져나가고 있습니다. 우리 교회가 커지고 제 사역이 커지니까 저 보고 "힘들지 않느냐?"고 묻는 분들이 있습니다. 그러나 저는 힘들지 않습니다. 저는 큰 교회를 목회할만한 역량도 없고 신약교회의 회복을 주도할 그릇도 못됩니다. 그저 하나님의 음성을 들으려고 노력하고 들은 음성에 순종하려다 보니 지금의 자리까지 오게 되었습니다. 저는 하나님께서 저를 이만큼 사용해주신 것만도 감지덕지 입니다. 그래서 하나님께서 제 사역을 지금 다 거두어 가실지라도 불평할 수 없습니다. 그렇기 때문에 '목회가 안 되면 어떻게 하나?'하는 걱정이 없습니다. '가정 교회 전파 사역이 중간에 좌초되면 어떡하나'하는 염려도 없습니다. 지금까지 하나님께서 하셨고 앞으로도 하나님께서 하실 것이기 때문입니다. 저는 오직 종과 관리인으로서 신실하려고 노력하기만 하면 되기 때문입니다. 이런 것이 은혜 안에 사는 사람이 누리는 자유라고 생각합니다.

2) 고난을 자랑한다

은혜 안에 사는 사람들은 성취한 것이 아닌 고난을 자랑합니다. 바울도 자신의 고난과 역경을 자랑하고 있습니다(11-13절). 그렇다고 고난과 역경 자체에 가치가 있는 것이 아니고, 고난과 역경을 겪는 사람이 더 영적인 사람도 아닙니다. 그리고 고난과 역경을 겪지 않은 사람이 덜 영적인 것도 아닙니다. 그러나 주님의 뜻대로, 주신 사명을 감당하며 살려고 하면 고난과 역경은 불가피합니다. 왜냐하면 세상은 악하기 때문입니다. 세상을 구원하러 오셔서, 선한 일만 하신 예수님이 고난을 받으시고 십자가에 달리신 것만 보아도 세상이 얼마나 악한지 알 수 있습니다. 예수님도 돌아가시기 전에 "세상이 자신을 미워했듯이 제자들도 미워하리라"고 경고하셨습니다(요 15:18).

고난을 받는 것은 우리가 주님 뜻대로 살고 있고 주님이 원하시는 일을 하고 있다는 뜻입니다. 그랬기 때문에 신앙 선배들은 고난 받을 때에 기뻐했습니다. 주를 위해 받는 고난이 특권이라는 것을 알았기 때문입니다(빌 1:29). 고난은 훈장과 같이 자랑스러운 것입니다. 그렇기 때문에 우리도 고난을 자랑해야 합니다.

전쟁터의 고난을 이겨내고 승리한 사람들에게는 훈장과 보상이 있듯이 신앙생활에서 겪는 고난 뒤에는 보상이 있습니다(벧전 4:13). 그런데 고린도 교인들은 은사를 자랑했지 고난을 자랑하지 않았습니다. 영적으로 어리기 때문입니다. 휴스턴서울교회에는 고린도 교인들처럼 신비한 은사를 가진 사람들이 많지 않습니다. 방언을 하는 사람들도 소수이고 예언의 은사를 가진 사람들은 극소수입니다. 눈에 드러나는 신유의 은사를 가졌거나 귀신 쫓는 은사를 가진 사람도 없습니다. 그러나 그리스도의 고난에 참여하는 사람들은 무척 많습니다. 목자들이 좋은 예입니다. 전혀 남에게 싫은 소리, 아쉬운 소리를 들을 필요도 없는 사람들이 목자를 자원했습니다. 그리고 자기 집을 개방합니다. 쓸데없는 오해를 받기도 합니다. 목장 식구에게 잘못한 것 없어도 용서를 빌기도 합니다. 이런 것이 자랑할 수 있는 고난입니다.

어떤 목자는 동업을 하다가 갈라선 사람이 가게에 대한 욕심을 버리지 못하고 소송을 걸었을 때에, 맞서 싸웠으면 승소할 가능성이 컸지만 믿는 사람들끼리 소송하는 것이 덕이 되지 않을 것 같아 손해 보는 가격에 가게를 양보했습니다. 이런 것이 자랑할 수 있는 고난입니다.

한 집사님이 간증 설교 가운데 이런 말을 했습니다. 가구상을 18년간 해오면서 겪어보지 못했던 극심한 불경기를 겪게 되었습니다. 적자가 누적되는 바람에 카드빚이 눈덩이처럼 불어났습니다. 해결 방법은 주일에 문을 여는 것입니다. 그러면 어느 정도 적자를 메울 수 있었습니다. 그러나 하나님께 주일에 문을 열지 않겠다고 약속했기 때문에 그 약속을 지키기로 했습니다. 이 집사님이 붙잡은 말씀은 다니엘 3:17-18이었습니다.

바빌론의 느부갓네살 왕이 명령을 내려 정해진 신호에 따라 누구나 다 금 신상에게 절을 하라고 했을 때에 다니엘의 세 친구 사드락과 메삭과 아벳느고는 이 명령에 불순종했습니다. 세 친구가 왕의 분노를 사서 훨훨 타는 풀무 불에 던져지게 되었을 때에 이렇게 말했습니다.

"불 속에 던져져도, 임금님, 우리를 지키시는 우리 하나님이 우리를 활활 타는 화덕 속에서 구해 주시고, 임금님의 손에서도 구해 주실 것입니다. 비록 그렇게 되지 않더라도, 우리는 임금님의 신들을 섬기지도 않고, 임금님이 세우신 금 신상에게 절을 하지도 않을 것입니다."

이 집사님은 이렇게 말하며 설교를 마쳤습니다. "하나님이 사업을 망하지 않게 해주실 것입니다. 그러나 망하더라도 하나님을 원망하지 않을 것입니다. 주님도 더 잘 섬길 수 있고 저에게 더 잘 맞는 생업을 주실 것이라고 믿기 때문입니다."

이 설교를 들으면서 저는 눈물을 주체할 수가 없었습니다. 주일에 문을 닫아야만 하느냐 열어도 되느냐가 문제가 아닙니다. 주를 위하여 큰 희생까지 치를 것을 마다 않는 그 모습이 너무 아름답게 보였습니다. 제 눈에도 그렇게 아름다운데 하나님 눈에는 얼마나 예쁘게 보이겠습니까? 이것이 아름다운 훈장을 단 삶입니다.

여러분 하나님께 보일 고난의 훈장을 달고 계십니까? 예수님을 믿기 때문에 혹은 주님을 섬기기 때문에 겪는 역경이나 고난이 있습니까? 이것이 없다면 주님 앞에 섰을 때에 불난 집에서 알몸으로 뛰어나온 사람처럼 단순히 구원만 받을 뿐 상금은 없을지도 모릅니다(고전 3:14-15). 이런 말을 듣고 "구원이나 받으면 되었지 상이고 뭐고 필요 없다"라고 생각하는 분이 있다면 자신이 그렇게 생각하는 것이 진정 상급에 관심이 없어서 그런 것인지 아니면 아예 천국과 지옥을 믿지 않기 때문은 아닌지 생각해 보시기 바랍니다.

하나님 앞과 이웃 앞에 자랑할 수 있는 고난과 역경과 희생의 훈장이 있어야 합니다. 세상에 있는 상은 썩어질 것입니다. 그러나 천국에 있을 상은 영원한 것입니다. 우리는 영원한 상을 바라보며 살아야 합니다.

고린도전서 5장

교회에서의 징계

▌ 교회는 사명 공동체이다

교회는 치유 공동체이면서 사명 공동체입니다. 치유공동체인 교회에서는 치유가 일어나야 합니다. 그렇기 때문에 교회는 병원이라고 말할 수 있습니다. 그러나 동시에 교회는 사명 공동체입니다. 주님이 교회에 주신 사명이 성취되어야 합니다. 처음 믿는 분들이 교회에 나오는 이유는 교회가 치유 공동체이기 때문입니다. 교회 나오면 즐겁고 도움을 받을 수 있고 쉼을 얻을 수 있기 때문입니다. 그러나 신앙생활이 여기에 머물면 안 됩니다. 치유를 넘어서 교회의 사명을 깨닫고 사명 공동체의 일원이 되어가야 합니다. 교회가 치유 공동체임만을 고집하는 사람은 자라기를 거부하는 어린아이와 같습니다. 어린이는 부모의 돌봄 속에서 재미있게 놀기만 하면 됩니다. 그러나 일생을 그렇게 살면 안 됩니다. 장성하면서 가정의 일원으로 해야 할 일을 해야 하고 사회의 일원으로 훈련을 받아야 합니다.

그렇다면 사명 공동체로서의 교회가 가진 사명은 무엇일까요? 영혼 구원하여 제자를 만드는 것입니다(마 28:18-20). 그리고 이 사역은 점점 확산되어 가야 합니다(행 1:8). 서울교회는 지난 10년 동안 휴스턴의 영혼 구원에 집중해 왔습니다. 이제 우리의 에너지는 세계로 확산되어야 합니다. 그래서 선교국에서는 영어부와 한어부를 총 망라하여 특별 위원회를 구성했습니다. 특별위원회에서는 하나님이 우리에게 주신 선교 사명이 무엇인지를 발견하고 거기에 합당한 장기 선교 계획을 짜고 있습니다.

교회가 사명 감당하는 공동체가 되기 위해서는 교회가 건강해야 합니다. 그런데 교회를 병들게 하고 사명 감당을 못하게 하는 것이 있는데, 그것은 죄입니다. 고린도전서 5장은 교회를 병들게 하는 죄 문제를 어떻게 처리할 것인가에 관하여 다루고 있습니다.

교만이 죄를 가져온다

교회를 병들게 하는 죄의 근원은 무엇일까요? '교만'입니다(2절 상). 고린도는 성적으로 문란한 도시라는 것을 이미 말씀 드렸습니다. 이런 분위기에서 살았던 고린도 교인들은 성적인 문제에 관해 상당히 관대했던 것으로 보입니다. 어떤 교인이 계모와 동거하고 있는데도 문제 삼지 않고 있었습니다(1절). 계모와 같이 사는 것을 묵과했던 이유는 고린도의 분위기가 성적으로 타락한 이유도 있지만 영지주의(靈智主義)의 영향을 받았기 때문인 것을 보입니다.

영지주의자들은 영적인 것과 육적인 것을 전혀 별개의 것으로 취급합니다. 그래서 아주 영적인 사람은 육적으로 어떠한 삶을 살든지 영적 상태에 영향을 받지 않는다고 믿었습니다. 신라 시대의 원효대사도 비슷한 사상을 갖고 있었습니다. '한번 구원 얻으면 사람을 죽여도 상관없다'는 식으로 구원의 확신을 강조하는 이단 종파인 구원파의 사상도 영지주의와 흡사합니다. 자신은 영적이기 때문에 무슨 짓을 해도 영적인 사람으로 남는다는 영적 교만이 고린도 교인들을 죄에 대해 관대하게 만들고 있었습니다.

이런 영적 교만을 지금도 자주 접할 수 있습니다. 지금 미국 교단 중에서 동성애자를 목사로 안수하느냐 안 하느냐는 문제를 놓고 어려움을 겪고 있는 교단을 보면 교육받은 상류층들이 주류를 이루고 있는 교단입니다. 이들은 동성애가 죄라고 말하는 사람들은 근본주의자라느니 율법주의자라느니 부르며 매도합니다. 동성애를 포함한 모든 사람을 수용하는 사람들이 진정 영적인 사람들이고, "이웃을 사랑하라"는 예수님의 계명을 지키는 사람들이라고 생각합니다. 이것이 바로 영적 교만입니다. 이런 영적 교만이 죄에 대해 관대하게 만듭니다.

"모든 종교가 방법의 차이일 뿐, 궁극적으로는 모두 구원에 이르도록 한다"고 주장하는 교단이 있습니다. 이런 교단에 속한 사람들은 예수를 믿어야만 구원에 이른다고 믿는 사람들을 편협한 사람들, 독선적인 사람들이라고 매도합니다. 이런 교단도 교육을 많이 받은 지식층이 주류를 이룹니다. 그리고 하나님의 말씀에 대한 경외심이 없습니다. 설교에서도 성경보다는 철학자나 문학가가 더 많이 인용되고 세상 얘기가 주류를 이룹니다. 사회를 정화한다고 소리를 높이고 정치 참여에 열을 올리지만 영혼 구원하여 제자 만드는 사역에는 소홀합니다. 자신은 성경을 뛰어넘는 신앙을 갖고 있다는 자부심을 갖고 있기 때문입니다.

그렇다면 어떻게 해야 이러한 교만을 예방할 수 있을까요? 성경에 대한 신뢰와 존중을 저버리지 말아야 합니다. 자신의 생각, 사상, 철학으로 성경을 해석하는 대신 성경에 의하여 자신의 생각, 사상, 철학을 바꿔야 합니다. 이렇게 할 때 영적 교만에 빠지지 않고, 진정 영적으로 건강한 교회를 만들 것입니다.

▍죄를 고집하는 사람을 징계한다

　죄는 가만히 두면 주위로 번져갑니다. 누룩이 온 반죽에 영향을 미치는 것과 같이 교회가 죄를 방치하면 교회 전체가 병듭니다(6절). 죄는 마치 암과 같습니다. 암은 어느 정도 진행될 때까지 통증을 느끼지 않습니다. 그러다가 통증을 느끼게 될 때에는 이미 더 이상 치료를 할 수 없는 상태까지 치닫는 경우가 많습니다. 교회 안에서의 죄도 마찬가지입니다. 초기에 발견하여 처리하면 건강을 유지할 수 있지만, 방치하면 금세 교회 전체에 퍼져 교회 사명 완수가 불가능하게 되는 빈사상태에 빠지게 됩니다.

　암으로 건강을 상하거나 목숨을 잃지 않기 위해서는 조기에 발견하여 암을 제거해야 합니다. 사도 바울도 이러한 죄가 퍼지기 전에 죄지은 사람을 제거하라고 명하고 있습니다(2절 하, 13절 하). 이것이 징계입니다.

　그러나 죄를 짓는다고 무조건 다 징계해서는 안 됩니다. 믿지 않는 자들은 아직 죄 가운데 살고 있지만 교회 안에서 환영 받아야 할 존재들입니다. 일단 교회에 나와야 예수를 믿을 수 있고, 예수를 믿어야 죄인 생활을 정리할 수가 있습니다. 그런데 죄 가운데 산다고 교회 문을 닫아 버리면 그들이 어떻게 구원을 받겠습니까? 교회는 병원이기 때문에 죄인들이 득실거려야 합니다. 도둑놈, 사기꾼, 교만한 사람, 창녀, 동성애자 등이 환영 받아야 합니다. 예수님이 바로 이러한 사람들을 구원하기 위하여 오셨습니다(막 2:17).

부정직한 삶을 살던 사람이 우리 교회에 나왔는데, 그 사람으로 피해를 본 교인이 "너 같은 것이 어떻게 우리 교회를 나왔어!"라고 말을 해서 그 사람이 다시 교회에 나오지 못하게 했다는 얘기를 듣고 마음이 아팠던 적이 있습니다. 부정직한 삶을 사는 그 사람이 아니라, 이런 말을 한 교인이 바로 징계감입니다. 징계의 대상은 세상 사람이 아니라 교인들이라는 것을 사도 바울은 본문에서 말하고 있습니다(12절). 또 죄 가운데에 살다가 예수를 믿었지만 아직도 옛 삶을 청산하지 못한 사람도 징계 대상이 아닙니다. 옛 삶이 한 순간에 정리되는 것이 아니기 때문입니다. 또 교인이라도 한 번의 실수를 저질렀거나, 한 번 죄를 지었다고 자동적으로 징계해서도 안 됩니다. 만일 이렇게 한다면 저를 포함하여 징계를 받지 않을 사람이 하나도 없습니다.

교회 안에서 징계의 대상은 죄를 지으면서도 자신의 죄를 인정하지 아니하고, 변화하려는 노력이 전혀 없으며, 죄의 삶을 계속 고집하는 사람입니다. 교인이라고 하면서 음행하는 사람들, 수단 방법을 가리지 않고 돈 벌려는 사람들, 미신을 섬기는 사람들, 남을 음해해서 이익을 챙기는 사람들, 술 먹고 방탕한 삶을 사는 사람들, 권력이나 폭력을 써서 남의 것을 탈취하는 사람들, 이러한 사람들을 징계하라고 사도 바울은 말하고 있습니다(11절). 이러한 것을 방치하면 교회 밖의 믿지 않는 사람들의 눈에는 이런 삶이 정상적인 크리스천의 삶처럼 간주됩니다. 또한 교회 안 사람들의 눈에는 이러한 죄가 교회에서 당연하게 받아들여질 위험이 있습니다. 그리하여 몸 안에 퍼진 암세포처럼 교회 전체를 병들게 하고 사명을 감당하지 못하게 합니다.

▌ 징계에는 과정이 있다

어떤 사람을 징계하고, 어떻게 징계하느냐는 경우와 상황마다 다릅니다. 징계의 가장 큰 목적은 죄가 공동체 전체에 영향을 미치지 않도록 차단하고 속한 공동체가 순수성을 간직하여 건강하도록 하는 데 있습니다(6절 하-7절 상). 그러므로 이러한 목적을 달성할 수 있는 가장 효과적인 방법을 선택하면 됩니다. 주님은 징계권을 이미 성도들의 공동체에 허락하셨기 때문에 정상적인 교회라면 징계권을 행사해야 합니다(마 18:18). 그러나 징계에 있어서 알아야 할 몇 가지 원칙이 있습니다.

첫째, 가능하면 은밀히 해야 합니다(마 18:15-17). 처음에는 남모르게 혼자 가서 죄를 지적하고 회개를 촉구합니다. 그래도 죄를 고집하면 다른 사람을 데리고 가서 다시 죄를 지적하고 회개를 촉구합니다. 그래도 듣지 않으면 그때에 비로소 공개적으로 징계합니다. 가능하면 은밀하게 해서 회개의 기회를 주어야 합니다. 그러나 남들이 다 아는 공개적인 죄라든지 많은 사람들에게 피해를 준 죄라면 공개적으로 회개하도록 하고 공개적으로 징계해야 합니다. 사도 바울도 계모와 사는 사람은 바울의 귀에 소문이 들어갈 정도로 공개적으로 알려진 사실이기 때문에 공개적인 징계를 명하고 있습니다(4-5절).

둘째, 징계의 목적은 그를 선도하는 데에 있습니다. 사단에게 넘겨주어 육체를 망하게 하고 영이 구원을 얻게 하라는 5절의 말씀은 여러 해석의 여지가 있는 구절입니다. 그러나 대강 이런 의미인 것 같습니다. 교회는 하나님의 영이 임재하는 곳이기 때문에 교회 안에 머무는 동안은 하나님의 보호 밑에 있습니다. 그러나 교회에서 출교되면 보호막이 없기 때문에 사단의 공격에 노출됩니다. 비가 퍼부을 때에 우산 밑에서 비를 맞지 않고 있다가 우산을 받쳐주던 사람이 우산을 거두면 비에 쫄딱 젖는 것과 마찬가지입니다. 그래서 사단의 공격에 시달려 고생하다가 회개하고 되돌아와서 다시 하나님의 백성이 되어 예수님이 오실 때에 모든 성도들과 더불어 구원받도록 하라는 것입니다. 징계의 목적은 범죄한 자가 회개하고 돌아오도록 하는 데 있습니다. 그러므로 회개하고 돌아올 길을 열어놓을 뿐만 아니라 회개하고 돌아오면 팔을 벌려 환영해야 합니다.

셋째, 징계는 최종 수단입니다. 제가 존경하는 목회자 한 분이 제가 산호세에서 교육 목사로 섬길 때에 오셔서 부흥회를 인도해주신 적이 있습니다. 그때에 목회에 관해 배울 수 있는 절호의 찬스가 왔다고 생각해서 하루 관광을 제가 자원하여 이곳저곳 모시고 다니면서 여러 가지 구체적인 질문을 드리고 답을 들었습니다. 그때 질문 중의 하나가 "지금까지 목회를 하시면서 가장 자랑스러운 업적을 꼽으라면 무엇을 꼽으시겠습니까?"였습니다. 그랬더니 의외의 답을 주셨습니다. "지금까지 한 교인도 징계하지 않은 거야. 한 사람을 징계하면 쓴 뿌리가 남아서 계속 전승이 되는 법이야. 감자 포기를 뽑으면 감자가 줄줄이 달려 올라오는 것과 마찬가지지. 지금까지 징계를 한 번도 하지 않았다는 것을 하나님께 감사하지." 징계는 극약 처방입니다. 종양도 양성이라면 천천히 자라기 때문에 생활에 큰 지장이 없으면 수술하지 말고 안고 살라고 의사들이 권고합니다. 암이 자라서 건강에 지대한 영향을 미칠 때에나 악성 암이라는 진단이 날 때에 비로소 수술해서 제거합니다. 징계도 수술과 같은 극단적인 수단입니다. 한국에서 어떤 목회자는, 자신에 관하여 근거 없는 비난을 했다고 장로를 제명시켰다가 큰 문제가 된 적이 있는데, 그래서는 안 됩니다. 근거 없는 비난이라 할지라도, 자신 개인에 관한 것이고 교회 전체에 영향을 미치는 것이 아니면 징계해선 안 됩니다. 모든 방법을 다 동원하여 설득해도 도저히 뉘우치는 기색이 없을 때 최후의 수단으로 행사하는 것이 징계입니다.

넷째, 징계를 해야 할 상황이면 단호하게 해야 합니다. 암이 자라 몸 전체에 퍼질 단계까지 왔는데 손을 쓰지 않고 있으면 치료가 불가능합니다. 종양이 악성인 것이 발견되면 단호하게 칼을 대듯이 죄가 공동체 전체에 영향을 미칠 것 같으면 단호하게 징계해야 합니다.

제가 아는 어떤 교회에서 재정 능력도 있어서 교회에서 큰 영향력을 갖고 있는 장로가 성가대원 한 처녀를 성적으로 범했습니다. 이것이 발각 되었을 때 목사님이, 장로님이 회개했으니까 사랑으로 덮고 넘어가자고 했습니다. 결국 처녀와 그 가정이 교회를 떠나는 것으로 마무리시켰는데 그 후에 그 교회는 풍비박산 났습니다. 엄청난 죄를 저질렀는데 회개했다는 이유 하나만으로 얼버무리고 넘어간 그 교회를, 하나님께서 그냥 두시겠습니까? 이 원칙은 목장에도 적용됩니다. 목장 식구가 죄를 짓고도 전혀 회개할 기색 없이 자신의 죄를 정당화하고 목장 식구 전체에게도 악영향을 미치고 있으면 단호하게 징계해야 합니다. 사람을 두려워할 것인가? 하나님을 두려워할 것인가를 선택해야 합니다. 그리하여 목장에 계속 하나님의 임재하심이 같이하고 주님의 사명을 감당하는 건강한 공동체가 되도록 하시기 바랍니다.

| 고린도전서 6장 |

소송과 음행

▍소송

　미국처럼 소송 많은 나라도 드물 것입니다. 그러다 보니 실소를 자아내게 만드는 소송도 생깁니다. 뉴욕에서 8명의 어린이와 그 부모들이 맥도널드를 상대로 소송을 제기했습니다. 매일 맥도널드에서 음식을 사먹었는데 치즈버거와 감자튀김이 살찌는 음식이라는 것을 충분히 홍보하지 않았기 때문에 어린이들의 몸무게가 400 파운드가 될 정도로 비대해졌다는 것입니다. 제가 아는 한 한인 의사는 한국분에게 의

료사고로 소송을 당했습니다. 그런데 누가 소송을 부추겼다는 것을 알게 되었습니다. 의사와 친분이 있는 사람이었습니다. "나하고 잘 아는 사이면서 어떻게 환자에게 소송을 부추길 수가 있느냐?"고 따졌더니 이렇게 말했답니다. "당신이 재판에 지더라도 어차피 보상금은 당신 호주머니에서 나오는 것이 아니고 보험 회사에서 나오지 않습니까? 그분이 경제적으로 어려운 것 같아서 도와주려고 했습니다."

1) 성도는 성도를 소송해선 안 된다

이처럼 고소가 생활화된 사회에서, 하나님의 백성은 어떤 태도를 취해야 할까요? 크리스천끼리는 세상 법정에 고소를 하지 않는 것이 원칙입니다. 왜냐하면 크리스천의 신분을 생각할 때 창피한 일이기 때문입니다(고전 6:1, 6). 성도들은 세상과 악한 천사, 즉 악한 영을 심판할 사람들입니다(고전 6:2-3). 이런 신분을 가진 사람들이 하나님 백성이 아닌 세상 사람들에게 시비를 가려달라는 것은 있을 수 없는 일입니다(고전 6:4). 세상 사람이 갖고 사는 가치 기준은 하나님 나라의 가치 기준보다 훨씬 낮은데 이 낮은 기준에 근거해서 시비를 가려 달라는 것은, 마치 초등학교 교사 둘이 갈등이 생겼을 때 학급 어린이들을 찾아가서 시비를 가려달라고 하소연하는 것과 마찬가지입니다.

그렇다면 하나님의 백성들 간에 분쟁이 생겼을 때는 어떻게 해결해야 합니까? 믿음의 선배를 찾아가서 중재를 구해야 합니다(고전 6:5). 서울교회에는 교인들 간에 분쟁이 생겼을 때 법정을 찾아가기보다 교회

어른을 통해 중재를 받는 경우가 종종 있습니다. 얼마 전 목장 식구들 가운데에 동업을 하다가 금전상의 문제가 생겼습니다. 처음에는 당사자 중 한 명이 소송을 진행하려 했습니다. 그러나 결국, 재판정에 가지 아니하고 목자에게 중재를 요청하여 문제가 평화롭게 해결된 적이 있습니다. 부부 사이의 갈등으로 인하여 이혼 소송 직전까지 갔다가, "우리 최 목사님에게 문제를 말씀드리고 어떻게 결정해주시든지 간에 따르기로 하자" 약속을 했습니다. 그리고 제 앞에 와서 서로의 입장을 말했습니다. 또한, 제가 내려준 결정에 따라 쌍방이 얼마씩 양보를 하고 문제를 해결해 이혼할 생각을 버린 적도 있습니다.

여러분은 교인과 문제가 생겨서 시비를 가려야 할 때 법정에 가야만 할 지경에 이르더라도 소송을 걸지 마시고 믿음의 선배의 중재를 받으십시오. 목자, 초원지기에게 자신의 입장을 말하고 중재를 받으시기 바랍니다. 그래도 해결이 되지 않으면 집사회의에 호소하시기 바랍니다. 집사회에서 어떤 결정을 내리든지 순복하기로 약속하고, 두 사람이 같이 집사회의에 와서 자신의 입장을 설명하고 집사회의의 판결을 받으시기 바랍니다.

2) 교회의 권위를 인정하지 않는 사람은 소송할 수도 있다

교인이 아닌 믿지 않는 사람에게 억울한 일을 당한 경우에는 어떻게 해야 할까요? 믿지 않는 사람들은 하나님이나 교회의 권위를 인정하지 않으니 법정에 가서 호소하는 수밖에 없을지 모릅니다. 그러나 이럴 때에도 법정에 가는 것은 최후의 수단이어야 합니다. 우리의 필요는 하나님이 채워주시니 웬만한 손해라면 감수하는 것이 좋습니다(고전 6:7). 예수님은 누가 속옷을 뺏기 위해 소송을 하면 겉옷도 주라고 하셨습니다(마 5:40).

그러나 생계를 위협할 정도의 손해라면 법정에 가서 고소할 수 있습니다. 예를 들면, 다른 가게를 찾기가 쉽지 않은데 건물주가 계약을 위반하고 월세를 엄청 올리든지, 이유 없이 가게를 비우고 당장 나가 달라고 하는 경우입니다. 또 개인이 아니라 많은 사람에게 손해를 가져올 때에도 소송할 수 있습니다. 조그마한 공장을 운영하면서 큰 회사에 납품을 했는데 돈을 주지 않는 등의 경우입니다. 아무리 설명하고 설득을 해도 말을 듣지 않으면 공장 직원을 위해 소송을 제기하는 것이 바른 선택일 것입니다.

그러나 이러한 경우에라도 욕심이 동기가 되지 않도록 조심해야 합니다. 1억 6천 2백만 불짜리 복권에 당첨된 사람이 있었습니다. 이때 오하이오에 사는 엘리샤 배틀(Elecia Battle)이라는 여인이 소송을 제기했습니다. 당첨된 복권을 자기 손가방에 넣어두었다가 손가방을 잃어버렸을 때에 같이 잃어버렸다고 주장했습니다. 그러나 며칠 후에 소송 내용이 사실이 아니라고 고백을 했습니다. 그리고 하는 말이 걸작입니다. "우리 가족은 돈이 필요했습니다. 그래서 나의 아이들과 가족을 위해 내가 범인이 되기로 결심하고 거짓 소송을 했습니다." 자신의 자녀와 가족을 위해서라면 거짓 소송도 정당화 된다고 믿는 것 같아 쓴웃음이 나왔습니다.

그런가 하면 얼마 전 스타벅스를 고소한 여성이 있습니다. 커피 컵이 새서 손을 데었으니 치료비와 정신적인 고통을 변상하라며 배상액으로 1천만 불을 요구했습니다. 성도들은 이러한 재물욕에서 나오는 소송을 하지 말아야 합니다. 소송을 꼭 해야 된다면 이것이 과연 생존권에 영향을 받거나, 많은 사람들이 피해를 보기 때문인지 잘 판단하고, 소송이 자신의 욕심 때문이라는 결론이 내려지면 소송을 포기하기 바랍니다.

소송을 거부하는 이유는 우리의 고향이 천국이기 때문입니다. 이 세상에서 우리는 나그네일 뿐입니다. 약간의 손해나 이익은 영생에 비추어볼 때 별 차이를 내지 않습니다. 그렇기에 사명을 위해 사는 우리들이 소송에 시간과 에너지를 낭비하는 것은 바람직하지 못합니다. 바울은 소송에 관한 가르침을 주면서 예수님의 재림에 관해 계속 언급합니다(2절 상, 9절 상). 소송을 해야 하는가, 하지 말아야 하는가, 어떤 때에 소송해도 되고 어떤 때에 소송하면 안 되는가, 세부적인 규칙을 따지기보다 시선을 천국에 고정하면서 우리는 이 세상에서 잠시 산다는 것을 의식하는 것이 소송에 관해 바른 결정을 내리는데 도움이 될 것입니다.

음행

미국에서 잦은 소송과 더불어 성적 윤리의 붕괴도 큰 문제가 되고 있습니다. 이 문제는 한국에서도 마찬가지입니다. 특히 목회자들의 문란한 성이 문제가 된 경우도 있어서 경악했던 경험을 가지고 있습니다. 본문에서 바울은 성적 문란에 관하여 언급하고 있습니다. 앞서 언급했던 것처럼 고린도는 사랑의 여신인 아프로디테를 수호신으로 모셨기 때문에 성적으로 문란했습니다. 성적인 문제에 관하여 바울이 길게 말씀하고 있는 것은 이러한 문화 배경 속에서 세워진 고린도 교회 안에서도 성적인 문제가 많았기 때문입니다.

1) 음행은 안 된다

음행은 하나님 앞에 한 몸 되기를 서약한 배우자 외의 이성과 갖는 모든 성관계를 의미합니다. 성도는 음행을 특별히 더 경계해야 합니다. 음행은 우리의 심령을 더럽히는 죄이기 때문입니다(고전 6:18). 성적인 죄는 다른 죄와 다릅니다. 남자와 여자가 동침을 하면 그 후에 둘의 관계에 확연한 차이가 생깁니다. 상대방이 내 몸처럼 가깝게 느껴지든지 아니면 혐오감이 생기든지, 둘 중의 하나입니다.

구약 성경에 보면 후자에 관한 예가 나옵니다(삼하 13:1-22). 다윗의 아들 중의 하나인 암논이 배다른 여동생 다말을 깊이 사모하다가 상사병에 걸렸습니다. 이 사실을 알고 친구가 기회를 만들어서 다말을 암논의 침상 가까이 오도록 했고 그때 암논이 다말을 겁탈했습니다. 그러나 성관계를 갖고 난 후에 암논은 다말을 사랑했던 것보다 더 심하게 다말을 증오하게 되었습니다(삼하 13:15).

음행은 우리의 심령에 영향을 미칩니다. 음행에 빠진 사람은 자신의 행위가 들통났을 때 전혀 앞뒤가 맞지 않는 변명을 늘어놓으면서도 모순을 느끼지 못합니다. 또한 주위 사람들에게 엄청난 아픔을 주면서도 죄책감을 느끼지 못합니다. 왜 그럴까요? 음행으로 인해 심령이 더럽혀지고 마비되었기 때문입니다.

음행을 하지 말아야 하는 또 하나의 이유는 성적인 관계를 갖는 것은 상대방과 한 몸이 되는 것이기 때문입니다(고전 6:16). 고린도의 수호신 아프로디테 성전에는 천명이 넘는 창녀들이 거주하면서 몸을 팔았습니다. 이런 생활에 익숙했던 고린도 성도들 가운데에는 예수를 믿은 후에도 성전에 출입하는 사람들이 있었던 것 같습니다. 그런데 성도들은 어떤 존재입니까? 교회는 그리스도의 몸이고 성도는 그리스도의 지체입니다. 그리스도의 지체가 성관계를 가짐으로써 창녀와 한 몸이 된다는 것은 그리스도의 지체를 창녀의 지체로 만드는 것이 됩니다(고전 6:15). 창녀의 지체가 되면 그리스도가 아닌 창녀의 영향권 밑에 있게 됩니다. 음행을 저지르는 사람을 묘사할 때 여자에게 빠졌다는 표현을 쓰기도 하는데, 맞는 표현입니다. 그 여자의 영향권 밑에서 헤어 나오기가 힘들기 때문입니다.

창녀의 영향권 밑에 있게 되면 창녀를 지배하는 악한 영의 영향권 밑에 결박됩니다. 악한 영의 영향 밑에 결박되면 악령의 하수인이 되어서 성도들에게 상처를 줍니다. 예수를 믿고자 하는 사람에게 장애물이 됩니다. 교회에 수치를 안깁니다. 주님의 영광을 가립니다. 악한 영의 영향력이 얼마나 큰지 목격한 분들이 여러분들 가운데에도 있을 것입니다.

그리스도인이 음행을 저지르지 말아야 할 영적인 이유들과 함께 육신의 관점에서도 음행을 저지르지 말아야 할 이유를 생각해보아야 합니다. 영과 육은 분리되지 않으며 똑같이 귀중한 존재이기 때문입니다.

2) 몸은 귀중한 존재이다

고린도 교인들이 음행을 가볍게 생각했던 것은 몸과 영을 극단적으로 구별했던 영지주의의 영향 때문이었습니다(고전 6:12 상). 영지주의자들은, 육체는 어차피 썩어서 없어질 것이고, 육체를 갖고 무엇을 하든 영적인 상태에 영향을 미치지 않는다고 믿었습니다. 그러므로 배가 고프면 밥을 먹듯이 성적 욕구가 생기면 성관계를 갖는 것이 자연스러운 일이라고 생각했습니다(고전 6:13 상). 요즈음도 이런 사상이 팽배해 있습니다. 성관계를, 악수나 키스 정도의 단순한 피부접촉으로 생각합니다.

우리 몸을 자신의 욕구대로 분별없이 사용해서는 안 됩니다. 우리 몸은 부활할 몸이기 때문입니다(고전 6:14). 그리스 사람들은 육신은 썩어 없어질 뿐 영혼만 영원하다고 생각했습니다. 그러나 예수님은 육체 없는 유령의 모습으로 제자들에게 나타나지 않으셨습니다. 돌아가셨던 그 때의 몸으로 나타나셨습니다. 이것은 우리의 부활할 때 영으로만 부활하는 것이 아니라 육신을 가진 인간으로 부활할 것을 보여주고 있습니다. 어떤 모습으로 부활할지는 모릅니다. 땅에 묻힌 씨앗이 썩어서 싹이 나고 자라 무성한 나무가 되는 것처럼, 죽어서 땅에 묻힌 몸은 아름다운 몸으로 부활할 것입니다. 새까맣고 작은 씨를 보면서 무성한 나무와 탐스러운 열매를 상상할 수 없는 것처럼, 현재의 우리 몸을 보고서 부활의 몸을 상상하는 것은 불가능합니다(고전 15:36-38). 그러나 부활한 모습이 어떤 모습이든 우리 현재의 몸이 부활의 씨앗이 된다는 것은 틀림이 없습니다.

사과나 배 씨앗은 작고 볼품이 없지만 이를 심으면 잎을 내고 열매를 맺는 아름다운 사과나무와 배나무가 됩니다. 바울은 부활한 몸을 묘사하면서 "죽을 몸이 죽지 않을 것을 입고 썩을 몸이 썩지 않을 것을 입는다"라고 표현했습니다(고전 15:53). 우리의 신체 위에 '죽지 않은 것'을 입기 때문에 천국에 가면 우리가 서로 알아볼 수 있을 것입니다. 그렇기 때문에 몸을 쓰다 버릴 물건처럼 가볍게 여겨 음행의 도구로 사용해선 안 됩니다.

몸은 음행을 위하여 쓰라고 주께서 우리에게 주신 것이 아닙니다. 주를 위하여 쓰라고 주셨습니다(고전 6:13 하). 주를 위해 쓰라고 주신 육체를 음행을 위해 사용하는 것은 나라를 지키라고 준 총기를 강도질 하는 데에 사용하는 것과 마찬가지입니다. 사도 바울은 로마서를 쓰면서 "너희 몸을 하나님께서 기뻐하시는 거룩한 산 제물로 드리라"고 합니다(롬 12:1). '자신'이나 '영혼'이란 단어를 쓰지 않고 '몸'이라는 단어를 사용합니다. 우리 신체를 주님이 원하시는 도구로 사용하기 원하신다는 것을 말하고 있습니다. 몸을 주님이 원하시는 도구로 사용하는 예는 무엇일까요?

영·유아부에서 아기를 안아주고, 교회 부엌에서 음식을 만들어 배부해 주고, 교회당 마루를 걸레질 하고, 화장실 쓰레기를 비우는 것, 아픈 분을 찾아가고, 이사를 돕는 등, 이 모든 것이 주를 위해 몸을 사용하는 사례입니다.

크리스천의 몸은 성령님이 거하시는 성전입니다. 또한 주의 영광을 위하여 사용되는 도구이기도 합니다(고전 6:19-20). 그렇기 때문에 우리는 몸을 잘 관리해야 합니다. 군인들이 총기를 잘 닦고 간수하여 전투가 벌어져도 즉시 사용할 수 있도록 하듯이 우리도 주님의 사역을 위한 도구로 몸을 잘 간수해야 합니다. 한 주에 한 번은 쉬는 날을 가져야 하고 충분한 수면을 취해야 합니다. 몸에 해로운 담배 같은 것은 끊고 가능하면 몸에 해가 되는 음식도 피하고 정기적인 운동도 해야 합니다. 건강한 몸을 유지하고 있다가 주님이 필요하다고 하실 때 선뜻 자원하여 주님과 이웃을 섬겨야 합니다.

어떤 분에게는 몸의 건강 자체가 인생의 목표가 되기도 합니다. 매일 비타민을 한 움큼씩 입에 털어 넣고 시간만 나면 골프를 치거나 운동을 합니다. 간수도 잘 합니다. 예쁘게 화장하고 때때로 성형 수술까지 해 가며 꾸밉니다. 그러나 몸은 간수하라고 주신 것이 아닙니다. 주의 영광을 위해 사용하라고 주셨습니다. 건강한 몸을 가지고 열심히 이웃과 주를 섬겨야 합니다.

고린도전서 7장

결혼, 이혼, 재혼, 성생활

우리는 도덕적 혼란 시대에 살고 있습니다. 한국에서는 대가족제도와 전통적인 도덕관이 무너지면서 혼란을 겪고 있습니다. 성서적인 가치관에 기초하여 나라가 세워졌던 미국은 기독교 윤리를 부정하면서 도덕적인 혼란을 겪고 있습니다. 이런 혼란 가운데에 이혼율이 급증하고 가정이 파괴되어 갑니다. 이제는 가정이니 부부니 하는 전통적인 단어조차도 의미가 애매해지고 있습니다. 미국에서는 장기적으로 동거하는 동성애자에게도 부부에게 주는 혜택을 똑같이 주는 법안이 통과되었습니다. 이러한 혼란 가운데에 기독교인들도 혼란을 겪고 있습니다.

기독교인들 간의 이혼율이 일반인들의 이혼율보다 더 높다는 기사는 우리에게 충격을 줍니다.

고린도전서 7장은 결혼, 이혼, 재혼, 성생활에 관하여 말하고 있습니다. 오늘 말씀을 전하면서 많은 염려가 됩니다. 우리 성도님들 가운에 이혼이나 재혼을 하신 분들이 계신 분들이 있기 때문입니다. 오늘 설교에 마음이 불편하시더라도 여러분을 매도하는 것이 아니고 기독교인의 삶의 원칙을 설명하는 것이라는 것을 이해해 주시면 감사하겠습니다.

▍가능하다면 독신으로 지내는 것이 좋다

사도 바울은 혼자 사는 것을 추천합니다(고전 7:8). 그렇다고 독신 자체가 미덕이기 때문은 아닙니다. 인생을 길게 볼 때 혼자 사는 것이 결혼하는 것보다 낫기 때문입니다. 인생은 잠깐입니다(고전 7:31 하). 인생의 목적은 주님이 주신 사명 완수에 있습니다. 독신으로 살면 오직 주님에게만 집중할 수 있습니다(고전 7:32-34). 그래서 바울은 독신을 추천합니다.

그러므로 우리는 결혼 대신에 독신을 선택한 분의 선택을 존중해주어야 합니다. 결혼 안 하는 한 이유를 물을 권리가 우리에겐 없습니다. 결혼하라고 강요해서도 안 됩니다. 마찬가지로 남편과 사별을 했거나 이혼을 해서 혼자 사시는 분들의 선택도 존중해 주어야 합니다. 홀로 행복하게 살고 있는 분을 마치 불행한 삶을 사는 사람처럼 취급해서는 안 됩니다.

독신으로 사는 분들 가운데에는 자신이 독신이 은사인지 아닌지 애매하게 느껴질 수 있습니다. 그러나 배우자를 위한 간절한 기도에도 불구하고 결혼 대상자가 나타나지 않으면, 일단 '하나님이 독신으로 살기를 원하시는 모양이다' 생각하고, 독신의 장점을 살려서 주님과 이웃을 섬기시기 바랍니다. 그러다가 하나님께서 좋은 후보를 보내주시고 하나님의 뜻인 것 같으면 편하게 결혼하시기 바랍니다.

성적인 욕구가 너무 강해서 혼자 살 수 없는 사람도 있습니다. 그런 사람들은 결혼하는 것이 좋습니다(고전 7:8-9). 그렇다고 결혼한 사람은 성적 욕구를 억제 못하는 덜 영적인 사람이고 독신으로 사는 사람은 성적 욕구를 극복하는 영적인 사람이라는 의미는 아닙니다. 혼자 사는 것은 은사입니다. 그래서 사도 바울은 자신처럼 모든 사람이 독신으로 살기를 원하지만 결혼하든 혼자 살든 은사대로 하라고 했습니다(고전 7:7).

▎결혼한 사람은 배우자의 성적 욕구에 민감해야 한다

고린도 교회에는 서로 상반된 두 가지 문제가 공존하고 있었습니다. 한 그룹들은 성적으로 문란한 도시 분위기에서 휩쓸려서 성적으로 문란한 생활을 했습니다. 그런데 또 한 그룹은 결혼을 하고도 성생활을 멀리했습니다. 이런 것이 거룩한 삶이라고 생각했던 것 같습니다. 이러한 생각은 성적으로 문란한 문화에 대한 반작용일 수도 있고 영지주의의 영향일 수도 있습니다. 고린도전서 7장에서 사도 바울은 성관계를 멀리하는 사람들에게 교훈을 주고 있습니다. 하나님은 인간을 성적 존재로 만드셨습니다. 그리고 하나님 앞에서 일생을 한 몸 되기로 서약한 남녀에게 성관계라는 즐거움을 선사하셨습니다. 그러므로 하나님은 부부가 성적인 즐거움을 누리는 것을 기뻐하십니다.

기독교인들 중에 성에 관해 부정적 생각을 갖고 있는 사람들이 있습니다. 어릴 적에 성을 금기시하는 분위기에서 자랐기 때문에 그럴 수도 있습니다. 그런데 더 많은 경우 성적인 문란에서 오는 파괴력을 보면서 그런 생각을 갖게 되지 않나 싶습니다. 성적 욕구는 불과 같습니다. 난로에 들어있는 조절된 불은 우리의 얼어붙은 몸을 따뜻하게 녹여주고, 화덕에 들어있는 불은 맛있는 음식을 만들게 해줍니다. 그러나 불이 정해진 구역을 벗어나서 조절이 안 되면 집을 태워버리거나, 산림을 태워버리는 화재를 가져옵니다. 그러므로 성관계는 부부라는 울타리 안에서만 이루어져야 합니다. 부부 관계 밖에서 갖는 성관계는 자신을 파괴하고, 가족들에게 상처를 안겨주고, 친지들에게 수치를 가져옵니다.

성관계는 하나님이 부부에게 허락하신 축복이기에 즐겨야 합니다. 그리고 부부끼리는 상대방의 성적 욕구에 민감해야 합니다(고전 7:3-4). 우리나라 어른들은 성관계를 남성들만 요구하는 것이고 여성은 마지 못해 응하는 것으로 생각했습니다. 아내가 성관계를 요구한다든지 성관계를 즐기면 정숙하지 못하다고 생각했습니다. 그러나 하나님은 남성과 여성 둘 모두에게 성적 욕구를 주셨기에 서로의 욕구를 존중해 주어야 합니다.

남자와 여자는 다릅니다. 하나님은 그러한 차이를 인정하라고 하셨습니다. 예를 들면, 아내에게는 "순종하라"고 하셨고 남편에게는 "사랑하라"고 하셨습니다. 행복을 느끼는 방법이 다르기 때문입니다. 아내에게 순종을 요구하고 남편에게는 사랑을 요구한다고 하여 여성이 남성보다 아래에 있거나 혹은 좀 더 열등한 존재라는 의미가 아닙니다. 하나님의 자녀로서 남녀는 그 신분에 있어서 동등합니다(갈 3:27-28). 차별이 없습니다.

성관계에 있어서도 차별이 없습니다. 그러므로 믿음으로 사는 부부들은 서로의 성적 욕구에 민감하고 서로의 요구에 응해주어야 합니다. 기도 생활하는 사람은 성생활을 무시해도 되는 것처럼 생각할지 모르지만 바울은 그렇지 않다고 말합니다(고전 7:5). 기도할 때 잠시 성관계를 보류할 수 있지만 배우자가 원하면 거절하지 말라고 말합니다.

그렇다고 성관계를 요구하면 다 들어주어야 한다는 의미는 아닙니다. 남편이 성관계를 요구할 때 아내가 응하기 힘든 것은 피곤하기 때문입니다. 아기 키우고, 가사 돌보고, 많은 경우, 직장 생활까지 해야 합니다. 그러므로 남편이 성관계를 갖고 싶으면 강요하는 대신에 설거지를 도와준다든지 아기 목욕을 시키거나 잠을 재우는 등 가사를 도와 아내가 덜 피곤하도록 배려하고, 성관계를 갖고 싶은 욕구가 생기도록 노력해야 합니다. 반대로 아내가 성관계를 갖고 싶으면 강요하는 대신 남편이 좋아하는 음식을 만들던지, 밤에 자신을 예쁘게 꾸며서 남편에게 성욕이 생기도록 해야 합니다. 그러나 썩 욕구가 생기지 않더라도 가능하면 상대방의 요청에 응하는 것이 좋습니다. 배우자의 성적 욕구를 채워주는 것이 일종의 섬김이기 때문입니다.

어떤 사람들은 성관계를 행복의 필수 조건으로 생각하고, 성적 만족을 인생의 목표로 삼기도 하는데, 이는 잘못된 생각입니다. 부부간의 성관계는 재미있는 놀이 정도로 생각하는 것이 좋습니다. 그렇기 때문에 상대방이 원할 때에 욕구가 없더라도 상대방을 배려하여 응하다 보면 재미가 붙을 수도 있습니다. 예를 들면, 저는 윷놀이에 별로 관심이 없습니다. 설날 같은 때 윷놀이하자고 하면 시큰둥하게 임합니다. 그런데 일단 시작하면 재미가 붙어서 이기고 싶어지고 이기면 신이 납니다. 성관계에 별 관심이 없더라도 상대방을 배려하여 응하다 보면 즐거워질 수 있습니다. 그러나 놀이 정도를 넘어서 너무나도 큰 의미를 부여하는 것은 안 좋습니다. 딱지치기가 재미는 있지만 인생의 목적으로 삼을 수는 없지 않습니까?

크리스천에게 이혼은 허용되지 않는다

이혼에 관해 크리스천이 할 수 있는 말은 한 마디로 "하지 않는다!"입니다. 하나님께서는 이혼을 미워하시기 때문입니다(말 2:16). 고린도 교인들 가운데는 둘 다 비신자였다가 한 명만 예수를 믿고 다른 한 쪽은 예수를 믿지 않는 부부가 생겼습니다. 믿는 쪽이 믿지 않는 배우자 때문에 신앙생활에 여러 어려움을 겪고, 심하면 핍박을 받고 있었을지도 모릅니다. 그런데도 불구하고 바울은 배우자가 헤어지자고 하지 않는 한 이혼하지 말라고 권면합니다(고전 7:12-13). 그러므로 신앙생활을 더 잘하기 위해, 혹은 목회자나 선교사가 되기 위하여 믿음이 적거나 믿지 않는 배우자와 이혼을 한다는 것은 있을 수 없는 일입니다.

그러나 이혼이 절대적으로 용납되지 않는 것은 아닙니다. 예수님께서는 배우자가 간음을 한 경우에 이혼을 허락하셨습니다(마 5:32). 바울도 믿지 않는 배우자가 크리스천이 되었다는 이유로 이혼하자고 요구를 하면, 이혼에 응하라고 말합니다(고전 7:15). 이 외에도 배우자가 노름이나 마약 중독이 되었다면 자신과 자녀들의 생존권을 위해 이혼할 수도 있다고 생각합니다. 또 배우자가 폭력을 사용하여 생명의 위협을 느끼는 상황에 처했다면 이혼을 할 수도 있다고 생각합니다.

그러나 크리스천이 이혼을 하려면 꼭 기억해야 할 것이 있습니다. 일단 이혼을 했으면 혼자 살든지 재결합을 목표로 삼아야 합니다(고전 7:11). 이혼한 사람에게 선택권은 이 두 가지뿐입니다. 불행한 결혼 생활을 청산하고 좋은 사람 만나 인생 바꿔보자는 목적으로 이혼하고 재혼하는 것은 간음하는 것과 마찬가지입니다. 이혼의 목적은 서로 떨어져 살며 배우자가 새로운 사람으로 변화되어 재결합하기를 기다리는 데 있습니다. 그러나 이렇게 살다가 배우자가 세상을 떠나거나 재혼을 하면 그때에는 자유입니다. 본인도 자유롭게 재혼을 할 수가 있습니다. 더 이상 재결합을 기다리는 것이 의미가 없기 때문입니다.

재혼을 할 때에는 믿는 사람과 해야 합니다. "아내는, 남편이 살아 있는 동안에는, 그에게 매여 있습니다. 그러나 남편이 죽으면, 자기가 원하는 사람과 결혼할 자유가 있습니다. 다만, 주님 안에서만 그렇게 해야 할 것입니다"(고전 7:39). 39절은 남편을 사별한 여성에게 주는 권고의 말씀이지만, 미혼에게도 또 이혼한 후 전 배우자가 세상 떠난 경우에도 해당한다고 생각합니다. '주님 안에서'라고 했지 '믿는 사람과 결혼하라'고 하지는 않았다고 말씀하는 분들이 있는데 그렇지 않습니다. '주님 안에서'라는 말은 '자신이 주님의 사람이라는 사실을 의식하며'라는 의미입니다. 주님 안에 사는 사람의 인생의 목적은 사명 완수입니다. 사명을 완수하려면 같은 사명 의식을 가진 믿는 사람과 결혼하는 것이 합당합니다.

믿지 않는 사람과 결혼하면 주님이 주신 사명을 완수하는 삶을 사는 것은 거의 불가능합니다. 자신의 신앙을 지키기조차 힘듭니다. 배우자 한 사람 구원하는 것을 사명으로 삼아야 합니다. 우리에게는 약 80년의 일생이 주어지는데, 사명을 완수하고 천국에서 상을 받을 수 있는 유일한 기간입니다. 이 기간을 구원받을지 안 받을지도 모르는 배우자를 위하여(24절) 완전히 바치는 것은 어리석은 선택 아닐까요? 믿는 사람과 결혼하든지 아니면 결혼할 사람이 진심으로 예수님을 주님으로 영접할 때까지 기다리는 것이 현명하다고 생각합니다.

어떤 분은 고린도후서 6:14, "믿지 않는 사람들과 멍에를 함께 메지 마십시오."라는 사도 바울이 명령에 의거하여 믿지 않는 사람과는 절대 결혼해서는 안 되는 것처럼 말하기도 하는데 그 구절은 결혼에 관한 것이 아니라 일반 생활에 관한 것입니다(고후 6:14 하). 믿지 않는 사람과 밀착되어 그들과 같은 삶을 살지 말라는 것입니다. 그러므로 믿지 않는 사람과 결혼하는 것이 죄라고 생각하지 않습니다. 죄를 짓기보다 어리석은 결정을 내렸다고 보아야 합니다.

여러분들에게 이외에도 결혼에 관한 여러 가지 질문이 있을 수 있지만, 여러 가지 규정을 만들어 율법주의에 매이지 않도록, 다음 두 가지 사실에 기초하여 각자 판단하시기 바랍니다. 첫째는 인생은 잠시이며 우리는 나그네로써 이 세상에 살고 있다는 것이고 둘째는 사명을 갖고 이 세상에 태어났고 이 사명을 이루는 것이 인생의 목적이라는 것입니다. 이에 기초하고 오늘 들은 말씀을 참조하여 올바른 결정을 내리시기 바랍니다.

고린도전서 8장

제사와 술

종교가 없거나 타종교를 믿던 분들이 예수 믿기를 꺼리는 이유 중 하나는 제사 문제입니다. 전통적으로 지내오던 제사를 그만 두는 것은 여간 어려운 일이 아니기 때문입니다. 집안 어른이 생존해 계시면 더 어렵습니다. 또 예수를 믿기를 꺼리는 이유는 술을 못 마시게 된다고 생각하기 때문인 경우도 있습니다. 성경은 제사와 음주에 대해 어떻게 말하고 있을까요? 본문을 통해 이 문제에 대해 상고해 보고자 합니다.

우리와 비슷한 제사에 관한 문제를 고린도 교인들도 안고 있었습니다. 고린도의 수호신은 아프로디테입니다. 고린도인들이 성전에 가서 짐승을 잡아 제사를 지낼 때, 고기의 일부는 제사 목적으로 바치고 나머지는 성전에서 제사장을 비롯한 다른 사람과 더불어 먹었습니다. 그러므로 성전에 가서 제사 지낸다는 것은 종교적인 면 못지않게 사교적인 면이 짙었습니다. 좋은 고기도 먹고 이웃과 더불어 친교를 갖는 것입니다. 그런 의미에서 한국의 제사와 아주 흡사합니다. 제삿날은 조상신을 섬기는 의미와 더불어 친척들이 모여서 서로 얼굴도 보고 제사 음식을 같이 나누는 친교적인 면도 강하기 때문입니다.

이때에 크리스천이 성전에 가서 제사로 바친 음식을 먹는 것이 타당한가, 아닌가가 문제가 되었습니다. 한국에서도 제사를 지낸 후에 복을 먹는다고 해서 제사 음식을 같이 나누어 먹었는데, 예수 믿는 사람이 음복을 해도 되는가 안 되는가와 비슷한 문제입니다.

고린도교회 성도 중에 믿음이 좋다는 몇몇이 제사 음식을 먹었던 것 같습니다. 이들의 주장은 이렇습니다. "세상의 신은 다 만들어낸 것이고 오직 하나님만이 참된 신이시다"(고전 7:4 하). 맞는 말입니다. "아프로디테라는 여신을 섬긴다고 하지만 아프로디테라는 여신이 참으로 존재하는 것이 아니라 그저 우상에 지나지 않습니다.""음식이 우리를 거룩하게 하는 것도 아니고 더럽게 하는 것도 아닙니다!"(고전 7:8 상). 이 말도 맞습니다. 예수님도 음식이 우리를 더럽히는 것이 아니라고 말씀하셨습니다(막 7:15, 19). 이러한 논리에 근거해서 말씀을 잘 안다고 자부하는 이 사람들은 이방 신전에서 제사 음식을 먹는 것을 아무렇지도 않게 생각했던 것 같습니다.

믿음에 있어서 문제가 없었지만 이 사람들에게 결핍된 것이 있었습니다. 믿음이 연약한 자들에 대한 배려였습니다. 믿음이 좋은 사람은, 하나님 외의 신은 존재하지 않고 우상에 지나지 않는다는 것을 알지만 일생 아프로디테 신을 섬기다가 예수를 믿게 된 사람이 하루아침에 자신이 믿던 신의 존재를 부인하는 것은 어렵습니다(고전 7:7,10-11). 또 믿음이 좋은 사람은 제사상의 음식도 평소에 먹는 음식과 다름없이 먹을 수 있지만, 제사 음식을 먹음으로 신의 축복에 참여하는 것이라고 믿으며 일생을 살아왔던 사람들은 하루아침에 자신의 가치관을 바꾸기가 어렵습니다. 예를 들어, 예수 믿는 사람들은 궁합을 믿지 않습니다. 그러나 어떤 대상과 혼사가 오갈 때 누군가 궁합을 보고 와서 궁합이 안 좋다고 하면 기분이 찜찜해서 자신도 모르게 그 결혼을 피하게 되지 않습니까? 믿음이 좋다는 사람은 신념이 있어서, 제사에 사용한 음식을 신전 식탁에 앉아 먹지만, 이것을 새로 믿게 된 사람이 보면 새로 갖게 된 기독교 신앙과 전에 가졌던 신앙 사이에서 격심한 갈등을 느끼게 되지 않겠습니까? 이 갈등에 못 이겨 옛 생활로 되돌아갈 수도 있을 것입니다. 그래서 사도 바울은 9절에서 자신의 자유가 걸림돌이 되지 않도록 조심하라고 말하는 것입니다.

크리스천은 제사에 참여하면 안 된다

크리스천이 제사에 참여하면 될까요, 안 될까요? 오랫동안 토속 신앙이나 다른 종교에 빠져있던 분들은 제사 의식에 참여하지 않는 것이 좋습니다. 제사 음식도 입에 대지 않는 것이 좋습니다. 지식적으로는 제사 음식이 한갓 음식에 지나지 않는 것을 알고 있지만, 오랫동안 제사 음식을 조상신이 와서 먹는다고 생각해 왔기 때문에 꺼려지는 부분이 있기 마련입니다. 이를 무시하고 제사 음식을 취하게 되면 양심이 손상받아서 예수님 믿기 이전 생활로 돌아갈 위험이 있습니다.

제사에 참여하거나 제사 음식을 먹지 말아야 할 이유는 또 있습니다. 제사를 조상신에게 드리는데, 제사를 조상이 아니라 악한 영이 받기 때문입니다. 사도 바울은 "이방 사람들이 바치는 제물은 귀신에게 바치는 것이지, 하나님께 바치는 것이 아닙니다"(고전 10:20), 라고 말합니다. 아프로디테라는 신은 존재하지 않지만 아프로디테에게 제사를 지낼 때에 아프로디테 행세를 하는 귀신이 제사를 받는다는 말입니다.

기독교인들이 제사를 반대하는 이유가 여기에 있습니다. 제사상을 차렸을 때에 조상신이 와서 음식을 받는다면 기독교인들이 남들보다 앞장서서 제사를 드렸을 것입니다. 왜냐하면 부모를 공경하는 것이 하나님의 뜻이기 때문입니다. 그러나 성경은 조상이 세상을 떠난 후에 그 영이 허공을 떠다니는 것도 아니고 부른다고 오는 것도 아니라고 말합니다. 조상신이 제사를 받는 것이 아니라면 그렇다면 누가 제사를 받을까요? 귀신 즉 악한 영들입니다. 성도가 귀신과 교류하는 것은 있을 수 없는 일입니다(고전 10:20). 그렇기 때문에 그리스도인은 제사를 거부하고 추도 예배를 드려서 돌아가신 분을 기립니다.

▌술 마시는 것이 죄는 아니지만 끊는 것이 좋다

크리스천이 술을 먹어도 되느냐 안 되느냐? 이러한 질문도 원칙을 발견하면 답이 나옵니다. 술 먹는 것 자체가 죄는 아닙니다. 서양에서는 맥주나 포도주가 음료수입니다. 물의 질이 좋지 않아 유럽에서는 일찍부터 포도주와 맥주 제조하는 기술이 발달되었습니다. 그래서 프랑스에 가면 음식에 포도주를 곁들여야 음식 맛이 나고, 독일에 가면 맥주를 곁들여야 음식의 제 맛이 납니다.

그러나 유럽과 우리나라는 상황이 다릅니다. 서양에서는 음식 맛을 돋우기 위하여 맥주나 포도주를 곁들이지만, 한국에서는 술맛을 돋우기 위하여 음식을 먹습니다. 그래서 이 음식을 안주라고 부릅니다. 우리나라 사람들은 취하기 위하여 술을 마십니다. 그리고 많은 실수와 범죄가 술과 더불어 이루어집니다.

우리나라 문화는 술과 떼려야 뗄 수 없는 관계 속에 있기 때문에 술을 끊어서 세상의 퇴폐한 문화와 결별하지 않으면 믿음 생활이 제대로 유지되지 않습니다. 술이라는 연결 고리를 남겨 두는 한 언제 세상으로 돌아갈지 모릅니다. 그러므로 새로 믿는 분들은 단호하게 술을 끊어야 합니다.

믿음이 성숙하여 세상 문화에서 완전히 벗어났고 기독교 문화에 익숙해진 분들이 적당한 기회에 맥주나 포도주를 조금 마시는 것은 개인의 선택이고 문제 삼고 싶지 않습니다. 그러나 다음과 같은 경우에는 술을 마시지 않는 것이 좋습니다.

첫째, 자신이 술을 통제할 수 없을 때입니다. 한국에는 크리스천이라고 하면서 술을 자주 마시는 사람들이 있습니다. 술을 마시는 것이 죄라 아니라고 생각하기 때문입니다. 그런데 이런 사람들이 잊고 있는 것이 있습니다. 성경은 술을 마시기 말라고 하지는 않았지만 술에 취하는 것은 강하게 금하고 있습니다. 베드로도 "술 취하는 것을 경계하라"고 말하고 있습니다(벧전 4:3). 바울은 "술 취하는 사람은 천국에 가지 못한다"고 말하고 있습니다(고전 6:10). 여기에서 취한다는 것은 상습적으로 술을 마시는 것을 말합니다.

사도 바울은 집사 자격을 말할 때 '술에 탐닉하지 않는' 사람을 꼽고 있습니다(딤전 3:8). 탐닉하는 사람이란 술 중독이 된 사람입니다. 어떤 사람이 술 중독자일까요? 일 년에 몇 번 정도 적당한 기회에 맥주나 포도주를 마시는 정도가 아니고 매주 한 번 이상 마셔야 하면 술 중독입니다. 이런 분들은 처음 믿는 분들과 마찬가지로 단호하게 술을 끊어야 합니다. 가끔이라도 입에 대면 안 됩니다.

둘째, 남에게 덕이 되지 않을 때입니다. 사도 바울은 술 문제로 인하여 믿음이 약한 사람에게 지장을 주지 말라고 말합니다(롬 14:21). 연구 결과에 의하면 우리나라 사람들의 70%가 실질적인 술 중독자라고 합니다. 술로 인한 방탕, 물질적인 피해, 건강 손상은 심각한 수준입니다.

술을 끊을 수 있는 곳은 교회밖에 없습니다. 그런데 믿음이 좋다는 사람들이 술 마시는 모습을 보이면 믿지 않는 사람이 술을 끊어야겠다는 마음을 먹을 리가 없습니다. 전에 섬기던 교회에 믿음 좋은 장년 주일학교 교사가 있었습니다. 결혼식이 있었는데 신랑 신부 부모님들이 예수를 믿지 않았습니다. 피로연에서 포도주가 나왔는데 이분은 술 마시는 것이 죄가 아니라고 생각했겠지요. 교인들이 보는 데서 기분 좋게 포도주를 마셨습니다. 얼마 후 어떤 자매님이 저를 찾아왔습니다. 술로 인하여 건강이 상한 남편을 간신히 교회로 인도해 왔는데 술 좀 그만 마시라고 하면 그 교사의 예를 들면서 "그 분도 술을 마시는데 왜 나는 마시면 안 되느냐"고 한다며 울상이 되어 호소했습니다. 믿음이 약한 사람을 넘어지게 하는 사람들은 "나를 믿는 이 작은 사람들 가운데서 하나라도 죄짓게 하는 사람은, 차라리 그 목에 큰 맷돌을 달고 바다에 빠지는 편이 낫다"(막 9:42). 말씀하시는 예수님의 엄중한 경고에 귀를 기울여야 합니다.

어떤 분은 VIP에게 전도하기 위해서 같이 술을 한다고 합니다. 그렇지만 이런 행동은 전도에 도움이 안 됩니다. 술친구를 맺어 예수를 믿게 만든 예를 보지 못했습니다. 그렇게 해서 교회에 데리고 나온다고 해도 진정한 크리스천이 되기는 힘듭니다. 안 믿는 사람은 오히려 평소에 술 담배를 같이 하던 사람이 끊는 모습을 볼 때 예수님을 믿게 됩니다. 왜냐하면 술 담배를 끊는 것이 얼마나 힘든지 알기 때문입니다. 그렇게 끊기 힘든 술 담배를 끊은 것을 보면서 "교회는 무언가 다르구나.""예수님이라는 분은 정말 센 분이구나!" 싶어서 예수 믿는 것에 관심을 갖게 됩니다.

술에 중독될 염려가 없는, 믿음이 좋은 분들이 맥주나 포도주를 마시느냐 안 마시느냐는 본인의 결정에 맡기겠습니다. 그러나 안 믿는 사람이나 새로 믿는 사람 앞에서는 맥주나 포도주 마시는 모습을 보이지 마시기 바랍니다. 만일 이것이 위선으로 생각되면 아예 술을 입에 대지 마시기 바랍니다.

▎크리스천의 윤리는 지식보다 사랑에 기초해야 한다

성경에는 회색 지대가 있습니다. 이러할 때 어떤 판단을 내리느냐는 지식에 의거하지 말고 사랑에 의거하시기 바랍니다. 성경 지식이 많은 사람들이나 영적 체험이 많은 사람들이 이웃에게 상처를 주는 경우가 많습니다. 새로 믿는 사람들 마음에 상처를 주는 분들을 자세히 살펴보면 교회를 오래 다니고 성경을 많이 안다는 분들입니다. 신앙생활에 자부심이 있어서 새로 믿는 분들을 배려하기보다 자신이 가진 확신에 의거하여 행동하기 때문입니다. 교회에서 문제를 일으키고 교회를 분열시키는 분들은 대부분 교회 생활을 오래하고 성경 지식도 많은 분들입니다. 그래서 바울은 "지식은 사람을 교만하게 만들고 사랑은 덕을 세운다"고 말했습니다(고전 8:1). 신앙생활에 있어서 옳고 그른 것에 대한 자신의 분별이 틀릴 수 있다는 것을 인정하지 않고, 자신은 잘 안다고 자신하는 사람은 오히려 모르는 사람입니다(2절). 하나님처럼 크신 분의 의도를 우리가 어떻게 100% 안다고 말할 수 있겠습니까? 참된 하나님에 관한 지식은 이웃을 사랑하게 만듭니다. 사랑으로 귀결되는 지식을 하나님은 참된 지식이라고 인정해주십니다(3절).

우리들은 특별히 안 믿는 분이나 새로 믿는 분들을 사랑하고 배려해야 합니다. 그러려면 그들의 믿음에 지장 주는 일은 절대 하지 말아야 합니다. 특별히 영혼 구원하여 제자 만드는 사명을 감당하고자 하는 교회 교인이라면 영혼 구원에 지장을 주는 일은 절대 하지 말아야 합니다. 우리가 믿음 안에서 성숙하면 죄냐 아니냐를 따지는 단계에서 벗어나야 합니다. 또 자신의 믿음 생활에 지장이 되느냐 안 되느냐는 단계도 벗어나야 합니다. 이제는 내 행동이 영혼 구원하여 제자 만드는 사역에 지장을 주느냐 아니면 도움을 주느냐는 단계로 넘어가야 합니다. "음식이 내 형제를 걸어서 넘어지게 하는 것이라면, 그가 걸려서 넘어지지 않게 하기 위해서, 나는 평생 고기를 먹지 않겠습니다"(13절). 라는 사도 바울의 고백이 우리의 고백이 되어야 합니다.

고린도전서 9장

목회자의 생활비에 관한 원칙

▌목회자의 생활비에 관한 원칙

목회자가 직접 목회자 생활비에 대해 말한다는 것 자체가 어색합니다. 그러나 본문의 내용이 목회자의 생활비에 대한 것을 말하고 있기에 조심스럽게 본 주제에 관해 말씀드리겠습니다.

1)교회에서 생활을 책임진다

목회자의 생활비는 교회에서 책임지는 것이 원칙입니다. 어떤 분은 생활비를 받지 않고 목회하는 분을 진정한 목회자라고 생각하지만, 이것은 비상시에 당분간 취할 수 있는 방법입니다. 원칙은 교회에서 담임목사 생활비를 책임지는 것입니다. 사도 바울은 본문에서 세 가지의 이유를 말합니다. 일반 직업을 가진 사람들의 예를 보아도 그래야 하고(고전 9:7), 성경에서도 그렇게 하라고 했고(고전 9:8-11), 예수님도 그렇게 하라고 명하셨다고 말하고 있습니다(고전 9:13-14).

어떤 교회에서는 선교가 우선이라고 목사님 생활비는 충분히 드리지 못하면서 선교비에 많은 지출을 하는데 이것은 잘못된 것입니다. 목회자가 충분히 생활할 수 있도록 해드리고 다음에 선교사를 돕는 것이 순서입니다. 어떤 사람이 생존해 계시는 외로운 노부모님은 돌보지 않으면서 양로원 봉사에 전념한다면, 이런 모습을 보는 우리 마음이 불편하지 않겠습니까? 목회자 생활비로 드려야 할 돈을 선교비로 지불하는 것이 바로 이런 모습과 흡사합니다. 사도 바울은 자신의 가족을 먼저 돌보지 않는 사람은 안 믿는 사람보다 더 악한 사람이라고 말합니다(딤전 5:8). 교회 공동체에도 이 말씀은 적용됩니다.

2) 생활할 만큼 충분히 드린다

담임 목회자에게 생활비를 드리되 쪼들리지 않고 생활할 만큼 충분히 드려야 합니다. 어떤 교회는 재정적으로 여유가 있는데도 담임 목회자에게는 교회에서 가난한 사람과 같은 수준의 사례를 드립니다. 그래야 교인들의 고통을 안다고 말하면서 말입니다. 그러나 그래서는 안 됩니다. 여유만 된다면 목회자가 생활에 신경을 쓰지 않아도 될 만큼 여유 있게 드리는 것이 교회에도 유익이 됩니다. 처자식이 있는 가장으로서 경제적으로 쪼들리다 보면 생활에 신경을 쓰지 않을 수 없습니다. 그러다 보면 가족에 대한 염려 때문에 성도들을 위한 기도를 깊이 할 수 없습니다. 히브리서의 저자는 목회자가 기쁜 마음으로 목회를 하도록 하고 무거운 마음으로 하지 않도록 해야 교인들에게 유익이 된다고 말합니다(히 13:17).

목회자의 필요는 지도자들이 미리 알아서 채워드리는 것이 좋습니다. 목회자가 필요를 구할 때까지 기다리면, 필요를 말하는 목회자 자신은 수치심을 느끼고 교인들에게는 돈을 밝히는 사람이라는 인상을 줄 수 있습니다.

3) 일할 수 있는 선택권을 드린다

목회자에게 직장을 갖고 일하며 목회할 수 있는 선택권을 주어야 합니다. 바울은 교회에 생활비를 요구하면 교인들에게 재정적인 부담을 줄까 봐 텐트 만드는 일을 하면서 사역을 했습니다(행 18:3). 그런데 이처럼 일하면서 사역한 것이 고린도 교인들에게 흠이 되었습니다. 다른 사도들은 고린도에 들렀을 때 당당하게 교인들의 보살핌을 받았는데(고전 9:3-6), 사도 바울이 일하면서 사역하는 것은 사도 자격이 없어서 그렇다고 생각하는 사람들이 있었습니다. 여기에 대하여 바울은 사도 자격이 부족해서 그러는 것이 아니라며 자신의 사도직을 강하게 변호

합니다(고전 9:2).

교회를 개척해서 재정적으로 약할 때 목회자들이 사도 바울처럼 직장을 잡아 일을 할 수 있습니다. 직장 잡아 일하는 것이 목회자로서 해서는 안 될 일인 것처럼, 혹은 영성이 없거나 하나님을 의지하지 못해서 그러는 것처럼 생각해서는 안 됩니다. 물론 이렇게 하다가 교회가 목회자 생활비를 책임질 수 있을 만큼 재정적으로 튼튼해지면 일을 그만두고 목회에 전념해야겠지요.

목회자 대신에 사모가 직장을 잡아서 일하기를 원하면 이것도 허락해야 합니다. 사모가 일하는 것에 대해서 부정적인 교회들이 있는데 그러면 안 됩니다. 사실 사모는 은사도 아니고 직분도 아니기 때문에 사모의 역할을 정의하기가 어렵습니다. 제 생각에는 사모를 헌신된 평신도로 보는 것이 가장 합당할 것 같습니다. 그러므로 은사가 없는 사모에게 사모라는 이유 때문에 앞에 나서는 것을 강요해서는 안 됩니다. 반대로 은사가 있는 사모를 사모라는 이유 때문에 뒤에 물러 앉아있으라고 해도 안 됩니다. 은사대로 사역할 수 있는 선택권을 주어야 합니다. 직장 생활을 할 것인가 아닌가의 문제도 사모에게 선택권을 주어야 합니다.

사모가 헌신된 평신도라면 자신에게 주어진 사역 외에 지나치게 교회 일에 간섭하거나 영향력을 끼치려 해선 안 됩니다. 어느 대형 교회에서는 담임목사님의 사모가 교회의 부사역자를 마치 집에 고용한 일꾼처럼 부리고, 심한 경우에는 해고까지 시킨다는데 이는 잘못된 것입니다. 저희 가정에서는 아내가 누구 집에 심방 갔으면 좋겠다는 말도 안 합니다. 아내를 통해서 부탁하면 목사 결정에 영향을 미칠 수 있다는 인상을 줄까 봐 그럽니다.

능력 있는 구령 사역자가 되기 위한 비결

일반 교회에서 주님께 부름 받은 종은 목사를 의미합니다. 그러나 목회자나 평신도나 모두 주님께 부름 받은 종입니다. 영어에 멋진 표현이 있는데 목회자는 생업으로부터(from) 사역하라고 부름 받은 사람이고 평신도는 생업에서(at) 부름 받은 사람이라는 것입니다. 그러므로 교회로부터 생활비를 받느냐 안 받느냐는 차이를 빼고는 목회자나 평신도나 동일한 주님의 종이고 풀타임 사역자입니다. 그리고 사역의 목표는 둘 다 영혼을 구원하여 제자 만드는 일입니다.

본문을 통하여 우리는 효과적인 구령 사역자가 될 수 있는 비결을 발견합니다.

1) 자신의 권리를 포기한다

바울은 사도의 권리를 포기했습니다. 복음 전하는 일에 지장을 주지 않기 위해서였습니다(고전 9:12). 서울교회에서 영혼 구원의 역사가 활발하게 일어나는 것은 목자들이 자신의 권리를 포기하기 때문입니다. 목장 모임을 가질 때 집을 돌아가면서 갖는 것이 원칙입니다. 그러나 목자들은 목장 식구들이 자원할 때까지 자신의 집에서 모입니다. 이것이 권리를 포기하는 것입니다. 평소에 목장 식구들을 희생적으로 돌보니까, 자신에게 도움이 필요할 때에 목장 식구들의 도움을 기대할 수도 있지만, 그런 도움이 오지 않아도 섭섭한 마음이 들지 않도록 마음을 추스릅니다. 자신의 권리를 포기했기 때문입니다. 이래서 영혼 구원의 역사가 일어나고 있는 것입니다.

내가 한 만큼 상대방이 해주기를 기대하면 영혼 구원의 사역은 일어날 수 없습니다. 자신의 권리를 포기하고 일방적으로 섬길 때 그 사랑에 감복해서 안 믿는 사람들의 마음이 움직입니다. 예수님을 영접하고 마침내 이들도 자신의 권리를 포기하고 섬기는 사람들이 됩니다.

담임 목사인 저도 나름대로 권리 주장을 하지 않으려고 노력하고 있습니다. 대부분의 교회에서 담임 목사는 많은 생활비를 받고 다른 교역자들은 비교가 안 되게 적은 생활비를 받습니다. 교육 담당 교역자들이 은퇴할 때까지 동역하려면 이렇게 하면 안 되겠다는 생각이 들었습니다. 그래서 제가 부임한 후 교회에서 매년 생활비 인상을 해주시면 제 생활비는 동결하고 제 인상분을 다른 교역자들 생활비에 보탰습니다. 이렇게 6-7년 하니까 모든 스태프들이 교회에서 받는 생활비가 같아졌습니다. 나름대로 권리를 포기하니 우리 교회에서 자녀 교육이 활발하게 이루어지고 영혼 구원의 역사가 지속적으로 일어나지 않나 생각합니다.

2) 안 믿는 분에게 불편을 주지 않는다

사도 바울은 영혼 구원을 위하여 유대인들과 있으면 유대인들처럼 행동했고 이방인들과 있으면 이방인들처럼 행동했습니다(고전 9:20). 왜냐하면 본질이 아닌 것으로 그들의 마음에 부담이나 거부감을 줘 복음을 전할 때 마음을 닫을까 염려했기 때문입니다. 사실 이러한 행동 때문에 사도바울은 표리부동한 사람이라는 비난을 받아야 했습니다. 그러나 사도 바울은 어떻게 해서든지 한 영혼이라도 더 구하고자 하는 강렬한 소원 때문에 이렇게 했습니다(고전 9:22).

목장을 통해서 영혼 구원의 역사가 일어나는 것은 바울처럼 믿지 않은 사람들에게 거부감을 주지 않도록 노력하기 때문이 아닌가 생각합니다. 새로운 분이 처음 참석하면 순서를 무시하고 그분이 즐거운 시간을 가질 수 있도록 배려합니다. 예배 때 어려운 말로 쓰인 개역성경 대신에 읽기 쉬운 표준새번역 성경을 사용합니다. 주일 예배 때 교회를 처음 방문하는 분들에게 심적 부담을 주지 않기 위해 일어서도록 요청하지 않습니다.

오늘날 대부분의 교회에서는 모든 관심이 이미 믿는 분들, 오래 믿는 분들에게 집중되어 있습니다. 목사님 설교도 그런 분들을 대상으로 하고, 교회 프로그램도 그런 분들이 좋아할 프로그램을 만듭니다. 이미 믿는 분들이 너무 친해서 새로 온 분들이 비집고 들어갈 틈을 주지 않습니다. 그러나 이렇게 해서는 주님이 주신 사명을 감당하는 교회가 될 수 없습니다. 영혼 구원하는 교회와 성도가 되려면 안 믿는 분들 입장에서 생각하고 어떻게 해서든 이런 분들에게 심적 부담을 주지 않고 복음에 마음 문을 열 수 있도록 노력해야 합니다.

이런 노력을 통해 예수를 믿게 된 사람들은 어느 정도 시간이 지나서 믿음이 좀 자라며, 이전의 자기처럼 구원 받지 못한 사람에 대한 관심과 부담을 가져야 합니다. '목자가 새로 믿는 식구에게만 관심을 갖고 자기에게는 관심을 가져주지 않는다'고 어린아이 같은 말을 해서는 안 됩니다.

믿음이 없거나 연약한 자를 배려하는 마음이 생기려면 멸망해 가는 사람들을 향한 하나님의 소원을 알아야 합니다. 하나님은 모든 사람이 구원 얻기를 원하십니다(딤전 2:4). 모든 사람이 회개하고 구원에 이르기를 원하십니다(벧후 3:9). 그리고 죄인 한 명이 돌아올 때 천사들과 더불어 기뻐하십니다(눅 15:10). 구원 받지 못한 사람들에 대한 배려심도, 안타까움도 없는 사람은, 이들을 향한 하나님의 마음을 달라고 기도해야 합니다. 그럴 때에 영혼 구원에 관심을 갖게 됩니다. 또한 비신자가 구원받을 때 하나님의 기쁨을 더불어 맛보게 됩니다.

3) 천국의 상급을 목표로 일한다

많은 분들이 천국의 상급에 대해 관심이 없습니다. 이해할 수 있습니다. 천국은 자연 세계가 아닌 초자연적 영역에 속하는 세계이고, 인간의 한정된 사고로는 상상할 수 없는 세계이기 때문입니다. 그런 세계에서 받는 상급이 어떤 것인지 상상할 수가 없고, 상상할 수 없기 때문에 기대할 수 없습니다. 그러나 상급을 기대해야 합니다. 주님께서 상급이 있을 것을 약속하셨고 상급을 기대하라고 말씀하셨기 때문입니다(마 5:11-12). 히브리서 11장에서 믿음은 "하나님이 상 주시는 분이심을 믿는 것"이라고 말합니다(히 11:6). 바울도 본문에서 "이와 같이 여러분도 상을 받을 수 있도록 달리십시오"(고전 9:24). 라고 권면합니다.

어떻게 하면 천국에서 상급을 받을까요? 사도 바울은 목표가 분명해야 한다고 말합니다(고전 9:26). 사역에 몰두하다 보면 사역의 목표를 망각하기 쉽습니다. 모든 사역 활동과 행사를 계획하거나 집행할 때 항상 영혼을 구원해 제자를 만든다는 교회 존재의 목적에 맞추어 검토하고 수정해야 합니다. 그러지 않으면 닥치는 대로 주먹을 휘두르다 지쳐서 케이오 펀치를 맞고 쓰러지는 권투 선수처럼, 사역하다가 제풀에 지쳐서 탈진하고 말 것입니다.

개인적으로도 하나님이 주신 소명을 알아서 그 소명에 집중해야 합니다. 저는 신약교회 회복이 하나님이 저에게 주신 사명이라고 생각합니다. 그래서 가정 교회 사역에만 집중하고, 가정교회와 상관없는 집회에 강사로 초청 받아도 욕먹을 것을 각오하고 거절합니다. 저에게 소명으로 주신 사명만을 감당하기만도 에너지나 시간이 충분치 않기 때문입니다.

상 받는 삶을 살기 위해서는 절제된 삶을 살아야 합니다. 운동선수들도 메달을 따기 위해서 극기와 훈련을 감수합니다. 술도 안 마시고 여자도 멀리하고 음식도 조절하고 잠도 충분히 자며 몸이 최상의 컨디

션을 유지하도록 합니다. 천국의 상급을 받기 위해서도 마찬가지입니다. 절제된 삶을 살아야 합니다. 기도하고 말씀 읽는 시간을 철저히 가져야 합니다. 건강도 잘 관리해야 합니다.

또한 사역에 지장이 되는 것이 있으면 가지치기를 해야 합니다. 황영조 선수가 올림픽에서 한국인 최초로 금메달을 땄을 때 우연히 실황 중계를 보게 되었습니다. 당시 황영조 선수는 우승 후보로 꼽히지 않았습니다. 카메라를 잡은 사람들도 황영조 선수에게 관심이 없었는데 선두 그룹에 들면서부터 관심을 받기 시작했습니다. 그때에 해설자가 황 선수를 바로 앞에 뛰는 선수와 비교했습니다. 앞에 뛰는 선수는 머리가 올라갔다가 내려갔다 했습니다. 그런데 황 선수 머리는 올라갔다 내려왔다 하지 않고 수평으로 움직였습니다. 해설하는 사람은 머리가 올라갔다 내려갔다 하면 에너지가 손실되어 막판에 힘이 빠질 것이라고 하면서 황 선수의 우승을 예견했습니다. 과연 그 날 황 선수가 우승을 했습니다. 쓸데없는 동작으로 에너지가 낭비되는 것을 막았기 때문입니다.

우리도 상 받는 사역자가 되려면 에너지를 절약해야 합니다. 인생과 사역의 목표를 달성하는데 방해되는 것을 과감하게 제거해야 합니다. 우리 교회 목자들 가운데에는 직장에서 일하는 분량이 보통 사람의 2배 정도 되는 사람이 있습니다. 그러면서 교회 사역도 잘하고 가정도 잘 돌봅니다. 그런데 그런 분의 삶을 보면 절제가 배어있는 것을 봅니다. 삶의 불필요한 것들을 과감히 제거해 버리니까 필요한 일을 잘 할 수 있도록 에너지가 축적되는 것입니다.

분명한 목표를 갖고 절제된 삶을 사는 사람을 하나님이 사용하십니다. 사도 바울도 자신에게 채찍질하지 않을 때에 더 이상 쓰임 받지 못하는 사람이 될까 봐 두렵다고 했습니다(고전 9:29). 사도 바울도 이처럼 절제했다면 우리도 절제된 삶을 살아서 하나님으로부터 많은 상을 받아야 하겠습니다.

고린도전서 10장

신앙적인 교만을 경계하라

　성도들은 교만을 경계해야 합니다. 교회에서 보면 교회 생활을 오래 했거나, 성경 공부를 많이 했거나, 성령 체험을 했다는 분들이 주위 분들에게 상처를 주고 교회를 파괴하는 것을 봅니다. 신앙적 교만 때문입니다. 교만한 사람은 자신이 하나님의 뜻을 남보다 더 잘 알고, 하나님의 은혜를 남보다 더 받았다는 자만심이 있기 때문에 매사를 자신의 생각대로 밀고 나갑니다. 신앙생활에서 가장 무서운 것 중 하나가 교만에서 오는 확신입니다.

　고린도 교인들은 영적 체험이 많았고 복음에 대한 지식이 많다는 자만심을 갖고 있었습니다. 고린도 교회에서 생기는 문제들은 이러한 영적인 교만이 원인이었습니다(고전 10:12).

신앙적 교만은 죄를 불러온다

사도바울은 고린도 교인들에게 이스라엘 백성들 또한 고린도 교인들과 마찬가지로 하나님의 능력을 체험했음에도 결국 죄를 짓고 멸망했음을 증명하고자 했습니다. 당시 상황과 사도 바울 당시 상황을 비교하기 위하여, 이스라엘이 출애굽 할 때 홍해를 건넌 것을 침(세)례에 비유하고 광야에서 하늘에서 만나가 내려서 먹은 것을 성찬에 비유합니다(고전 10:1-4 상). 그러나 이런 경험을 한 세대들은 가나안에 못 들어가고 광야에서 멸망했습니다. 이 사실을 반면교사로 삼으라고 고린도 교인들에게 말하고 있습니다(고전 10:5-6).

바울은 신앙적인 교만해졌을 때 빠질 수 있는 세 가지 죄를 지적합니다.

첫째, 우상 숭배입니다(고전 10:7). 모세가 하나님으로부터 율법을 받기 위해 시내산에 올라갔을 때 이스라엘 백성은 모세가 돌아오기를 기다리지 못하고 금으로 송아지를 만들어 경배했습니다(출 32:1-6). 우상 숭배는 예수를 갓 믿는 사람들에게 문제가 되지 교회를 오래 다닌 사람과는 상관이 없다고 생각할지 모릅니다. 그러나 이런 생각은 우상을 너무 좁게 해석한 결과입니다. 나무나 금속으로 만든 상(image)만이 우상이 아닙니다. 하나님보다 더 사랑하는 것이 우상입니다(골 3:5). 신앙 연륜이 깊은 사람들은 자신의 사역이나 신학이나 교단의 전통이 우상이 될 수 있습니다.

오늘날의 교회에서 이러한 것들이 우상이 되고 있습니다. 많은 교회가 사역을 놓고 싸우고, 신학적인 문제를 놓고 다툽니다. 저는 이것이 그러한 것들을 하나님보다 더 사랑하는 증거라고 봅니다. 예수님께서는 가장 크고 중요한 계명은 "하나님을 사랑하고 이웃을 사랑하는 것"이라고 하셨습니다(마 22:37-39). 예수님은 "나를 사랑하는 자는 나의 계명을 지키는 자니"라고 말씀하셨습니다. 이러한 예수님의 말씀을 무시하고, 특정 이슈를 놓고 다툼으로 인해 사랑을 깨는 행위는 예수님께 불순종하는 것입니다. 또한 사역이나 신학이 하나님보다 더 중요해졌다는 뜻입니다.

신앙 연륜이 깊어지면서 신앙생활에서 다른 어느 것보다 사랑이 점점 더 중요해져야 합니다. 옳고 그른 것을 따지는 것보다, 어떻게 하는 것이 사랑하는 것인지를 더 생각해야 합니다. 이럴 때에 우상 숭배에 빠지지 않을 수가 있고, 하나님께 계속 쓰임 받을 수 있을 것입니다.

둘째, '간음'입니다(고전 10:8). 이 구절에서 바울은 애굽을 탈출한 이스라엘 백성들이 모압 여인들과 동침하고 그들의 신에게 절하다가 멸망한 사건을 염두에 두고 있습니다(민 25:1-9). 신앙적인 교만이 간음을 가져올 수 있습니다. 저는 주위에서 훌륭한 목회자들이 간음죄로 인하여 자신과 가정을 파괴하고 목회를 그만두는 경우를 종종 보면서 마음이 아픕니다. 그런데 이러한 간음의 시작은 보통 교만으로부터 시작됩니다. 자신은 절대 간음죄를 짓지 않을 수 있다는 자신감이 이성과의 관계에 대한 경계심을 늦추게 만듭니다. 더구나 상담을 위해 만나다 보면 남에게 해본 적이 없는 마음 깊숙한 이야기를 나누게 됩니다. 그러다 보면 서로 끌리게 되어 마침내는 간음으로 이어지게 됩니다. 간음죄에 관해서는 어느 누구도 자신할 수 없습니다. 그러므로 자신의 도덕성을 지나치게 신뢰하지 말고 남성 목회자는 여성들과 거리를 두어야 합니다.

서울교회 목자들은 여성 목장 식구들은 목녀에게 맡기고 전화도 걸지 않고 단독으로 만나 상담하는 것도 피하는데, 잘하는 것입니다. 간음죄에는 누구도 넘어가지 않는다고 자신할 수 없기 때문입니다. 상담이 꼭 필요하다면 공개적으로 목장 모임에서 하든지 배우자에게 위임하여 행여 성적인 유혹에 빠질 빌미를 만들지 말아야 합니다. 자신을 지켜 끝까지 하나님께 쓰임 받아야 하겠습니다.

셋째, 불평입니다(고전 10:10). 이스라엘 백성들은 출애굽한 후에 끊임없이 불평했습니다. 홍해를 건넌 후에는 "왜 우리를 애굽에서 데리고 나와서 고생을 시키느냐?"고 불평을 했고, 만나를 먹고 살 때에는 "고기 안 먹여 준다"고 불평을 했고, 가나안 문턱에서 정탐꾼들이 "가나안 정복은 불가능하다"는 보고를 했을 때에는 "우리를 여기에 데리고 와서 죽이려느냐"고 불평을 했습니다. 모세를 향한 불평은 궁극적으로는 하나님을 향한 불평입니다. 그래서 그 세대는 가나안에 들어가지 못하고 광야에서 멸망했습니다.

교회 안에서 담임 목사나 지도자에게 이의를 제기하고, 의견을 개진하고, 새로운 제안을 할 수 있습니다. 그러나 불평은 하지 말아야 합니다. 그렇다면 불평과 이견과의 차이가 무엇입니까? 이견은 본인에게 직접 제시합니다. 불평은 제 3자에게 말합니다. 이견은 구체적인 대안을 제시합니다. 불평은 대안 없이 비판만 합니다. 이견은 지도자가 안 받아들이면 지도자의 결정을 받아들입니다. 하지만 불평은 지도자가 안 받아들이면 더 목소리를 높입니다.

우리는 신앙 연륜이 깊어지면 깊어질수록 말을 아껴야 합니다. 말을 해야 할 때면 긍정적인 말을 해야 합니다. 저는 다른 교회 성도가 교회의 문제를 갖고 조언을 청하면 담임 목사님이 죄를 짓지 않은 한 여당이 되라고 말합니다. 지도자에게 불평하다가 하나님께 불평하는 결과를 가져올 수 있기 때문입니다. 우리는 불평하지 않은 사람이 되어서 하나님께 끝까지 쓰임 받아야 하겠습니다.

▌ 악령을 무시해서는 안 된다

사도 바울은 또한 오늘 본문에서 영적 실체를 무시하지 말라고 경고하고 있습니다. 고린도 교인들은 말씀에 근거한 확신을 갖고 있었습니다. 그들은 아프로디테 여신이 우상에 지나지 않는 것을 알고 있었습니다. 어떤 음식을 먹느냐가 자신들을 거룩하게 만드는 것이 아니고 더럽게 만드는 것도 아니라는 것을 알았습니다. 이들은 그리스도인이 누리는 자유에 대해 알고 있었습니다. 그랬기 때문에 신전 제사상에 놓인 음식을 자유롭게 먹었습니다.

그러나 그들은 영적 교만 가운데에서, 자신들이 귀신과 사귀고 있다는 사실을 몰랐습니다. 이 사실을 바울은 지적하고 있습니다(고전 10:16-18). 이들은 아프로디테 신상에게 경배하는 것은 실제로 존재하는 신을 경배하는 것이 아니라 사람이 손으로 만든 조각물에 경배하는 것은 알았지만 그러나 신상 뒤에는 신을 흉내 내는 귀신이 있다는 것을 몰랐습니다(고전 10:19-20). 고린도 교인들은 영적인 교만 가운데에 악한 영을 너무 가볍게 생각했고 결과적으로는 악한 영과 사귐을 갖고 있었습니다.

영적인 실체를 무시하거나 경시하는 크리스천들이 많습니다. 점치는 것, 사주 보는 것, 운세 보는 것 등을 대수롭지 않게 생각합니다. 그런 행위를 통하여 악한 영이 삶에 침입할 수 있는 틈이 생긴다는 것을 모릅니다.

제가 휴스턴에 오기 전에 있었던 일입니다. 한 어머니가 40대 초반의 딸을 데리고 왔습니다. 악한 영이 든 것 같다는 것입니다. 보니까 딸의 눈의 초점이 흐릿한 것이 심상치 않게 느껴졌습니다. 어머니와 제가 대화를 나누는 동안에 딸은 의미 없는 미소를 입가에 띠고 나를 바라보면서 종이컵의 가장자리를 빙빙 돌려가며 잘근잘근 씹어 뜯어내고 있었습니다. 어머니의 얘기가 끝나고 본인과 대화를 나누어 보았습니다. 그녀는 사업을 크게 하고 있었는데 어려움이 닥쳤다고 했습니다. 스트레스 가운데에서 길을 가다가 집시가 점을 쳐주는 집을 보게 되었습니다. 답답한 마음에 호기심이 동해서 들어가서 점을 쳤는데 그때부터 마음이 안정이 안 되고 불안하고 잠을 못 잔다는 것이었습니다.

신앙 상태를 알아보니 자신은 믿는다고 하지만 형식적인 크리스천이라는 것을 알게 되었습니다. 귀신을 쫓는 것보다 복음을 아는 것이 우선이 되어야 할 것 같아서 생명의 삶 수강을 권했습니다. 전 같으면 거절했겠지만 악령에 시달리는 것이 괴로우니까 생명의 삶 수강을 하게 되었습니다. 예수님을 주님으로 영접했습니다. 마침내는 악한 영으로부터 놓여 자유롭게 되었습니다. 집시에게 점 한 번 친 것이 악령이 들어오는 문을 여는 결과를 가져왔습니다.

어떤 크리스천은 하나님의 자녀 안에는 성령님이 계시기 때문에 악한 영이 영향을 미치지 못한다고 주장하는데 이것이 바로 영적인 교만입니다. 악한 영은 초청하면 들어옵니다. 토정비결을 본다든지 점쟁이를 찾아간다든지 신수를 떼어 본다든지 관상쟁이를 찾아가는 것이 다 악한 영을 초청하는 것과 마찬가지입니다. 집안에 우상을 들여놓는다든지 부적을 차고 다닌다든지 하는 것도 악한 영이 삶에 침입할 수 있는 문을 열어 주는 것입니다.

그러므로 무속 신을 믿든지 타종교를 믿다가 예수를 믿게 되신 분들은 전에 믿던 신의 잔재를 완전히 없앨 필요가 있습니다. 이런 연결 고리를 남겨 두는 한 악한 영으로부터 완전히 자유로울 수 없습니다. 어떤 사람들은 귀신 섬기던 물품들을 제거했다가 악한 영의 공격을 받지 않을까 두려워하는데, 두려워할 필요 없습니다. 예수님이 우리와 함께 계시기 때문입니다. 마가복음 5:1-13을 보면 예수님이 거라사라는 곳에서 한 미친 사람으로부터 귀신을 쫓아내는 사건이 기록되어 있습니다. 이 사람을 사로잡고 있는 귀신은 한두 마리가 아니라 군대였습니다. 수많은 귀신들이 광인의 몸을 자신들의 집으로 삼아 집단 거주하고 있었습니다. 그렇지만 이러한 수많은 귀신들이 예수님의 명령 한 마디에 다 쫓겨나서 근처에 있는 돼지에게 들어가 돼지들이 광란하다가 물에 빠져 죽었습니다.

예수님을 영접했으면 악령을 두려워할 필요가 없습니다. 악령은 타락한 천사입니다. 그러므로 초자연적인 힘을 가지고 있습니다. 그러나 하나님 앞에서는 천사도 피조물일 뿐입니다. 예수님은 하나님의 아들입니다. 즉 하나님이십니다. 그러므로 악령은 예수님에게 감히 대항할 수가 없습니다. 예수를 믿는 것도 아니고 안 믿는 것도 아닌 엉거주춤한 상태에 있을 때 악령의 공격을 받지, 확실히 예수님을 주님으로 영접하면 악령의 공격을 두려워할 필요가 없습니다. 인생의 주인 되신 예수님께서 보호하고 지켜주시기 때문입니다.

'죄냐, 아니냐?'의 차원을 넘어서야 한다

영적으로 교만해지지 않으려면 새로운 기독교 윤리에 의하여 살아야 합니다. 성숙한 그리스도인의 윤리의 기준은 '죄냐 아니냐?'가 아니라 하나님의 영광입니다(고전 10:31-32). "담배 피우는 것이 죄인가? 아닌가?" "노래방 가는 것, 당구장 가는 것, 18세 이상 관람가 등급 영화를 보는 것이 죄인가? 아닌가?" 이렇게 물으면 저는 "다 죄가 아니다"라고 대답할 수밖에 없습니다. 모두 그 자체만으로는 가치중립적인 것들이어서 죄라고 말하기 어렵습니다.

그러나 하나님께 쓰임 받는 삶을 살려면 우리는 적극적인 신앙생활을 해야 합니다. 죄를 짓지 않겠다고 하며 사는 삶은 소극적인 삶입니다. 이런 사람에게는 기독교 윤리가 짐만 되고 부담만 됩니다. 죄니 뭐니 따지지 않고 사는 세상 사람들을 마음속으로 부러워하게 됩니다. 신앙생활이 재미있고 활기가 있으려면 이런 소극적인 자세에서 벗어나야 합니다. 하나님이 우리를 세상에 보내시고 하나님의 자녀로 불러주신 목적을 위하여 살아야 합니다.

하나님이 우리에게 주신 사명 중의 하나는 빛과 소금이 되는 것입니다(마 5:13-16). 세상이 부정과 부패로 가득 찬 것은 믿는 사람이나 안 믿는 사람이나 다 인정할 것입니다. 이런 세상 속에서 어떤 사람은 체념하고 세상에 동화되어 삽니다. 어떤 사람은 세상을 피하여 산속이나 수도원으로 도피합니다. 인간의 힘으로는 그 두 가지밖에 해결이 없습니다.

그러나 성령 받아서 하나님의 능력이 역사하는 삶을 사는 사람에게는 세 번째 선택이 있습니다. 세상을 개조하는 것입니다. 그러나 세상의 개조는 운동이나 구호로 되는 것이 아닙니다. 하나님의 백성 한 사람 한 사람이 있는 자리에서 빛과 소금의 역할을 할 때 이런 영향이 퍼져가고 합쳐지면서 사회 개조를 가져옵니다.

그러므로 우리는 "죄냐 아니냐" 차원을 넘어서 세상을 개조한다는 비전을 갖고 살아야 합니다. 우리는 이혼율이 증가하고 가정이 깨져 가는 현실을 개탄합니다. 그러나 크리스천들은 개탄만 하고 있어선 안 됩니다. 성격이 다르고 안 맞는 사람이라 할지라도 주님이 같이 하시면 행복한 가정을 이룰 수 있다는 것을 보여주어야 합니다. 사업하는 사람들의 거짓과 부정부패를 개탄하지만 말고, 하나님의 뜻대로 사업을 하면 성공한다는 것을 보여주어야 합니다.

이렇게 할 때에 하나님을 모르는 주변의 사람들이 하나님께 관심을 갖게 됩니다. 또한 소금과 빛의 삶을 사는 사람들이 많아질 때 사회에서 부패가 물러가고 부정이 사라집니다. 세상을 바꾸려는 사명감을 갖고 사는 사람은 시시비비를 따지는 수준을 뛰어넘습니다. 죄가 아니라 할지라도 사명에 지장이 되면 삼가는 새로운 윤리를 따라 살게 됩니다.

빛과 소금이 되는 것 외에 하나님께서 우리에게 주신 또 하나의 사명은 영혼 구원입니다. 사도 바울은 자신의 윤리관에 관한 가르침을 영혼 구원으로 마칩니다(고전 10:33). 서울교회 목자들이 죄책감이나 의무감 때문에 사역을 했다면 지쳐서 다 나가 떨어졌을 것입니다. 그러나 안 믿던 분이 전도 받아 구원 받았을 때에 맛보는 하나님의 기쁨을 맛보고 영원히 멸망 받을 사람이 자신의 사역으로 인하여 영생을 누릴 사람으로 운명이 바뀌었다는 보람을 바라보며 사역하기 때문에 헌신과 희생을 힘들게 느끼지 않는 것입니다. 신앙 연륜이 깊어지면서 죄냐 아니냐를 따지는 초보적인 단계에서 벗어나서 영혼 구원에 도움이 되냐 안 되느냐로 판단하는 적극적인 신앙 윤리를 가지시기 바랍니다.

> 고린도전서 11장

남녀유별, 성찬식

▌ 남녀유별

요즘 한국에서는 성희롱이 문제가 되고 있습니다. 당연시했던 농담, 회식 자리에서 심부름시키는 것 등이 성희롱이나 여성 인권 침해가 된다니까 많은 남성들이 당혹해하는 것 같습니다. 성희롱 문제가 사라지는 데에는 많은 기간이 필요할 것 같습니다. 진심으로 여성의 가치를 인정하고 인간으로서 존중해주기 전까지는, 법을 제정하고 처벌한다고 해서 그런 문제가 쉽게 사라지지 않을 것이기 때문입니다.

인류의 역사 속에서 여성의 권리는 무시되어왔습니다. 가끔 여걸이 나타나서 정치권을 흔들고 역사에 흔적을 남겼던 적이 있지만 그것은 예외입니다. 여성의 권리는 일반적으로 무시되어왔습니다. 여성의 권리가 회복되기 시작한 것은 예수님으로부터입니다. 예수님은 남자나 여자나 동등하게 하나님의 자녀로 인정하고 일찍부터 여성들을 동역자로 대우했습니다. 예수님의 사역에 여성들이 큰 역할을 하고 있었던 흔적이 여기저기에 보입니다(눅 8:2-3). 예수님의 부활 사건에 관한 기록을 보아도 여성들이 부각되어 있습니다. 남성들은 다 숨거나 피하기 바빴지만, 여성들은 용기 있게 무덤에 찾아갔습니다. 그 결과 예수님의 부활을 처음 목격한 사람들은 남성 제자들이 아니라 여성이었습니다.

예수님 때문에 기독교가 들어가면 여성들이 존중되고 여권이 신장되었습니다.

1) 남녀는 동등하다

예수님의 가르침을 따라 초대 교회는 여성들의 자유로운 활동을 허락했습니다. 좋은 예가 브리스길라와 아굴라 부부입니다(롬 16:3). 브리스길라가 아내이고 아굴라가 남편입니다. 보통 남편 이름을 먼저 쓰고 아내 이름을 쓰는 것이 당시의 관례임에도 불구하고 바울이 로마서를 기록할 때 남편과 아내 순서가 바뀐 것은 아내가 교회에서 더 중요한 사역을 하고 있었다는 것을 암시하고 있습니다. 사도 바울도 주안에서는 남자와 여자가 동등하다고 갈라디아서에서 강하게 말하고 있습니다(갈 3:28).

고린도 교회에서도 여권이 존중되었던 것을 알 수 있습니다. 남성과 대등하게 예배에도 참석하고 기도도 하고 예언도 했던 것을 11장에서 볼 수 있습니다. 그런데 남성과 여성이 단순히 동등한 것이 아니라 남성과 여성은 동일하다고 주장하는 극단주의자들이 생겨났던 것 같습니다. 당시의 여성과 남성과 관련된 풍습에 대한 분명한 역사 기록이 없기 때문에 11장만 읽어서는 정확한 정황을 파악할 수 없습니다. 그러나 고린도전서에는 고린도 교인들이 물어온 질문에 대해 답을 적어 놓은 부분이 많기 때문에 어떤 질문을 했는지 답을 보아서 짐작할 수 있습니다. 본문으로 미루어 볼 때 당시 풍습상 교인들이 모여서 예배를 드릴 때 여성들은 너울 같은 것을 썼던 것 같습니다. 그런데 어떤 여성들이 남녀가 동등하니까 여자들도 남자들과 똑같이 너울 같은 것을 쓰지 않아도 된다고 주장했던 것 같습니다.

2) 남녀는 다르다

사도 바울은 여자가 기도할 때에 너울을 쓰느냐 안 쓰느냐가 단순한 사회적인 이슈가 아니라고 생각하고 있던 것을 알 수가 있습니다. 사도바울은 이 문제가 사회적 관행의 문제가 아닌 신앙적 문제라고 봅니다. 그래서 그런 주장을 하게 된 배후에 있는 사상, 즉 남녀가 동등할 뿐더러 동일하다고 생각하는 사상에 대해 설명합니다.

사도 바울은 하나님과 예수 그리스도를 예로 들어 남녀가 동등하지만 동일하지 않다는 사실을 알립니다(고전 11:3). 성부 하나님과 성자 하나님은 신성이나 영원성이나 능력에서는 동일합니다(빌 2:6). 그러나 성부 하나님과 성자 하나님의 관계는 순종의 관계입니다. 동등하지만 동일하지는 않습니다. 바울은 또한 여성과 남성에 차이가 있다는 예를 창조 목적에서 찾고 있습니다(창 2:18). 하나님께서는 아담을 먼저 만드시고 아담을 돕기 위해 하와를 만드셨습니다. 돕는다는 것은 열등하다는 의미가 아닙니다. 아담과 하와에게 주어진 역할이 다름을 의미합니다. 이러한 남녀 간의 차이를 인정하고 존중하라는 것이 바울의 요지입니다(고전 11:4-5, 14-15).

3) 차이가 존중되어야 한다

남녀의 차이를 인정하지 않는 극단적인 예가 동성애입니다. 사도 바울은 이것을 하나님을 인정하기 싫어함으로 인하여 생긴 가치관의 혼동 때문이라고 말합니다. 동성애의 가장 큰 문제는 남녀의 차이와 창조의 질서를 무시한다는 것입니다(롬 1:26-28). 그러므로 남자는 남자가 되어야 하고 여자는 여자가 되어야 합니다. 남자가 여자처럼 되려고 해도 안 되고 여자가 남자처럼 되려고 해도 안 됩니다.

남자가 남자 되기 위하여 갖춰야 할 가장 큰 성품은 무엇일까요? 저는 '책임감'이라고 생각합니다. 자신의 인생을 책임지고, 결혼하면 아내와 자녀들의 삶을 책임지고, 직장에서는 부서를 책임지고, 사업을 하면 사업을 책임질 수 있는 책임감 있는 남자가 남자다운 남자라고 생각합니다.

하나님께서 아담을 만드실 때에도 세상을 관리하고 책임지라고 말씀하셨습니다(창 1:26). 그러므로 미혼 여성들이 결혼 대상자를 찾을 때에는 책임감 있는 남자를 찾으시기 바랍니다. 책임지는 것을 부담스러워하는 사람, 일만 벌여 놓고 끝을 내지 못하는 사람, 잘못하고는 남을 탓하는 사람, 남에게 항상 의지하려는 사람은 피하시기 바랍니다.

그러면 여자를 여자답게 만드는 특성은 무엇일까요? '남을 돕는 것'이라고 생각합니다. 하나님이 하와를 만드실 때에도 아담을 도울 수 있도록 만드셨습니다. 그러므로 미혼 남성이 아내 후보를 고를 때에는 남을 돕는 사람인지 아닌지 보시기 바랍니다. 집에서 어머니를 도와드리는지, 친구를 잘 돕는지 살피시기 바랍니다. 자기에게만 관심을 가져주기를 원하고 남이 자기를 섬겨주기만 원하는 여자는 멀리하시기 바랍니다. 이런 여성들은 미혼일 때에는 매력적으로 보일지 모르지만 아내로는 점수를 얻을 수 없습니다. 이런 관점에서 볼 때 어리석은 남성들이 많습니다. 선을 보고 온 친구에서 제일 먼저 물어보는 것이 "예쁘니?"입니다. 예쁜 사람에게 관심이 있지 여자다운 여자에 관심이 없습니다.

기쁜 소식은 남자답지 못한 남성도 책임 있는 남자가 될 수 있고, 여성답지 못한 여자도 남을 돌보는 여자다운 여자가 될 수 있다는 것입니다. 남편을 남자다운 남자로 만들기를 원하는 아내는 남편을 책임지는 사람이 되도록 도와야 합니다. 남편 대신 결정을 내리지 말고 남편이 스스로 결정을 내리게 하고, 본인이 내린 결정은 본인이 책임지도록 하시기 바랍니다. 성경에서 아내에게 남편을 순종하라고 명한 것은 아내가 남편에게 순종하여 내린 결정에 책임지도록 하라는 것입니다. 이것이 남자다운 남편을 만들 수 있는 길입니다.

남편은 아내를 남을 돌볼 수 있는 여성다운 여성으로 만들 수 있습니다. 남을 돕기 위해서는 마음이 푸근해야 합니다. 여성은 남편의 사랑을 받을 때 마음이 푸근해지고, 마음이 푸근해질 때 이웃을 섬길 수 있는 힘이 생깁니다. 그래서 성경은 아내를 사랑하되 주님이 교회를 위하여 목숨을 바친 것처럼 사랑하라고 했습니다.

남성과 여성의 경계선이 무너지고 남편과 아내의 경계선이 무너져 가는 이 세상에서 형제들은 자신과 이웃을 책임질 수 있는 씩씩한 남성이 되고, 자매들은 이웃을 돌보는 따뜻한 여성이 되어 주위를 밝히고 따뜻하게 만들었으면 좋겠습니다.

▍성찬식

고린도전서 11장의 또 하나의 주제는 성찬입니다. 여성과 남성에 관하여 말할 때에 바울은 "다르다"라고 말하고 있는데 성찬에 관해서는 "같다"고 말합니다.

1세기 교회 성도들은 모일 때마다 성찬식을 가졌습니다. 지금은 편리를 위하여 성찬용 떡과 포도즙을 준비하지만 당시에는 평소에 먹고 마시는 빵과 포도주로 행했습니다. 따로 성찬식을 가진 것이 아니라 유월절 만찬을 하듯이 음식을 먹으며 성찬식을 거행했습니다. 초대 교회에는 사회적으로 다양한 계층의 사람들이 모였습니다. 노예를 거느린 사람도 있고, 상전을 섬기는 노예도 있었습니다. 그러다 보니 아무래도 부자들이 장소도 제공하고 음식도 담당했던 것으로 보입니다. 그리고 배가 고프면, 자유롭게 시간을 낼 수 없는 노예 출신의 성도들이 도착하기 전에 음식을 다 먹어치워서 나중에 도착한 사람들은 배를 곯아야 했던 것 같습니다.

사도 바울은 이런 관행을 신랄하게 비판합니다(고전 11:20-22). 고린도 교회의 교인들은 그리스도의 사랑으로 가득해야 식탁에서 계급을 나누고, 빈부를 나누고 있었습니다. 서로를 향한 배려와 사랑, 그리고 성찬의 본래 의미가 사라졌습니다. 이러한 상황에서 바울은 성찬의 참된 의미를 가르치기 위해 성찬을 제정하신 예수님의 말씀을 인용합니다(고전 11:23-26).

1) 예수님의 돌아가심을 기억하고 부활을 고대한다

참된 성찬을 갖기 위해서는 세 가지를 살펴야 합니다. 첫째, 과거를 살핍니다. 우리를 위하여 십자가에 돌아가신 주님의 죽음을 생각하고 그 의미를 기억합니다(고전 11:26 하). 많은 교회에서 성찬식을 할 때 사복음서에 기록된 성만찬에 대한 말씀과 고린도전서 11장 본문을 읽으며 성만찬의 의미를 돌아보는 이유가 여기에 있습니다.

둘째, 미래를 살핍니다. 장차 오실 주님을 바라보는 것입니다(고전 11:26 하). 성만찬은 단순히 그리스도의 죽으심을 기념하는 것으로 끝나는 것이 아니라 자기를 죽이시면서까지 인간을 사랑하셨던 예수님의 사랑을 그가 다시 오시는 날까지 전하는 의미가 함께 내포되어 있습니다. 예수 그리스도의 죽으심과 부활, 그리고 다시 오심이 모두 녹아있습니다.

셋째, 현재를 점검해야 합니다. 자신의 상태를 점검하는 것입니다. 여기에서 고린도 교인들은 실패했습니다. 성찬식의 의미는 주님의 돌아가심과 다시 오심을 상기할 뿐만이 아니라 성도들의 하나 됨을 기억하자는 데에 있습니다. 떡을 떼시며 "이것은 나의 몸이다"라고 주님이 말씀하셨습니다. 주님의 몸이 무엇입니까? 교회입니다(엡 1:23). 교회가 주님의 몸이라는 것은 성도가 모여서 한 몸을 이루고 있고 성도는 한 몸의 지체임을 의미합니다(고전 12:27). 그런데 고린도 교인들은 음식을 먹을 때에 차별을 두어 성찬의 의미를 무효화시키고 있었습니다.

2) 이웃과의 관계를 살핀다

자신을 살핀다는 것이 무슨 의미일까요? '양심에 걸리는 것이 있는지 없는지'라는 의미로 이해해서, 마음에 걸리는 것이 있으면 성찬에 참여하지 말아 달라고 요청하는 교회도 있는데, 그런 의미가 아닐 것입니다. 완전한 크리스천의 삶을 사는 사람만 성찬식에 참여할 수 있다면 성찬식에 참여할 수 있는 사람이 몇 명이나 되겠습니까? 오히려 주님의 뜻대로 살지 못하고 있으니까 뜻대로 살 수 있는 은혜를 받기 위하여 성찬식에 참여해야 할 것입니다. 여기에서 '살핀다'는 것은 개인의 내면을 살피라는 것이 아니라 성찬에 임하는 자세를 살피라는 의미입니다.

성도들이 모여서 그리스도의 몸을 상징하는 떡을 같이 먹을 때에는 우리는 그리스도의 지체요 한 몸이라는 것을 고백하는 것입니다. 그러므로 "자신을 살피라"는 의미는 "성도는 하나라는 고백에 위배되는 마음이나 태도가 있는지를 살피라"는 의미입니다. 이러한 자신을 성찰하는 시간이 필요하기 때문에 우리 교회에서 성찬식을 가질 때에 회개의 시간을 갖습니다. 이 회개 시간은 자신과 하나님과의 관계를 점검히고 고백하는 시간이기도 하지만, 이웃과의 관계를 점검하고 잘못된 것이 있으면 하나님께 용서를 구하는 시간입니다. 예수님도 제사를 드리려다 불화한 사람이 생각나면 찾아가서 해결하고 예배를 드리라고 했습니다(마 5:23-24).

바울은 성찬식을 가볍게 대하는 것에 대해 '주의 몸과 피를 범하는 것이다' '심판을 마시는 것이다'라고 강한 표현을 써서 경고합니다(고전 11:27, 29). 고린도 교인들 가운데에 아픈 사람들이 있고 일찍 죽는 사람들이 있는 것을 성찬식을 경홀히 여겼기 때문이라고 말합니다(고전 11:30). 성찬식이 하나님께 이처럼 중요한 것은, 성도들이 하나 되는 것이 하나님께 중요하기 때문입니다. 돌아가시기 전날 밤 예수님이 제자들과 첫 성찬식을 갖고 기도하실 때 예수님의 제자라는 증거로 하나가 되는 것을 꼽으셨습니다. 하나가 되는 것이 하나님께 이처럼 중요하다는 것을 알게 되면 쉽게 교회를 깨거나 가정을 깨는 일을 할 수 없을 것입니다.

성찬의 의미에 관해서는 다양한 입장이 있습니다. 천주교에서는 신부가 기도를 하면 성찬 떡과 포도즙이 문자 그대로 예수님의 살과 피가 된다고 믿습니다. 이런 해석에 극렬하게 반발하는 사람들은 성찬은 단순히 예수님의 죽으심을 기념하는 것이라고 생각합니다. 그러나 저는 성찬의 의미는 이 두 가지 입장의 중간쯤 된다고 생각합니다. 우리가 기도한다고 떡이 예수님의 살이 되고 포도주가 예수님의 피가 되는 것은 아닙니다. 그러나 단순한 기념의 의미도 아닙니다. 우리가 합당한 자세로 성찬에 임할 때 하나님께서는 이를 매개로 우리에게 영적인 힘을 심어주시고 용서의 은혜를 베풀어 주신다고 믿습니다. 합당하게 바른 자세로 성찬에 참여하여 성찬의 은혜를 누리시기 바랍니다.

> 고린도전서 12장

성령의 나타나심이 있는 교회

오늘날 우리는 모두 신나는 시대에 살고 있습니다. 왜 그런가요? 성령님이 가장 강하게 역사하시는 시대에 살고 있기 때문입니다. '점진적 계시'라는 신학용어가 있습니다. 성경에 담겨져 있는 진리가 성령님의 조명에 의하여 시대와 더불어 점점 명확해진다는 것입니다. 삼위일체 하나님에 관한 진리는 창세기부터 계시록까지 담겨져 있었지만 3-4세기에 이르러 명확해졌습니다. 하나님께서는 믿는 사람을 의로운 사람이라고 인정해 주신다는 진리도 구약과 신약 전체에 담겨있지만 이 진리를 명확하게 알게 된 것은 16세기 종교 개혁을 통해서였습니다. 성령님에 관한 진리도 오랫동안 희미하게 알아오다가 20세기에 들어오면서 명확히 깨닫고 체험 되었습니다. 고린도전서 12장 본문을 통해서 성령님에 관해 상고하겠습니다.

▌성령체험은 내용을 보아 진위를 안다

우리가 첫째, 알아야 하는 것은 영적 체험은 다른 종교에도 있다는 것입니다. 오늘 본문 12:2에서 '이리저리 끄는 대로'라는 표현은, 신이 내린 상태를 의미합니다. 고린도 교인들이 이방 종교를 믿을 때에 신들린 경험이 있었음을 지적하고 있습니다.

이방 종교에도 영적 체험이 있습니다. 제가 예수를 믿고 영적 세계에 눈을 뜨기 시작할 때에 당혹했던 사실이 하나 있었습니다. 미국 원주민 인디언 역사에 관한 책을 읽다가 인디언들에게도 영이 내려서 방언을 하고 이 방언 운동이 요원의 불길처럼 퍼져갔던 적이 있었다는 사실이었습니다. 방언은 성령의 은사로만 알던 저에게는 여간 당혹한 것이 아니었습니다.

그러나 이러한 당혹함은 악령도 방언을 줄 수 있다는 것을 몰랐기 때문입니다. 악령은 성령님의 나타나심을 다 흉내 낼 수 있습니다. 방언뿐만 아니라 병을 고치기도 하고 예언을 주기도 합니다. 그러므로 우리는 다른 종교에서 성령의 은사와 비슷한 현상이 나타난다고 해서 당혹할 필요가 없습니다. 악령도 성령의 역사를 얼마든지 흉내 낼 수 있기 때문입니다. 또 현상만 보고 다 성령의 역사라고 쫓아가도 안 됩니다. 영적인 세계에 관하여 회의적인, 과학적이고 논리적인 사람들이 영적인 세계를 접하면 영적인 극단으로 가는 것을 종종 봅니다. 영적 분별력이 없기 때문에 영적인 현상을 모두 성령님의 나타나심이라고 착각합니다. 그 결과 사이비 종교에 빠지기도 하고 거짓 예언자를 따라가기도 합니다.

그러면 악령의 역사와 성령의 역사를 어떻게 구별합니까? 3절에서 바울은 답을 주고 있습니다. 하나님의 영으로 말하는 사람이 "예수는 저주를 받아라"라고 말할 수 없습니다. 이 부분은 쉽게 이해할 수 있습니다. 그런데 하나님의 영이 아니면 "예수님은 주님이시다"라고 말할 수 없다는 부분은 설명이 필요합니다. 귀신 쫓는 사역을 하는 사람들 중에는 귀신이 들렸는지 아닌지를 확인하기 위하여 이 구절에 근거하여 "예수님이 주님이시다"라는 말을 시킵니다. 그 사람이 이 말을 따라 하면 그 사람은 귀신에 들린 것이 아니라고 판단합니다. 그러나 귀신의 영향력 밑에 있는 사람도 얼마든지 천연덕스럽게 "예수님이 주님이시다!"라고 외칠 수 있습니다.

사도 바울이 성령의 힘이 아니고는 "예수님이 주님이시다"라고 말할 수 없다고 말한 의미는 이런 말을 앵무새처럼 따라 할 수 있는지 없는지 보라는 의미가 아닙니다. 예수님이 주님이심을 고백한다는 것은 진정 예수님을 자신의 삶의 주인으로 모시고 순종하며 살겠다는 고백을 의미합니다. 이러한 자신의 전인격을 담아 드리는 고백은 성령의 힘이 아니고서는 할 수 없습니다.

악령도 성령의 역사를 흉내 낼 수 있다는 것을 예수님께서 이미 경고하셨습니다. 하나님의 사람이 아니면서도 예수님의 이름으로 귀신도 쫓고 예언도 하고 기적도 행할 수 있다는 것을 예고하셨습니다(마 24:22-24). 그러면 진짜인지 가짜인지 어떻게 알까요? 삶을 보아야 합니다(마 7:15-16). 진심으로 예수님을 주님으로 고백한 사람의 삶에서는 순종이 보이고 가짜로 고백한 사람의 삶에는 순종이 없습니다.

그런데 진정으로 순종하는지 않는지 점검한다는 것이 쉽지 않습니다. 다른 영을 받은 사람들도 모두 하나님께 순종한다고 말하기 때문입니다. 이럴 때 사용할 수 있는 방법은 그 사람의 영적인 은사가 교회에 어떤 영향을 미치는지를 보는 것입니다. 성령님의 은사는 공동체의 이익을 위하여 주셨습니다(고전 12:7). 그러므로 성령 받았다는 분 혹은 성령의 은사를 가졌다는 분이 성령님의 인도 밑에 있는지 악한 영의 영향력 밑에 있는지는 교회 공동체에 주는 영향을 보면 압니다.

목회자들 가운데에는 기도 많이 하시고 예언의 은사가 있다는 소위 신령한 교인들로 인하여 고통을 겪는 분들이 꽤 있습니다. 교인들을 불러서 예언의 말씀을 준다고 하고는 돈을 요구해서 교회에 문제를 일으키기도 하고 목회자에게 비난의 화살을 쏘아 교회를 분열시키기도 합니다.

이처럼 공동체에 파괴를 가져오는 것은 성령님의 역사가 아닙니다.

악령의 역사입니다. 이런 사람들에게 처음부터 악령이 역사했던 것은 아닐 것이라고 생각합니다. 시작은 성령으로 충만했을 것입니다. 그러나 죄를 짓고도 회개하지 않았던지, 교만해져서 악한 영이 침입할 문을 열어주었을 것입니다. 그리고 마침내 악령의 영향 밑에 들어갔을 것입니다. 그러나 방언이라든가 예언하는 능력이라든가, 성령 충만할 때에 나타났던 현상이 그대로 나타나기 때문에 자신이 악한 영의 조종을 받고 있다는 것을 의식하지 못합니다. 그러므로 자신이 영적이라고 자부하는 사람들은 혹시 악한 영에 이용당하고 있는 것은 아닌지 살펴야 합니다. 자신이 공동체에 어떤 영향을 끼치고 있는지 보면 압니다.

마태복음 16장에 보면 예수님이 자신이 누구라고 생각하느냐고 물으셨습니다. 베드로가 성령 충만하여 예수가 그리스도이심을 고백합니다. 그러나 이러한 고백을 한 직후 예수님의 죽음을 만류하다가 "사탄아 물러가라"라는 꾸중을 듣습니다(마 16:23). 베드로를 이용하여 주님의 길을 막으려는 악한 영을 예수님께서 꾸짖어 물리치신 것입니다. 베드로에게 영향을 미쳤던 사탄은 우리에게도 얼마든지 영향을 미칠 수 있습니다. 자신을 스스로 살펴 악령에 이용당하지 않고 교회 공동체에 유익이 될 수 있는 사람이 되어야 하겠습니다.

특별히 영적 체험이 있으신 분, 기도 많이 하시는 분들은 순종과 섬김에 집중하시기 바랍니다. 순종과 섬김은 악령이 흉내 낼 수 없습니다. 보통 사람들보다 더 권위에 순종하고 남들보다 더 섬기시기 바랍니다. 이렇게 함으로써 성령 충만하다가 악령의 도구로 전락하는 것을 방지할 수 있습니다.

교회에서 성령의 나타나심을 기대해야 한다

성령님이 주시는 다양한 은사를 기록하고 있는 고린도전서 12장에서 바울이 강조하고자 하는 것은 진정한 일치에는 다양성이 따른다는 것입니다(고전 12:4, 8-11). 여기에서 바울은 성령님의 은사에는 어떤 것이 있는지를 가르치는 것이 아닙니다. 고린도 교회에 이미 나타나고 있는 성령의 은사를 열거하고 있는 것뿐입니다. 교회 조직을 말하라고 하면 우리들이 교회 사역부서를 꼽듯이 사도 바울은 고린도 교회에서 나타나고 있는 성령의 은사를 손꼽고 있습니다.

이러한 것을 통하여 우리가 깨달을 수 있는 것은 성령의 제반 은사가 교회에서 나타나는 것은 당연하다는 것입니다. 서울교회에도 고린도 교회처럼 강렬하지는 않지만 이러한 역사가 일어나고 있습니다. 목장 식구들이 손 얹고 기도했을 때에 치유가 일어났다는 소식도 종종 들립니다. 성령 체험 시간에 방언이 터지기도 합니다. 예언의 은사를 받는 분들도 생깁니다. 저도 악령에 사로잡힌 사람에게서 악령을 쫓아낸 적이 몇 번 있습니다.

왜 많은 교회에서 성령님의 나타나심이 없을까요? 기대감이 없기 때문입니다. 역동적인 믿음이 있는 곳에는 기대감이 있습니다. 믿음으로 기도했으니 하나님께서 초자연적인 능력을 행해서 기도 응답을 하시리라는 기대감입니다. 예수님께서 고향을 방문했을 때 고향 사람들이 예수님에 대한 기대감이 없었기 때문에 기적을 행할 수 없었다고 마가는 기록하고 있습니다(막 6:5-6). 기대감이 없으면 초자연적인 역사가 일어나지 않고, 초자연적인 역사를 체험하지 못하면 기대감이 더 사라지는 악순환이 되풀이됩니다. 그러므로 교회에서 성령이 나타나심을 체험하길 원하면 이를 갈망하고, 기대해야 합니다.

성령님의 나타나심을 간구할 때에 한 가지 은사에 편중되면 안 됩니다. 고린도 교회의 문제는 성령님의 많은 은사들 가운데에서 방언만을 꼽아서, 방언하는 것을 영적인 사람이라는 증거로 부각시켰던 것 같습니다. 13:1에 보면 "천사의 말을 할지라도"라는 말이 나오는데 고린도 교인들은 방언을 천사의 말이라 생각했던 것 같습니다. 이러한 성향을 경고하기 위하여 사도 바울은 몇 번을 반복해서 성령님은 한 분이지만 나타나심은 다르다고 말씀했습니다(고전 12:4, 11).

오늘날에도 성령 충만의 증거가 방언이라고 가르치고, 방언을 못하면 이등 교인인 것처럼 취급하는 교회가 있습니다. 이것은 잘못된 가르침과 생각입니다. 고린도 교회가 갖고 있었던 문제를 반복하는 것입니다. 방언뿐만 아니라 한 가지 은사만 부각시키는 것은 건강한 것이 아닙니다. 어떤 교회는 귀신 쫓는 것을 부각시켜서 그런 교회에 가면 모든 것을 다 귀신과 관련지어서 생각합니다. 감기도 귀신을 쫓아 고치고 우울증도 귀신을 쫓아 치료하려 합니다. 어떤 교회는 병 고치는 은사를 부각시킵니다. 사람이 모여드는 이유도 병을 고치기 위해서이고, 모든 교회 사역의 초점이 병 고치는 것에 집중되어 있습니다. 그런데 한 가지 어떤 사역에 편중되면 교인들이 성숙하지 못하고 교회는 건강을 상실합니다.

그렇다면 어떻게 해야 한 가지 은사에 편중되지 않고 다양한 은사가 나타나게 할 수 있을까요? 성령님의 은사에 초점을 맞추지 말고 교회의 사명에 초점을 맞추면 됩니다. 교회의 사명은 영혼 구원해서 제자 만드는 것입니다. 이런 사명에 집중할 때, 하나님 말씀의 진정한 대언자가 되기를 원하면 예언의 은사를 주십니다. 복음을 순수하게 잘 가르치기를 소원할 때 지식의 은사를 주십니다. 질병으로 신음하는 사람들을 위하여 안타깝게 기도할 때 병 고치는 은사를 주십니다. 오랫동안 미신을 믿어서 악령에 사로잡혀 있는 사람이 있을 때 귀신을 쫓는 은사를 주십니다.

성령님께서 은사를 주시는 것은 교회의 사명이 이루어지도록 하기 위함입니다. 교회 존재 목적이 이루어지도록 성령님께서는 다양한 은사를 교회에 허락하십니다. 은사로 인하여 교만해지거나 잘못된 길로 빠지지 않기 위해서는 사명을 은사보다 선행해야 합니다. 서울교회에도 여러 가지 은사가 나타나지만 특정 은사를 꼭 받아야만 하는 것 같은 분위기가 형성되지 않고, 특정 은사를 받은 사람이 지나친 관심의 대상이 되지 않은 것은 교회의 초점이 사명에 맞추어졌기 때문이라고 생각합니다. 사명을 깨닫고, 사명을 위하여 일하고, 사명을 감당하기 위하여 성령 충만을 사모할 때, 성령님께서 그 사역에 필요한 은사를 주십니다.

▮ 참된 하나는 다양성을 요구한다

본문에서 바울이 강조하고자 하는 것은 참된 일치에는 다양성이 필요하다는 것입니다. 방언만이 성령의 은사인 것처럼 생각하는 고린도 교인들의 가장 큰 잘못은 참된 일치는 다양성을 필요로 한다는 것을 몰랐던 것입니다. 다양성을 가진 참된 일치의 첫 번째 예로 사도 바울은 삼위일체 하나님을 듭니다(고전 12:4-6). 하나님은 일체이시지만 삼위이십니다. 두 번째 몸을 예로 듭니다. 몸은 하나이지만 많은 지체를 갖고 있습니다(고전 12:12,14). 그러므로 건강한 공동체를 이루기 위해서는 획일적인 것을 거부하고 다양성을 수용해야 합니다. 다양성이 없을 때 그 공동체의 모습을 그려주기 위하여 바울은 온 몸이 다 귀이고 온 몸이 다 눈이면 어떻겠느냐고 묻습니다.

다양성을 수용하는 공동체가 되기를 원하면 첫째, 상호 의존성을 깨달아야 합니다(고전 12:13-16, 23). 한 지체가 고통을 당하면 다른 지체도 고통을 받게 되어 있습니다. 옆 교회가 어려움을 당하면 우리와는 상관없다고 생각하지만 어떤 형태로든지 그 영향은 우리에게도 미치게 되어 있습니다. 싫으나 좋으나 우리는 한 몸이기 때문입니다. 예를 들자면 한 교회 목사님이 간음죄를 범한 것이 알려지면 그 교회뿐만이 아니라 그 지역에 있는 모든 교회가 전도에 어려움을 겪습니다. 반대로 한 교회가 영광을 받으면 다른 교회도 영광을 받습니다. 어떤 침례교회 목사님이 저에게 와서 이런 말을 했습니다. "전에는 침례교회라고 하면 이 지역 사람들이 알아주지 않았습니다. 그러나 서울교회가 큰 교회가 되니까 다른 침례교회들도 인정을 받게 되었습니다." 그러므로 교회도 개인도 서로 높여주어야 합니다. 그러면 자신도 올라갑니다. 자녀들 앞에서 아내를 높여주면 아버지인 자기 위상이 올라가고, 남편을 높여주면 아내인 자기 위상이 올라갑니다.

다양성을 인정하는 공동체가 되기 원하면 둘째로 상대방의 가치를 인정해 주어야 합니다(고전 12:21). 인간은 자신의 장점은 잘 보이고 남의 장점은 잘 보이지 않습니다. 반면에 남의 약점은 잘 보이는데, 자신의 약점은 보이지 않습니다. 자신은 항상 손해보고 살고 이용만 당하고 배신만 당한다고 생각하는 사람들은 이러한 증세를 갖고 있기 때문인 경우가 많습니다. 그러므로 상대방의 가치가 보이게 해달라고 하나님께 기도해야 합니다. 하나님의 도움이 없이는 어렵기 때문입니다.

다양성을 인정하는 공동체가 되기 위해서는 셋째로 약한 지체가 귀한 것을 알아야 합니다(고전 12:22-23). 심장이나 내장은 손상받기 쉬운 약한 부위입니다. 그래서 하나님께서는 갈비뼈로 감싸 주셔서 보호받게 하셨습니다. 인간이 보기에 약하고 별 것 없어 보이는 것도 하나님 눈에는 귀합니다. 교회 구성원 중 어느 누구도 불필요한 사람은 없습니다. 약해 보이고 쓸모없어 보인다 해도 하나님께서 그를 교회 공동체 가운데에 두신 이유가 있습니다. 그러므로 교회에서는 "이 사람은 없어도 돼.""저 사람은 없어져야 돼." 이런 식의 말을 해선 안 됩니다.

제가 처음 부임했을 때 저를 적대시했던 그룹이 있었습니다. 당시에는 힘들었지만 시간이 지나고 보니 그런 분들이 있었던 것이 얼마나 고마웠는지 모릅니다. 나를 지켜보는 비판적인 눈이 있음을 의식하니 트집 잡히지 않기 위하여 말도, 행동도 조심했습니다. 그래서 철저한 자기 관리를 배웠습니다. 교회가 그리스도의 몸이고 성도들이 지체라면 나를 대적하는 사람도 주님께서 필요해서 지체로 삼으셨을 것입니다. 무시하거나 제거하려 하지 말고 귀하게 여겨서 건강한 교회를 만드시기를 바랍니다.

고린도전서 13장

사랑이 최고야

고린도전서 13장의 주제는 '사랑'입니다. 이번 설교는 준비가 참 어려웠습니다. 왜냐하면 제가 사랑에 관해 설교를 할 만한 자격이 없기 때문입니다. 제 주위에는 사랑이 많은 사람들이 허다합니다. 특히 목자, 목녀들 가운데에는 마음이 따뜻하고, 배려심이 있고, 포용성이 높은 사람들이 많습니다. 그러나 저는 그렇지 못합니다. 그래서 저는 사랑이 많은 목사가 되게 해 달라고 끊임없이 기도합니다. 그러나 설교는 자신의 이야기를 하는 것이 아니고 하나님의 말씀을 대언하는 것이기에, 주님이 주실 설교 말씀에서 나 자신도 은혜를 받아보자는 마음으로 오늘 말씀을 준비했습니다.

▌ 은사와 섬김은 사랑에 기초해야 한다

본문에서 사도 바울은 사랑 없는 은사나 섬김은 소용이 없다고 말합니다(고전 13:1-3). 1-2절에 열거된 은사들은 12장에서 열거된, 고린도 교인들이 자랑스럽게 생각하는 은사들입니다. 방언, 예언, 지식, 믿음 등이 그렇습니다. 그런데 사도 바울은 사랑이 없으면 그 모든 은사들은 아무것도 아니라고 말합니다.

또 3절에서는 섬김의 은사를 열거합니다. 가진 것을 다 나누어 주어도 사랑이 없으면 소용이 없다고 말합니다. 가진 것을 다 나누어주면 그것이 사랑이라고 생각하기 쉽지만 사랑 없이도 그렇게 할 수 있다는 것을 말하고 있습니다. 예를 들어, 사랑 없이 모든 재산을 나눠 주는 것이 불가능할 것 같지만 가능합니다. 사람들에게 존경받고 싶은 욕구가 크면 그렇게 할 수 있습니다. 믿지 않는 사람들을 보십시오. 다 그렇지는 않겠지만 사람을 사랑해서가 아니라 적선을 하면 극락세계에 간다고 믿기 때문에 가진 것을 다 나누어줄 수 있는 것입니다.

또 자랑삼아 몸을 내주어도 소용이 없다고 말합니다. 개역 성경에는 몸을 불사르게 내어줄지라도 소용이 없다고 했는데 '자랑삼아'와 '불사르게'를 뜻하는 헬라어는 알파벳 하나 차이입니다. 또한 어느 단어를 사용하느냐는 번역자의 선택입니다. '자랑삼아 몸을 내어준다'는 무슨 의미입니까? 바울은 로마서 5:3에서 "고난을 자랑한다"고 말했습니다. 그렇다면 '자랑한다'라는 것은 '고난을 자랑한다'는 의미일 것입니다. '몸을 불사른다'는 무슨 의미입니까? '순교'를 의미할 것입니다. '자랑삼아 몸을 내어준다'나 '불사르게 몸을 내어 준다'나 고난과 희생을 의미합니다. 그러나 이것도 사랑이 없으면 아무것도 아니라고 말합니다.

어떻게 사랑 없이 이러한 헌신이 가능하냐고 생각할 수 있겠지만, 가능합니다. 대한민국에서 독재 정권에 맞서 시위하다가 자신의 몸에 휘발유를 붓고 분신자살을 한 사람들이 있었습니다. 이러한 사람들이 정말 사랑하는 마음으로 그랬을까요? 그 마음속에 들어갔다 나오지 않고는 알 수 없지만 제 생각에는 이들이 몸을 불사른 것은 사랑보다는 군사 정권에 대한 미움 때문이 아닐까 싶습니다. 사랑 없이도 목숨을 버리는 희생을 할 수가 있다는 것을 보여주고 있다고 생각합니다.

사도 바울은 은사나 섬김이 필요 없다고 말하는 것이 아니라, 사랑이 빠진 은사나 섬김이 소용없다고 말하는 것입니다. 은사나 섬김에는 반드시 사랑이 동기가 되어야 한다는 것입니다. 왜 사랑이 동기가 되어야 할까요?

첫째, 사랑이 동기가 되어야 은사의 목적을 이룰 수가 있습니다. 은사의 목적은 교회의 유익을 위한 것입니다(고전 12:7). 그러나 사랑이 없는 은사는 교회에 유익이 아닌 파괴를 가져옵니다. 고린도 교인들이 좋은 예입니다. 이들은 지식의 은사를 가졌다고 자부심을 가졌습니다. 그러나 안 믿는 사람들에 대한 사랑이 없었습니다. 자신의 믿음에 기초해서 우상에 바친 음식을 분별없이 먹었습니다. 그 결과, 영적으로 어린 사람들의 믿음을 흔들어 놓았습니다(고전 8:11). 방언의 은사도 마찬가지였습니다. 예배 중에 질서 없이 방언을 말해 안 믿는 사람들로 하여금 예수님을 믿게 하는 데 지장을 가져오고 있었습니다(고전 14:23).

사랑이 없는 은사는 파괴를 가져옵니다. 교회의 분열을 일으키는 사람들을 보면 그들은 그저 평범한 사람들이 아니라, 은사를 받은 사람들입니다. 성경 공부를 많이 하고, 기도를 많이 하고, 체험이 많은 사람들입니다. 은사가 사랑에 기초하지 않았기 때문에 교회를 건강하게 하기보다 파괴를 가져오는 것입니다.

사랑 없는 섬김도 파괴를 가져올 수 있습니다. 예를 들어 추수 감사절에 노숙자들에게 음식을 대접할 때 사랑 없이 하면 인격을 손상시키는 언행으로 그들의 자존심에 상처를 줄 수 있습니다. 배는 부르게 만들지 모르지만 깊은 상처를 줍니다. 그러므로 은사와 섬김에는 반드시 사랑이 동기가 되어야 합니다. 그래야 교회에 도움이 되고 유익이 됩니다.

은사나 섬김에 사랑이 동기가 되어야 하는 또 한 가지 이유는 그때에 비로소 하나님 앞에서 인정을 받을 수 있기 때문입니다. 사랑에 기초하지 않으면 아무리 많은 은사를 가졌어도, 아무리 정성껏 섬겼어도 하나님께 칭찬을 받지 못합니다.

마태복음 7:22-23에서는 예수님은 자신의 이름으로 귀신을 쫓고

병을 고치고 기적을 행한 사람들에게 "나는 너희를 모른다"라고 말씀하십니다. 은사가 넘쳐나지만 하나님께 인정받지 못한 예입니다. 또 구제를 많이 한 사람에게 "상을 이미 받았다"고 차갑게 말씀하십니다(마 6:2). 동기가 사랑이 아니기 때문입니다. 그러므로 하나님으로부터 인정받고 상급을 받기 위해서는 사랑에 기초한 은사의 사용과 섬김이 필요합니다.

우리는 사랑을 크리스천의 미덕 정도로 생각하기 쉽습니다. 그러나 사랑은 크리스천 삶의 본질이고 신앙생활의 기초입니다. 교회 생활을 오래하신 분들이 연륜이 길면 길수록 더 고집스러워지고, 더 까다로워지고, 더 재미없는 사람들이 되는 것은, 사랑보다 은사, 성경 지식, 봉사 등 부수적인 것에 집중했기 때문입니다. 우리는 신앙 연륜이 깊어질수록, 성경 지식이 많아질수록, 기도를 많이 할수록, 봉사 영역이 넓어질수록 사랑에 더 집중해서 주위를 따뜻하게 하고 하나님께 인정받아야 하겠습니다.

어떻게 사랑할 것인가?

구체적으로 사랑이란 무엇입니까? 사도 바울은 이것에 관해 직접적인 답을 주고 있지 않습니다. 대신 사랑하는 사람은 어떻게 하는지 사례를 듭니다(고전 13:4-7). 우리는 이 구절들을 통하여 사랑에 관해 다음과 같은 사실을 깨닫습니다.

1) 사랑은 평범한 것이다

사랑이라고 하면 자기가 가진 것을 다 내어주고 몸을 불사르게 내어주는 큰 것만을 생각하기 쉽습니다. 그러나 참된 사랑은 작은 것입니다. 참된 사랑은 별난 것이 아니라 매일매일 생활을 더불어 하는 사람들에게 대하는 태도에서 나타납니다. 사실 추상적으로 사랑하는 것은 비교적 쉽습니다. 대상이 크면 클수록 추상적인 사랑이 될 수밖에 없고, 추상적이기 때문에 쉽습니다. 예를 들어 인류를 사랑하는 것은 쉽고, 나라를 사랑하는 것은 쉽고, 교회를 사랑하는 것은 쉽습니다. 대상이 모두 다 추상적이기 때문입니다. 사랑하기 힘든 대상은 매일 부대끼면서 살아야 하는 주위 사람들입니다. 가족들, 직장 동료들, 목장 식구들입니다. 그래서 사도 바울은 진짜 사랑하는지 아닌지는 일상생활에서 대하는 사람들을 어떻게 대하는지를 봐서 알 수 있다고 말합니다.

이 말은 정말 맞는 말입니다. 예를 들어 슈바이처 박사는 의사이며 신학자이며 음악가이기 때문에 화려한 삶을 살 수 있었지만, 아프리카에 정글에 가서 원주민들에게 의술을 베풀며 일생을 바쳤습니다. 그래서 사랑의 모델로 사람들의 기억에 남아있습니다. 그런데 그를 옆에서 모셨던 분들의 얘기를 들어보면 아프리카 흑인들을 대하는 태도는 상당히 위압적이었다고 합니다. 주인과 상전과 같은 관계였다고 합니다. 그렇다면 "슈바이처가 과연 흑인들을 사랑해서 선교사로 갔을까?" 의

문을 품지 않을 수 없습니다. 어쩌면 이분은 흑인을 사랑해서라기보다 '자신의 희생 자체에서 더 보람을 느꼈고 자신의 희생을 자랑스럽게 생각하지 않았는가?'라고 생각하는 분들도 계시지 않을까요?

인류를 사랑한다는 박애주의자, 백성을 사랑한다는 민족주의자, 국민을 사랑한다는 정치가, 노동자를 사랑한다는 노조 지도자, 교회를 사랑한다는 목사들도 얼마나 진정으로 사랑하는지 궁금함을 느낄 때가 있습니다. 사랑하지 않으면서 가진 것을 다 나누어주고 자신을 불태워주는 사람처럼 자신을 희생하여 일하고 있다는 사실이 '사랑하고 있다는 착각을 불러일으키고 있지 않을까?' 하는 생각도 종종 듭니다. 진짜 사랑이냐 아니냐는 참고, 인내하고, 친절하고, 시기하지 않고, 성내지 않는 작은 일에서 확인될 수 있습니다. 하나님 앞에서 사랑하는 사람이라고 인정받기 원하면 가족, 직장 동료, 목장 식구들을 사랑하기 바랍니다.

2) 사랑은 부자연스러운 것이다

고린도전서 13:4-7에 열거된 미덕들은 인간에게 자연스럽지 않습니다. 반대가 자연스럽습니다. 참지 못하고, 불친절하고, 시기하고, 뽐내고, 교만하고, 무례하고, 자기 유익을 구하고, 성내고, 원한을 품는 것이 우리에게는 훨씬 더 자연스럽습니다. 우리가 사랑하는 삶을 살기 원한다면 주님이 원하시는 삶이 인간에게 자연스럽지 못한 삶이라는 것을 인정하는 것에서 시작해야 합니다. 자연스럽지 못하기 때문에 우리의 노력으로는 한계가 있습니다. 초자연적인 도움이 필요합니다. 이것을 깨닫고 하나님께 도움을 청할 때 비로소 사랑의 삶을 살 수가 있습니다. 많은 분들이 사랑이라는 것이 얼마나 인간에게 부자연스러운 것인지 깨닫지 못하고 자기 힘으로 사랑하려다가 좌절에 빠지게 됩니다.

3) 사랑은 연민에서 시작한다

헬라어에는 사랑을 표현하는 세 가지 단어가 있다는 것을 아실 것입니다. 하나는 남녀 간의 사랑인 에로스, 친구 간의 사랑인 필로스, 하나님의 사랑인 아가페입니다. 고린도전서 13장에서 말하는 사랑은 물론 세 번째인 '아가페'입니다. 서로 사랑하되 하나님이 우리를 사랑하신 것과 같이 사랑하라는 것입니다.

그런데 인간을 향하신 하나님의 사랑의 기저가 무엇입니까? 연민입니다. 인간이 불쌍해서 사랑하신 것입니다. 그 아들을 세상에 보내신 것도 죄에 매여 신음하는 인간이 불쌍해서였습니다. 그러므로 아가페의 사랑은 연민에서 시작되었다고 해도 틀린 말이 아닐 것입니다. 그러므로 우리도 이웃을 하나님의 사랑으로 사랑하기 원한다면 연민에서 시작해야 합니다. 연민의 마음 없이는 4-7절에 묘사된 사랑이 불가능합니다. 겉으로는 친절하고, 무례히 행치 않고, 성내지 않을 수 있을지 모르지만 진심이 실려 있지 않습니다. 이러한 사랑은 연민의 마음이 있어야 나옵니다.

왜 이웃이 불쌍한 존재냐고 항의하는 사람들이 있을지 모릅니다. 불쌍하기는커녕 부러워 죽겠다고 말하는 사람도 있을지 모릅니다. 그러나 인간은 불쌍한 존재입니다. 다른 것 그만두고 늙고 죽는다는 것만으로도 인간은 불쌍한 존재입니다. 나이 드신 분들, 배우자의 팽팽하던 피부가 쭈글쭈글해지고 총기 있던 눈 가장 자리가 힘없이 축 처진 것을 보면 연민의 마음이 생기지 않습니까? 장례식에 가서 죽어 관에 누워있는 사람을 보며, 결국 이렇게 갈 인생인데 걱정하고 고민하고 안달하며 살았다는 것이 불쌍하게 느껴지지 않습니까?

젊은 연예인들, 당장은 정상의 인기를 누리지만 더 젊은 사람, 더 튀는 사람이 나오면 변덕 많은 대중들이 그에게서 마음을 돌릴 텐데, 마치 영원히 인기 속에 살 것 같이 구는 모습이 불쌍하지 않습니까? 40대 가까운 배우들이 젊게 보이기 위해 먹을 것 못 먹고 하루에 2-3 시간씩 땀 흘려 운동하는 것이 불쌍해 보이지 않습니까? 정치에 맛을 들여 거짓말과 배신을 식은 죽 먹는 것처럼 하면서도 애국 애족을 부르짖는 정치인들을 보면 불쌍하지 않습니까? 기업의 총수가 되어서 조금이라도 긴장을 늦추면 언제 경쟁 상대에게 눌릴지 몰라 전전긍긍하면서 사업을 위해 인생을 소진시키는 모습이 불쌍하지 않습니까? 분노로, 욕심으로, 열등감으로, 악습으로 고생하는 많은 사람들이 불쌍하지 않습니까? 죄 때문에 인간은 불쌍한 존재가 되었습니다. 죄에서 완전한 자유를 얻기 전의 인간은 연민의 대상입니다. 이러한 연민의 마음이 생길 때에 아가페 사랑이 가능합니다.

4) 연민은 상대방을 이해함으로 가능하다

저는 사랑이 부족하다고 느껴 이웃을 사랑하는 사람이 되게 해 달라고 기도했습니다. 그러면 하나님의 사랑이 내 마음을 채우고 불가항력적으로 이웃을 사랑하게 되는 줄 알았습니다. 그러나 그런 일은 생기지 않았습니다. 그래서 기도를 바꾸었습니다. 이제는 상대방의 입장을 이해하게 해 달라고 기도합니다. 그러면 상대방의 입장과 아픔, 그리고 반응이 이해됩니다. 그러면서 연민의 마음이 생기고 비로소 사랑할 수 있는 마음과 능력이 생기는 것을 발견합니다.

아가페 사랑은 하나님만이 주실 수 있습니다. 사랑을 위해서 기도하시기 바랍니다. 답이 없으면 연민의 마음을 위해서 기도하시기 바랍니다. 답이 없으면 상대방의 입장을 같이 느끼게 해달라고 기도하시기 바랍니다. 이렇게 할 때 우리는 이웃을 사랑할 수 있게 됩니다.

▌사랑만이 영원히 남는다

사랑만이 영원히 남습니다(고전 13:8). 우리 주님이 오시면 모든 은사는 없어집니다. 주님이 오시면 더 이상 예언이 필요 없어집니다. 하나님과 얼굴과 얼굴을 대하여 보게 되면 신비한 언어 즉 방언으로 기도할 필요가 없어집니다. 하나님과 더불어 살 때 지식의 은사도 필요 없어집니다. 이러한 것은 다 주님 오시기 전까지 믿음의 공동체에 유익을 주고, 공동체를 세우라고 주신 것입니다. 오직 사랑만이 남을 것입니다. 그러므로 언젠가는 끝날 은사에 집중하지 말고 영원히 남을 사랑에 집중해야 합니다.

우리는 굳센 믿음과 꺾이지 않는 소망을 위하여 기도합니다. 그러나 사랑을 위해서는 그다지 간절하게 기도하지 않습니다. 그러나 믿음은 보이지 않는 것의 실상이라고 했습니다(히 11:1). 주님과 얼굴과 얼굴을 대하면 믿음이 필요 없습니다(고전 13:12). 주님이 오시면 그 소망이 실현되기 때문에 소망도 필요 없어집니다. 결국 사랑 하나가 남습니다.

이 세상은 천국의 삶을 연습하는 곳입니다. 열심히 사랑을 연습해서 천국에 가서 큰 기쁨을 누리는 우리 모두가 되기를 바랍니다.

고린도전서 14장

예언은 누구나 합니다

　크리스천이 된다는 것은 예수 그리스도를 믿고 성령 받아서 하나님의 자녀가 된다는 것을 의미합니다. 성령님은 초자연적인 분이기 때문에 성령 받은 사람에게는 초자연적인 현상이 나타납니다. 또 성령 받는 사람들의 공동체인 교회에서도 초자연적인 현상이 나타납니다. 초자연적이라고 해서 반드시 신비한 일만을 의미하는 것은 아닙니다. 믿을 수 없을 것 같은 사람이 믿고, 변할 수 없을 것 같은 사람이 변하는 것이 바로 초자연적인 현상 중의 하나입니다. 끊어지지 않던 악습에서 해방되고 기도를 통하여 질병이 물러가는 것이 바로 초자연적인 현상입니다. 고린도교회에는 초자연적인 현상이 많이 일어나고 있었습니다. 이러한 초자연적인 현상 가운데 방언과 예언에 관하여 생각해 보겠습니다.

성령의 나타나심은 당연한 것이다

고린도전서 14장을 읽으면서 느끼는 것은 성령님의 나타나심은 교회 안에서 당연한 것이 되어야 하겠다는 것입니다. 고린도교회에는 성령님의 나타나심이 당연시 되었던 것 같습니다. 고린도교회에 바울이 편지를 쓰게 된 이유도 은사가 많이 나타나는데, 고린도 교인들이 이를 어찌 다룰지 몰라서였기 때문입니다. 고린도전서 12:28을 보면 고린도교회에는 사도, 예언자, 교사, 기적을 행하는 사람, 병 고치는 사람, 방언을 하는 사람들이 있었습니다. 또 당시 교회는 가정에서 모이는 '가정교회'였는데, 예언, 방언, 통역이 일어났던 것을 알 수가 있습니다(고전 14:26). 이러한 성령님의 초자연적인 역사는 고린도 교회뿐만이 아니라 오늘날의 교회에서도 나타나는 것이 당연합니다.

그럼에도 불구하고 이러한 성령의 나타나심이 오늘날 드문 것은 세대주의라는 신학 때문입니다. 세대주의자들은 성령님의 은사는 사도들에게 권위를 실어주기 위하여 나타났다고 주장합니다. 성경이 완성되고 사도들이 세상을 떠나면서 성령님의 은사도 그쳤다는 것입니다. 성경이 주어졌기 때문에 이제는 성경만을 의지해야 한다는 것입니다.

그러나 사도의 세대가 끝나면서 성령의 은사가 끝났다는 것은 전혀 근거 없는 이론입니다. 성령님을 경험하지 못한 사람들이 자신의 삶에서 성령님의 나타나심이 없는 것을 변명하기 위한 이론에 지나지 않습니다.

예를 들어 세대주의자들은 성경이 완성되면서 성령님의 은사도 끝났다고 믿는 근거를 고린도전서 13:8-10에 둡니다. 완전한 것이 올 때에 예언도 방언도 사라진다고 했습니다. 세대주의자들은 10절의 완전한 것이 성경이라고 말합니다. 그러나 본문 전체를 편견 없이 볼 때 '완전한 것이 온다'는 예수님의 재림을 의미하지, 성경을 의미하지 않는다는 것이 분명합니다.

20세기에 들어서면서 성령님의 은사가 강력하게 나타나기 시작했습니다. 그래서 오순절 교단이 형성되었습니다. 강렬한 성령 체험을 한 사람들이 너무 흥분해서 성서 해석에 오류를 범하기도 하고, 성서적으로 어긋난 이론을 펼치기도 했지만, 100년의 세월이 흐르면서 성령님의 인격과 사역에 관한 이해도 깊어지고 성서적인 근거도 튼튼해져, 이제는 교단의 차이 없이 성령님의 은사와 열매를 사모하고, 성령님의 강력한 나타나심을 체험하고 있습니다. 우리 교회도 성령님에 관한 고린도교회의 오류는 피하면서 그들과 같은 활발한 성령님의 나타나심을 체험해야 되겠습니다.

1) 방언은 자신을 위한 것이다

사도 바울은 14장에서 특별히 방언에 관하여 말하고 있습니다. 방언은 한자로는 方言으로 쓰며 영어로는 speaking in tongue 이라고 말합니다. 성령님께서 성도의 혀를 움직이셔서 기도하게 하시는 것입니다. 방언에는 두 가지가 있습니다. 첫째, 사도행전 2:4에 나오는 방언입니다. 이 방언은 배우지 않은 외국어를 하는 것입니다. 예를 들어서 제가 불어를 배우지 않았는데 유창하게 불어를 하는 것입니다. 요즈음도 필요할 때에 성령님께서 이러한 은사를 주시더라는 보고가 선교지로부터 옵니다. 두 번째는 사도 바울이 고린도전서 13:1에서 천사의 말이라고 표현한 방언입니다. 우리 주위에서 받는 방언은 거의 다 두 번째에 속합니다. 고린도전서 14장 본문을 통하여 이러한 방언에 관하여 우리는 다음 사실을 배웁니다.

두 번째 방언은 이웃을 향한 것이 아니고 하나님을 향한 기도입니다(고전 14:2). 그러므로 남들은 무슨 말인지 모릅니다. 또 방언은 성령님께서 우리 영을 움직여서 기도하도록 하는 것이기 때문에 자신도 내용을 모릅니다(고전 14:14). 방언은 이웃도, 자신도 내용을 모르지만 자신에게 유익이 됩니다(고전 14:4 상). 방언을 받는 사람들을 보면 그 후에 기도가 쉬워지고 기도를 더 오래, 자주 하게 되는 것을 봅니다. 방언은 자신을 위한 것이므로 개인적으로 기도할 때에 사용하고 공적인 예배에서는 사용하지 않는 것이 좋습니다(고전 14:23). 그러나 통역하는 사람이 있으면 성도들의 모임에서 사용할 수도 있습니다(고전 14:27-28). 우리 교회에서도 방언을 받는 사람이 점점 늘어나고 있는 것을 기쁘게 생각합니다.

2) 예언은 누구나 할 수 있다

예언은 점쟁이처럼 장래를 맞추는 것이 아닙니다. 예언하는 사람은 하나님의 말씀을 받아 전하는 사람입니다. 오늘 본문을 보면 고린도교회에서는 예언은 누구나 다할 수 있고 또 했던 것을 볼 수가 있습니다(고전 14:31). 예언의 목적은 덕을 세우고, 위로하고, 격려하는 것입니다(고전 14:3). 사실 우리는 예인의 말을 받고, 예언을 하면서도 그 사실을 모를 수가 있습니다. 여러분들은 어떤 분의 마음 아픈 얘기를 들으면서 마음속에 억제할 수 없는 동정심이 끓어오르면서 확신을 갖고 이런 말을 해줄 때가 있습니다. "하나님이 당신의 마음을 알고 계시고 앞으로 잘 될 것이니까 염려 마세요." 이 말을 들은 분이 이 말이 힘이 되었다고 말하기도 하고 해결책을 얻었다고 말하던 경험이 있을 것입니다. 이것이 부지불식간에 한 예언일 수 있습니다. 이 말을 1인칭으로 바꾸면 예언이 됩니다. "내가 네 아픔을 알고 있다. 내가 너와 같이 있겠다. 내가 너를 도와주겠다. 너는 염려하지 말아라."

예언자는 하나님의 느낌을 더불어 느낍니다. 하나님이 슬퍼하실 때에 그 슬픔을 느끼고, 하나님이 안타까워하실 때에 그 안타까움을 느끼고, 하나님이 분노하실 때에 그 분노를 느낍니다. 그래서 성경에 기록된 예언자들의 표현이 그처럼 격렬한 것입니다.

우리가 상담을 하거나 남의 어려움을 들을 때 성령님의 인도하심에 집중하면 예언의 말씀을 주시는 경우가 많습니다. 성령님께서 우리가 하나님의 감정을 느끼게 하시고 덕을 세우고, 위로하고, 격려하는 말씀을 주십니다. 예언의 말씀을 주시는 것 같으면 "나 여호와가 말한다!"식으로 강압적으로 말해선 안 됩니다. "하나님께서 이런 말씀을 주시는 것 같아요."와 같은 표현을 통해 하나님이 주신 메시지를 전달할 수 있습니다.

저는 하나님의 말씀을 대언하는 설교자이기 때문에 설교 말씀이 하나님이 주시는 예언의 말씀이 되기를 소원하고 기대합니다. 주일에 선포될 설교 말씀이 예언의 말씀이 되도록 설교 준비할 때 20분씩 3번 기도시간을 여기저기에 넣습니다. 성도들이 설교 말씀을 듣고 앞에 있는 헌신대에 나와 헌신할 때에도. 이분들을 위한 기도가 예언적인 기도가 되게 해달라고 기도하면서 임합니다. 그랬기 때문일까요? 제가 해준 기도와 헌신한 분이 헌신 카드에 요청한 기도가 다를 때가 있는데 제가 해준 기도가 처한 상황에 더 적절했다고 말하는 경우가 많습니다.

진정한 예언과 더불어 가짜 예언에 관해서도 한 말씀 드립니다. 지금은 우리 교회를 떠났지만 자신이 예언을 은사를 가졌다는 자매가 있었습니다. 어느 날 저에게 전화를 걸고, 하나님께서 가정 교회 사역을 그만하고 이 지역에 있는 다른 목사님에게 넘기라고 말씀하셨다고 했습니다. 성령님이 강권하셔서 전하지 않을 수 없었다는 말까지 덧붙이고 전화를 끊었습니다.

저는 이것이 가짜인 것을 즉시 알 수가 있었습니다. 저에게는 하나님이 그런 말씀을 주신 적이 없기 때문입니다. 하나님께서 저에게 하고 싶으신 말씀이 있으면 저에게 먼저 말씀하시지 않겠습니까? 더구나 가정교회 사역을 넘겨주라는 목사님은 가정교회를 하는 분도 아니고, 가정교회 세미나에 참석해 본 적도 없는 분이었습니다.

본인은 전혀 생각도 해보지 않았는데 당신은 목회자로 부르셨다느니, 어떤 사업을 해야 축복을 받을 것이라느니, 약혼 중인 여자와 헤어지라느니 하는 식의 말은 다 가짜로 보면 됩니다. 자신이 영적인 사람임을 자랑하고 싶거나 남의 삶을 통제(control)하고 싶어 하는 사람들의 장난입니다. 하나님께서 하고 싶은 말이 있으면 먼저 본인에게 말씀하십니다. 그리고 그것이 하나님의 말씀인가 아닌가 확신하지 못할 때 다른 사람에게 예언의 말씀을 주셔서 확인해 주십니다.

은사는 공동체를 위한 것이다

고린도전서 14장 본문을 통하여 알 수 있는 것 또 한 가지는 성령의 나타나심은 공동 이익을 위해서라는 것입니다(고전 12:7). 사도 바울이 방언보다 예언을 권하는 것은, 방언은 자신을 위한 것이고 예언은 이웃을 위한 것이기 때문입니다(고전 14:5).

성령의 은사는 별난 사람들만 받는 것이 아닙니다. 간구하여 받는 것도 아닙니다. 당연히 받는 것입니다. 군인이 전쟁에 나갈 때에 사령관에게 가서 총을 달라고 간구를 해야 합니까? 전쟁에 내보낼 때에는 총을 지급하여 내보내지 않겠습니까? 그러므로 성도가 목사이건 평신도이건 사역자로 부름 받았다면 상응하는 은사를 주시는 것이 당연합니다. 그럼에도 불구하고 왜 사역에 성령의 나타나심이 없을까요?

성령님의 은사에 대한 이해가 없던지 자신이 은사를 받을 것이라는 기대가 없어서 그럴지 모릅니다. 또 하나님과의 사이를 가로막는 회개하지 않은 죄가 있어서 그럴지 모릅니다. 그러나 가장 큰 이유는 사역 즉 공동 이익을 위하여 구하지 않기 때문입니다. 하나님이 성령의 은사를 주시는 이유는 공동체의 유익을 위해서입니다. 그런데 사역 없이 은사와 체험만 사모하니까 은사를 못 받든지 이상한 영을 받는 것입니다.

은사는 사역에서 시작해야 합니다. 말씀 전하는 목회자들이 능력 있는 말씀 전하기를 갈망하면 예언의 은사를 주십니다. 편찮은 분들을 찾아가 위로해 드리고 기도하다가 필요를 느껴 간구하면 병 고치는 은사를 주십니다. 악령이 요동하는 지역에서 악령을 대적하기 위해 필요해서 구하면 귀신 쫓는 은사를 주십니다. 목자가 되어 섬김의 마음이 부족해서 간절히 기도하면 섬기는 은사를 주십니다. 장년, 어린이 주일학교를 맡아서 그들의 삶을 터치하기를 원해서 간구하면 가르침의 은사를 주십니다. 문제를 가진 사람들이 찾아와서 상담을 요청할 때에 어찌 도울지 몰라서 하나님께 매달리고 간절히 구하면 상담의 은사를 주십니다. 성령님의 나타나심은 자연스러운 것입니다. 주님의 사역은 인간의 힘과 능력으로는 안 됩니다. 성도님들은 성령의 은사를 간절히 사모하셔서 우리 교회에도 수많은 은사가 나타나고 성령님의 나타나심이 있기를 소원합니다.

▎은사는 질서 있게 사용되어야 한다

은사는 질서 있게 사용되어야 합니다. 고린도교회에서 일어났던 은사에 관한 문제 중의 하나는 무질서한 사용이었습니다. 성령님으로 인하여 마음이 뜨거우니까 질서 없이 은사를 사용하여 문제가 되었던 것입니다. 그래서 사도 바울은 은사 사용에 질서를 지킬 것을 당부합니다(고전 14:33, 40). 성령 체험하신 분들이 교회 내에서 문제가 되는 이유 중의 하나가 바로 이것입니다. 자신만 성령 충만한 것 같고, 신비해 보이는 방언이나, 예언이나, 병 고치는 은사만 은사이고, 평범해 보이는 섬김이나, 관리나, 가르침과 같은 은사는 은사로 보이지 않습니다.

그래서 교회 지도자들을 무시하고, 교회 지도자가 자기 의견을 따르지 않으면 성령 체험을 하지 못해서 그렇다고 비하하기도 하고, 안수기도해 준다고 사람들을 불러 모으기도 하며 공동체에 금이 가게 만들다가 교만에 빠져서 쓰러지는 것을 봅니다.

그러므로 마음이 뜨거우면 뜨거울수록, 성령 체험이 강하면 강할수록, 하나님이 세우신 교회의 질서를 존중하고 남들보다 더 순종해야 합니다. 질서를 무시했던 예가 고린도전서 14:34-35에 기록되어 있습니다. 사도 바울은 여자들보고 모임에서 잠잠하라고 했는데, 그리스도 안에서 남녀가 동등하다고 믿는 바울에게 어울리지 않는 명령입니다(갈 3:28). 바울은 교회 안에서 여자들이 기도하거나 예언하는 것을 금한 적이 없습니다.

이것은 여성을 향한 일반적 명령이 아니라 고린도교회의 특수 상황 때문에 주어진 명령이라고 생각됩니다. 35절에서 사도 바울을 이렇게 말합니다. "배우고 싶은 것이 있으면, 집에서 자기 남편에게 물으십시오. 여자가 교회에서 말하는 것은, 자기에게 부끄러운 일입니다." 이런 것을 종합해 볼 때 고린도에는 성령 체험을 한 여성들 중에서 자기만 영적인 것처럼 시끄럽게 구는 사람들이 있었던 것 같습니다. 이들을 향해서 잠잠하라고 하신 것입니다.

성령님의 나타나심이 덕이 되고 공동체에 덕이 되도록 하기 위해서는 예절을 지켜야 합니다. 성령을 받았다고 하면서 성령님의 인도하심이라고 말도 가리지 않고 직선적으로 하고, 상처 주는 말을 턱턱 내뱉으면 안 됩니다. 다른 은사를 가진 사람들을 무시해도 안 됩니다. 성령 받아서 전도와 선교에 마음이 뜨거워지면 영혼 구원의 사역이라 생각해서 누구의 지시도 안 받고 열정이 이끄는 대로 결정하고 행동하기도 하는데 그것도 안 됩니다. 주위 사람들을 배려하고 예절을 지켜야 합니다.

성령 받았다는 사람들, 은사를 받았다는 사람들이 순종할 줄 모르고 예절을 지킬 줄 몰라서 이웃에게 상처를 주고 교회를 시끄럽게 하며 분열을 가져오기 때문에 어떤 교회에서 성령 사역을 금하기도 하는데, 그래서도 안 됩니다. 우리 성도님들은 순종과 예절을 기억하셔서 주님께 크게 쓰임 받고 공동체를 건강하게 하시기를 바랍니다.

> 고린도전서 15장

부활에 관한 7가지 의문

얼마 전 어떤 스님이 쓰신 글이 종교란에 게재되었습니다. 어떤 목사님이 성경책과 더불어 설교 테이프 8개를 우송해드린 모양입니다. 테이프에는 "우상을 숭배하는 사교를 믿다 지옥가지 말고 예수 믿고 천국 가라"는 내용이 담겨져 있었던 것 같습니다. 저 같으면 "이런 못된 놈들이 어디 있어!"하고 펄펄 뛸 것 같은데 오랜 기간 수행을 해 오신 고매한 인격의 소유자답게 이 스님은 차분하게 반응했습니다.

기독교인들의 관점을 잘 이해는 못하지만 이해하는 한도 내에서 불교에서 생각하는 우주관에 기초해서 설명해 보겠다고 하면서 이렇게 적었습니다. "불교에서는 인간을 창조한 신이란 이 우주 어느 곳에도 존재하지 않고, 인간 각자가 자기 스스로 자기를 만들어 가고 있다고 믿습니다.""하나님이 인간의 형상을 창조하신 것이 사실이라고 하더라도 인간의 마음은 창조하지 못했습니다."

이분의 인격에는 감복하지 않을 수 없었지만 이분의 의견에는 이의를 제기하지 않을 수 없었습니다. 이러한 말씀의 근거가 무엇일까? 불제자이니 아마 석가모니의 가르침에 의거하여 이렇게 말한 것 같습니다. 그런데 이것이 석가모니의 의견이라면 예수님의 말씀과 상치됩니다. 예수님은 초지언적인 존재이고 인격체인 하나님은 존재하시고, 인간을 당신의 형상대로 만드셨다고 말씀하셨습니다. 그렇다면 예수님과 석가모니 두 분의 말 중에서 누가 더 옳을까요?

이러한 질문은 제가 30세 때에 가졌던 질문입니다. 결국 저는 둘 중의 한 분을 선택한다면 예수님을 선택할 수밖에 없다고 결론을 내렸습니다. 그것은 예수님의 부활이라는 역사적인 사건 때문이었습니다. 지구 위에 수많은 인간이 태어났지만 다 죽음 앞에는 무력했습니다. 석가모니께서도 80세까지 장수하시다가 세상을 떠나서 제자들이 그를 화장하여 재를 여덟 군데에 나누어 묘를 만들었습니다. 다년간의 수련을 통하여 궁극적인 깨달음을 얻었다던 석가모니도 죽음의 벽을 뛰어넘지 못했습니다. 그러나 예수님은 죽었다가 살아나셨습니다.

오늘날도 죽은 지 몇 분 후에 살아나는 예는 종종 있습니다. 그러나 몇 년 있다가 결국은 다시 죽습니다. 인류 역사상 유일하게 죽었다가 영원히 죽지 않을 몸으로 부활하신 분은 예수님뿐입니다. 예수님이 죽었다가 부활한 것이 사실이라면 이분은 죽음의 문제에 대한 해답을 갖고 있는 분이라고 생각되었습니다. 그래서 저는 예수를 믿기로 결심 했습니다.

고린도전서 15장에서 바울은 부활에 관한 여러 가지 의문에 대하여 답을 주고 있습니다.

▎예수님이 부활하신 것을 어떻게 아는가?

부활을 믿는 이유는 믿을만한 증인들의 믿을만한 증언 때문입니다. 사도 바울은 고전 15:5-8에서 부활의 증인들을 열거하고 있고 마지막으로 자신도 그 중의 하나로 기록합니다. 이 명단에 등장하는 베드로나, 야고보나, 바울의 인격을 볼 때에 거짓 증언을 할 사람들이 아닙니다. 또 이들이 부활을 증언함으로 인하여 재물을 얻어 부유해지든지 혹은 명성을 얻어 명예를 쌓은 것도 아닙니다. 그들이 얻은 것은 고난과 순교뿐이었습니다. 그러므로 이들이 어떤 사리사욕을 위하여 거짓 증언을 했다고 믿기 힘듭니다. 이들이 부활한 예수님을 만나기 전과 만난 후의 삶이 극적으로 변한 것을 볼 때에 이들의 증언을 믿을 수밖에 없습니다.

그뿐만이 아닙니다. 예수님이 십자가에 달려 돌아가시기 전 제자들과 최후의 만찬을 나누시면서, 부활 후에 하나님께로 가실 것이며 또 다른 보혜사 성령님을 보내주시겠다고 약속하셨습니다(요 14:26). 약속대로 부활하신 지 50일 뒤 성령님이 임하셨습니다. 이러한 성령님을 오늘날 우리가 체험하기 때문에 부활에 대한 확신은 더욱 더 커집니다.

▍예수님이 부활하시지 않았다면 어떤 결과가 생기는가?

예수님이 부활하시지 않았다면 우리는 거대한 사기극에 말려있는 셈입니다. 기독교에 기초를 쌓은 데에 가장 큰 역할을 한 사도 바울 자신이 이런 내용을 말합니다. 자신이 부활을 증거하고 있는데, 부활이 사실이 아니라면 자신은 사기꾼이라고 말합니다(고전 15:15). 예수님의 부활은 기독교 신앙의 핵심을 이룹니다. 부활이 사실이 아니라면 기독교 신앙은 허위에 근거한 사상누각입니다. 부활이 없었다면 기독교인들은 모두 다 사기극에 놀아나고 있는 바보들입니다.

예수님이 부활하지 않으셨다면, 예수님이 인류의 죄를 위하여 돌아가셨고 그를 주님으로 영접할 때에 우리 죄를 용서받는다고 믿는 것도 착각에 지나지 않습니다(고전 15:14,17). 만일 부활이 없었다면 예수님이 십자가의 처형을 받아 죽은 것이 인류의 죄를 위하여 돌아가셨는지, 아니면 자신의 죄 때문에 죽었는지 어떻게 알겠습니까? 예수님은 부활하심으로 그는 죄가 없는 분이라는 사실을 증명했습니다. 죽음은 죄 때문에 왔기 때문입니다(롬 5:12). 석가모니를 비롯하여 공자, 마호메트를 포함하여 모든 성인과 위인이 죽었다는 사실은 그들 또한 완전한 사람들이 아니고 실수와 죄가 있는 사람이라는 것을 증명합니다. 그러나 예수님은 부활하심으로 죄가 없는 분임을 증명했습니다. 죄가 없기 때문에 죽음이 잡아 놓을 수가 없었던 것입니다.

그러면 죄가 없는 분이 왜 처참한 죽음을 맞아야만 했을까요? 우리 대신 죽으신 것입니다. 우리의 죄를 대신 지시고 우리가 받을 형벌을 대신 받으신 것입니다. 이러한 일이 있을 것을 예수님 오시기 약 700년 전에 활동했던 이사야를 통하여 하나님은 예고하셨습니다(사 53:5). 이 예고대로 그리스도는 세상에 오셨고, 예언대로 죽으셨고, 예언대로 부활하셨습니다.

예수님을 주님으로 영접하면 죄 사함을 받고, 하나님의 자녀가 되어, 구원 받는다는 것은 단순한 이론이나 주관적인 확신이 아닙니다. 구약에 예언되었고, 예언대로 주님이 죽으시고, 부활하심을 통해 확실하게 이루어진 사실입니다(고전 15:3-4).

예수님의 부활은 우리들과 무슨 상관이 있는가?

고린도교인들이 부활에 관하여 어떤 생각을 가졌는지는 정확히 알 수는 없습니다. 그러나 당시 크리스천들 가운데 이미 부활이 일어났다고 믿었던 사람들이 있었던 것을 보면(딤후 2:18) 고린도 교회에도 영지주의의 영향을 받은 사람들이 존재했음을 유추할 수 있습니다. 그들은 자신들이 성령을 받음으로 이미 천사와 같은 영적인 존재가 되었다고 보았습니다. 또한 죽게 되면 육신은 사라지고 영혼만 영원히 남는다는 생각을 갖고 있었습니다. 이런 악한 사상이 고린도교회에도 영향을 미치고 있었던 것은 아니었나를 의심해 봅니다. 사실 오늘날 성도들 가운데에도 불교의 영향을 받아 영혼의 존재만을 믿는 사람들이 많습니다. 이런 신앙을 가진 사람들은 육체의 부활을 믿기가 어렵습니다.

이러한 고린도교인들을 향하여 사도 바울은 예수님이 부활하신 것처럼 우리도 부활할 것이라고 말합니다(고전 15:12). 예수님이 부활하신 것은 단순히 하나님의 아들이라는 것을 입증하기 위한 것만이 아닙니다. 하나님의 회복의 시작되었다는 증거입니다. 하나님께서는 아름답게 세상을 창조하셨는데 아담의 불순종으로 인하여 죽음이 들어왔고 세상은 사탄의 지배하에 있게 되었습니다. 그러나 예수님께서 십자가에 돌아가시고 다시 살아나심으로 사탄과 죄를 패배시키셨습니다. 그렇기 때문에 복음이 전해지는 곳마다 사탄이 패배하고 죄가 정복됩니다. 그러나 이것도 아직 시작일 뿐입니다. 최후에는 죽음이 정복되어야 합니다. 인류 회복은 예수님의 부활로 시작해서 인류의 부활로 종결지어져야 합니다(고전 15:20-26).

성도들은 어떠한 몸으로 부활할 것인가?

고린도교인들이 육신의 부활에 회의적인 이유는 "어떤 몸으로 부활하겠는가?"라는 의문이 있기 때문이 아닌가 생각합니다(고전 15:35). 일반 영화에서 죽은 사람이 나타날 때에는 연기같은 모습으로 나타납니다. 그러나 성도가 부활할 때에는 만질 수 있는 몸으로 부활합니다. 그러나 오늘날의 몸이 아니라 영광스러운 몸으로 부활합니다. 이런 사실을 바울은 씨앗에 빗대어서 말합니다(고전 15:37-38). 과일나무 씨앗은 작고 볼품없지만 거기서 자라난 나무는 크고 아름답습니다. 우리가 현재 갖고 있는 몸과 부활한 몸의 관계도 그렇습니다. 저 최 목사가 죽어서 부활하면 전혀 다른 모습으로 부활하는 것이 아니라 여러분들이 최 목사로 인식할 수 있는 몸으로 부활할 것입니다. 그러나 현재 여러분이 보는 모습이 아니라 영광스러운 모습으로 부활할 것입니다.

저는 부활한 영광스러운 몸을 아름다운 옷에 비유할 수 있다고 생각합니다. 평범하게 생긴 사람이라 할지라도 코디를 잘 하는 사람이 옷을 만들거나 선택하여 입히면 엄청나게 예쁘고 잘생겨 보입니다. 옷 입은 사람의 개성을 부각시키고 그 사람의 아름다운 면을 부각시키기 때문입니다. 부활한 몸이 그런 것이 아닌가 생각합니다. 우리는 개성과 성품이 최대한으로 아름답게 표현되는 몸으로 부활하게 되지 않을까 싶습니다. 그래서 우리는 서로를 바로 보며 "맞아, 맞아. 이게 이 사람의 감추어진 진짜 모습이었어."라며 감탄하며 놀랄 것입니다.

신체장애나 질환을 안고 있는 분들도 부활할 때에는 완전한 몸으로 부활할 것입니다. 부활한 몸은 늙지 않는 몸입니다. 피곤하지 않을 것입니다. 부활한 몸에서는 우리를 괴롭혔던 악습도 사라질 것입니다. 모든 아름다움과 좋은 것을 다 합쳐 상상한다 해도, 실제로 부활된 몸의 영광을 우리는 머리에 그릴 수 없을 것입니다. 이러한 부활의 날이 우리를 기다리고 있습니다. 병든 몸을 한탄하지 마시고, 곧 늙어서 죽을 것이라고 허무하게 느끼지 마시고 부활의 소망 가운데에 사시기를 바랍니다.

▍부활한 후에는 어떤 삶이 전개되는가?

성도들의 부활은 예수님이 재림하실 때 일어납니다(고전 15:51-53). 예수님이 재림하실 때 살아있는 사람들은 영광스러운 모습으로 변화할 것이고, 그전에 이미 죽은 사람들은 영광스러운 모습으로 부활할 것입니다. 부활한 후에는 새로운 환경이 주어지고 새로운 삶이 시작됩니다. 하나님께서는 사도 요한에게 부활 후에 어떤 모습이 전개될지를 환상 가운데 보여주셨습니다(계 21:1). 여기에 묘사된 일은 새 하늘과 새 땅에서 전개될 일입니다. 새 하늘과 새 땅이란 현재의 자연법칙보다 더 차원이 높은 자연법칙이 지배하는 세상을 말합니다. 어떤 분들은 이 지구상에서 소위 천년 왕국이라고 부르는 1000년의 삶이 있은 후에 새 하늘과 새 땅이 만들어지면서 이런 삶이 전개된다고 주장하지만, 저는 주님이 재림하시면 즉시 새로운 하늘과 새 땅이 만들어질 것이라고 생각합니다.

예수님이 재림하시면 주님께서 우리의 눈물을 닦아주시고 우리의 마음의 상처를 위로해 주시고 우리의 희생과 섬김을 보상해주실 것입니다(계 21:3-4). 그리고는 새 하늘과 새 땅에서 잔치가 시작됩니다(계 19:6-7). 예수님이 약속한 잔치입니다. 다시 한 번 말씀드리지만 새 하늘과 새 땅은 공간과 시간의 개념이 전혀 다른 세계이기 때문에 그 세계를 상상하는 것은 개미가 인간의 삶을 상상하는 것만큼 불가능합니다. 그러므로 잔치의 개념도 우리가 상상하기가 힘이 들 것입니다. 단지 여러분들의 기억에 남는 가장 즐거웠던 순간을 생각해 보십시오. 근심도 염려도 없고 친한 친구 틈에서 웃음도 자연스럽게 폭발적으로 나오고 자신도 모르게 입에서 재치 있는 말이 쏟아져 나오던 가장 즐거웠던 순간이 있지 않았습니까? 아마 이것이 천국 잔치의 맛보기일 것입니다. 그때 즐거운 시간이 얼마나 빨리 지나갔습니까? 한 시간쯤 된 것 같은데 오후 한 나절이 되기도 했고, 초저녁이었던 것 같은데 자정이 넘지 않았습니까? 천국에서의 시간이 그러할 것입니다.

부활을 믿으면 어떤 삶을 사는가?

　마지막 질문은, "부활의 소망이 있는 사람은 어떻게 살아야 할까요?"입니다. 주님의 일을 열심히 하면서 살아야 합니다(고전 15:58). 예수님은 사도 요한에게 장차 일어날 일에 관한 계시를 주면서, 당신이 상을 갖고 곧 오실 것이라고 약속하셨습니다(계 22:12). 그러므로 성도님들은 주님의 일을 열심히, 많이 하도록 노력하십시오. 세상에서의 일은 노력을 해도 결과가 잘 안 나오기도 하고, 노력한 만큼 보상이 없을 때도 있습니다. 그러나 하나님의 일만은 절대 헛되지 않습니다. 확실한 결과가 있고 보상이 있습니다. 그러므로, 이기적인 이유에서라도 주님의 일을 위하여 물질과 시간을 투자하는 것은 현명한 일입니다. 물론 주님의 일을 한다는 것은 일을 만들어서 하라는 의미가 아닙니다. 주님이 시키시는 일을 하라는 의미입니다. 주님이 원하시고, 주님이 시키시는 일을 열심히 해서 새 하늘과 새 땅에서 큰 기쁨을 누리는 여러분과 제가 되기를 바랍니다.

고린도전서 16장

영적 지도자에 관한 오해

저는 우리 교회들은 모두 다 언젠가 목자가 돼 보겠다는 거룩한 야심을 가져야 한다고 생각합니다. 아기가 태어나 자라면서 어린이가 되고, 청소년이 되고, 성인이 되고, 그러다가 어떤 사람의 배우자가 되고, 부모가 되고, 조부모가 되는 것은 자연스러운 것입니다. 육신적으로 이러한 성장 사이클이 있다면 영적으로도 정상적인 성장 사이클이 있어야 하는 것은 당연합니다. 예수님을 주님으로 영접하여 영적인 아기로 태어나면, 영적으로 점점 자라서 영적인 어른이 되고, 그런 후에는 영적인 어린이를 배출하고 키워내는 영적인 부모가 되는 것은 당연합니다.

일반 교회에서 흔히 볼 수 있듯이 교회 생활을 수십 년을 하고도 갓 태어난 영적인 아기나 어린이로 머물러 항상 주위 사람들이 붙들어주지 않으면 쓰러져버리는 영적인 발달장애가 되어선 안 됩니다. 육신적, 정신적 성장의 사이클이 있듯이 영적으로도 성장의 사이클이 있습니다.

사도 바울은 말할 것도 없이 영적인 어른이고 영적인 지도자입니다. 바울이 고린도교회에 보낸 첫 번째 편지의 마지막 장을 통하여, 영적인 지도자에 관해 갖고 있는 오해를 풀어보겠습니다. 오늘날 이런 오해 때문에 목사를 비난하기도 하고 목자가 되기를 주저하기도 하기 때문입니다. 우리가 목사나 목자에 대해서 가지고 있는 오해는 어떤 것일까요?

▌ 누구에게나 존경 받아야 한다

첫째 오해는 지도자는 누구에게나 존경받아야 한다는 것입니다. 그러나 바울의 경우를 볼 때 이것은 오해임을 알 수 있습니다. 바울은 고린도교회의 개척자입니다. 그러나 이미 상고한 것처럼 바울은 고린도 교인들 모두에게 존경받지 못하고 결과적으로 파당이 형성되었습니다. 또 고린도교인들로부터 영적이지 못하다는 비난도 받았습니다. 고린도후서에 보면 글을 잘 쓰는데 말을 못한다는 비난도 받았습니다(고후 10:10). 그러므로 우리가 영적인 지도자가 되기 위해서 모든 사람에게 칭찬을 들어야 한다는 생각에서 벗어나야 합니다.

목사나 목자가 모든 사람에게 존경을 받지 못하는 이유는 두 가지입니다.

첫째, 본인에게 실제로 존경받지 못할만한 면이 있기 때문입니다. 영적인 지도자가 반드시 영적으로 완전한 것은 아닙니다. 지도자가 된 것은 주님께서 부르셔서 사용하시기 때문인데, 하나님께서는 완벽한 사람을 불러 사용하시지 않습니다. 약점이 있지만 하나님의 뜻에 순종하는 사람을 지도자로 부르십니다. 하나님께서 크게 쓰시는 사람은 오히려 큰 약점을 갖고 있는 사람일 경우가 많습니다. 제가 교인들에게 많은 사랑과 존경을 받고 있지만, 약점이 없어서가 아닙니다. 우리 교인들이 저의 약점이나 단점은 간과하고 저의 좋은 점만을 보아주었기 때문입니다. 만일 저의 약점을 물고 늘어졌다면 오래 전에 담임 목사직을 사임해야 했을지 모릅니다.

사도 바울은 하나님의 능력은 약한 데서 완전해진다고 말했습니다(고후 12:9). 사도 바울도 약점을 인정하고 하나님께 매달렸기 때문에 하나님께서 사용하셨습니다. 하나님이 사용하시는 사람이라도 약점은 있기 마련입니다. 그렇기에 이러한 약점을 꼬집고 지적하는 사람이 있는 것은 당연합니다. 그러므로 약점을 꼬집고 비판하는 사람이 있어도 너무 속상해 하지 마시기 바랍니다. 이러한 약점을 가졌음에도 불구하고 하나님께서 자신을 사용하시더라고 자랑하시기 바랍니다.

목사나 목자가 모두에게 존경받지 못하는 두 번째 이유는, 비판하는 사람들이 영적이지 못하기 때문입니다. 영적이지 못한 사람은 영적인 일을 분별하지 못합니다(고전 2:14). 영적이지 못한 사람은 자신의 주관적인 관점으로 판단합니다. 따라서 지도자가 어떤 일을 했을 때 순수하게 받아들이지 않습니다. 동기를 의심합니다. 선한 일을 해도 자신의 기준에 맞지 않으면 악하다고 비난합니다. 그러므로 비판하는 사람들이 있을 때에 그 비판에 근거가 있는가를 살펴야겠지만, 상대방의 오해에 근거한 것이라면 속상해 하지 마시고 기뻐하시기 바랍니다. 사실이 아닌데 오해를 받고 핍박을 받으면 천국의 상급이 있기 때문입니다(마 5:11-12).

▎돈에 관심이 없다

목사나 목자, 특히 목사에 관하여 갖는 두 번째 오해는 목사는 돈에 관하여 관심이 없다는 것입니다. 저는 돈에 관하여 설교를 피합니다. 서울교회에 부임한 이후 11년 동안 헌금에 관한 설교는 처음 건축할 때에 딱 한번 했습니다. 그러나 제가 돈에 관하여 설교하지 않는 것은, 돈에 관해 무관심한 것이 영적이라고 생각해서가 아닙니다. 영혼 구원을 목표로 사역을 하는데 행여 VIP들이 헌금으로 인하여 시험을 받을까 싶어서였습니다.

오늘 본문을 보면 사도 바울은 예루살렘 교회를 위하여 헌금할 것을 고린도교인들에게 강력하게 권면합니다. 헌금하는 다른 교회 예도 들고, 어떻게 헌금할 것인지 구체적인 방법도 제시하고, 헌금 기한을 정해주고 그 기간 내에 하라고 권면도 합니다(고전 16:1-2). 바울의 이러한 권면에도 불구하고 고린도교인들이 약정 액수를 기한 내에 달성하지 못했을 때, 고린도후서를 보면 헌금을 재촉까지 합니다(고후 8:10).

목사는 돈에 관하여 가르쳐야 합니다. 돈은 하나님의 가장 강력한 경쟁자이고, 돈이 성도의 삶에서 하나님을 대체할 수 있기 때문입니다(마 6:24). 사실 어떤 믿음을 갖고 있는지를 판단하려면 그 사람이 어디에 돈을 쓰는지를 보면 됩니다. 얼마나 많은 돈이 주님과 이웃을 위해서 쓰였으며 얼마나 많은 돈이 자신과 사치를 위해서 사용되었는가를 통해 그 사람의 믿음의 정도를 알 수 있습니다. 그래서 목자를 임명할 때에 십일조 하는 것을 임명 조건으로 삼습니다. 물질 관리를 못하면서 영혼 관리를 하는 것은 어렵기 때문입니다.

목장에서는 돈에 관한 문제를 피하지 말고, 토의하고, 가르쳐야 합니다. 수입보다 지출이 많은 삶을 산다든지, 카드빚에 지나치게 의존하고 있으면 주어진 수입 안에서 사는 방법을 가르쳐야 합니다. 돈을 꾸었으면 반드시 갚아야 하고 꾼 돈을 갚기 전에는 새 집을 산다든지 새 차를 사는 것이 아니라는 것을 가르쳐야 합니다. 돈을 속히 벌기 위하여 가짜 물건을 팔거나 세금을 포탈하고 있는 교인들은 하나님께 의지하고 바르게 살아야 한다고 가르쳐야 합니다. 노름이라든지 복권, 주식 등을 통하여 쉽게 돈을 벌려는 사람들에게는 땀 흘려 돈을 벌어야 한다고 가르쳐야 합니다.

가정에서도 부모들은 자녀들에게 돈 쓰는 법을 가르쳐야 합니다. 부모는 영적인 지도자이기 때문입니다. 돈은 쌓아놓으라고 버는 것이 아니라 주를 위하여 바치고 이웃을 위하여 쓰기 위해 버는 것이라는 것을, 말로 가르치고 행동으로 보여야 합니다. 이런 의미에서 가정 교회는 자녀에게 훌륭한 교육의 장소가 될 것입니다. 부모들이 집을 예배 장소로 제공하고, 목장 식구들을 위하여 시장을 봐서 음식 준비하는 것을 보면서 소유와 물질을 어떻게 써야 하는지를 보고 배우게 될 것입니다.

또 자녀들에게 용돈 제도를 도입해 돈 관리하는 법을 가르치고, 청소년이 되면 여름 방학에 과외만 시키지 말고 가게에서 알바도 하게 해서 돈 버는 것이 얼마나 힘든지를 배우도록 해야 합니다. 무엇보다도 아주 어릴 적부터 십일조를 가르쳐서 용돈에서 십일조를 떼어 바치는 습관을 들이도록 해야 합니다. 그렇게 하면 일생을 경제적으로 쪼들리며 사는 일은 없게 될 것입니다. 올바른 물질관이 일생의 행복과 불행을 결정할 수 있습니다. 의미 있는 삶을 사느냐 낭비되는 삶을 사느냐를 결정하고, 풍성한 삶을 사느냐 결핍의 삶을 사느냐를 결정할 수 있습니다.

무슨 일이 있어도 약속을 지킨다

영적인 지도자에 관한 세 번째 오해는 영적인 지도자는 반드시 약속을 지킨다는 것입니다. 물론 자신이 말한 것에 대해 책임을 지지 아니하고 거짓말을 밥 먹듯이 하는 사람은 영적인 지도자가 될 수 없습니다. 그러나 진정한 영적 지도자는 꼭 필요하다면 약속을 파기할 수 있는 용기도 있어야 합니다.

고린도전서 16:5-8를 바울은 마케도니아를 거쳐 고린도에 가겠다고 약속하고 있습니다. 그런데 고린도후서를 읽어 보면 이후에 이 약속을 변경하여 먼저 고린도교회를 방문하고 마케도니아로 가겠다고 했으나, 약속과는 달리 다시 고린도를 방문을 하지 않았던 것으로 보입니다. 결과적으로 고린도를 방문하겠다는 약속을 어긴 셈입니다. 이로 인해 고린도교인들로부터 마음에 없는 약속을 했다느니, 믿지 못할 사람이라느니 비난을 듣게 되었고, 고린도후서의 많은 부분을 이에 대한 해명으로 사용하고 있습니다(고후 1:17). 바울이 약속을 어기게 된 정확한 사유를 알 수 없지만, 고린도후서 내용을 보면 고린도를 다시 방문하는 것이 고린도교인들에게 아픔을 줄 것이라고 판단했기 때문이었던 것 같습니다(고후 2:1).

우리는 유한한 인간입니다. 판단이 잘못될 수 있고 하나님의 뜻을 잘못 읽어서 잘못 약속할 수 있습니다. 그러므로 자신이 잘못된 약속을 했다고 판단될 때에는 솔직히 잘못을 인정하고, 용서를 구하고, 새로운 결정을 내려야 합니다. 제가 서울교회에 부임할 때에 "저는 건축은 안 합니다"라고 선포했습니다. 그런데 교회가 성장하기 시작했습니다. 만일 이 약속을 지킨다고 건축을 끝까지 거부했으면 우리 교회가 이처럼 많은 영혼을 구원하는 교회가 되지 못했을 것입니다.

약속을 파기한다는 것은 지도자로서 쉬운 일이 아닙니다. 약속을 파기함으로 인해서 영원히 신뢰감을 회복하지 못할지도 모릅니다. 그러나 이러한 위험이 있음에도 불구하고 잘못된 약속이었다고 판단이 되면 솔직히 시인하고 올바른 약속을 할 수 있는 용기가 영적인 지도자에게는 있어야 한다고 생각합니다.

항상 부드럽다

네 번째 오해는 목사나 목자는 항상 부드럽다는 것입니다. 영적인 지도자는 세상 지도자와 달리 섬기는 사람이고 사랑하는 사람이기 때문에 항상 부드럽고 따뜻해야 한다고 많은 사람들이 생각합니다. 물론 틀린 말은 아닙니다. 그러나 영적인 지도자가 되려면 때로는 매섭게 질책을 할 수도 있어야 합니다. 사도 바울은 22절에서 주님을 사랑하지 않는 사람은 저주를 받으라고 강하게 말하고 있습니다. 이런 강한 표현을 한 번만이 아니라 갈라디아 교회에 편지를 쓸 때에도 사용하고 있습니다(갈 1:9).

목사, 목자, 부모가 진정한 영적인 지도자가 되기 위해선 항상 오냐, 오냐, 하고 받아주면 안 됩니다. 하나님께서도 그의 자녀를 훈계하십니다(히 12:6). 우리가 상대방을 진정으로 사랑한다면 잘못된 사고나 행동은 바로 잡아주어야 합니다. 다른 방법이 없다면 심하게 나무라야 합니다. 예를 들어서 목장에서도 한두 번이 아니고 지속적으로 분위기를 파괴하는 사람은 꾸짖어야 하고, 다른 식구들을 위하여 목장에 나오지 말라고도 할 수도 있어야 합니다. 이것이 참된 영적인 지도자입니다.

부모들은 자녀들이 의도적으로 부모에게 반항하면 적정한 한도 내에서 체벌을 줄 수도 있습니다. 이것이 진정으로 자녀를 사랑하는 부모입니다. 불량 청소년이 되어 다른 청소년에게 폭행을 가한다든가 무리를 지어 도둑질을 하다가 영창에 갇힐 때에도, 번번이 빼 주기 보다는 구류를 살도록 버려두는 것도 한 방법입니다. 그러나 이런 극단적인 조치는 사랑이 있을 때만 가능합니다(24절). 사랑이 없을 때에 이렇게 하면 폭력이 되고 학대가 됩니다.

영적인 지도자는 종입니다(막 10:43-44). 성경적인 의미의 종이란 상대방이 하자는 대로 하는 사람이 아닙니다. 상대방의 필요를 자신의 필요보다 우선하는 사람입니다. 이런 의미에서 저는 감히 휴스턴서울교회의 종이라고 말할 수 있습니다. 나중에 있을 은퇴에 관해서 생각할 때에도 은퇴 후에 제가 어떻게 될 것인가에 대하여 거의 생각해본 적이 없습니다. 어떻게 하면 은퇴한 후에도 교회가 계속 발전할 수 있을까를 생각하게 됩니다. 어떤 분이 우리 교회에서 집회 초청을 해달라거나 우리 교회당에서 집회를 할 수 있도록 허락해 달라고 할 때에도. 개인적으로 친분이 있고 거절하기 힘든 관계라 할지라도, 교회에 유익이 되지 않는다고 판단이 되면, 상대방에게 서운한 생각을 심어주고 관계가 소원해질 위험 부담을 감수하고 거절합니다. 우리교회에서 사역자로 일하게 싶다고 해도, 교회에 유익이 되지 않는다고 판단이 되면 거절합니다. 저는 교회의 종이기 때문에 교회의 유익이 제 유익에 우선하기 때문입니다.

영적인 지도자는 특정한 그룹의 사람들만 되는 것이 아닙니다. 정상적으로 신앙생활을 하는 사람이라면 반드시 언젠가는 되어야 합니다. 영적인 지도자는 모든 사람을 섬기는 종이라는 것을 잊지 맙시다. 그래서, 자신의 필요보다는 그룹의 필요를 보고, 많은 사람에게 선한 영향을 미치고 하나님 앞에 섰을 때에 충성된 종이라는 칭찬을 듣게 되기를 바랍니다.

고린도후서

다시 천천히 고린도후서를 읽었을 때에 발견한 것은, 전체에 잔잔하게 깔려 있는 사도 바울의 기쁨이었습니다. 자신을 둘러싼 여러 어려운 환경 가운데에서 사도바울이 기뻐할 수 있었던 이유는 무엇일까요? 환난은 축복의 전주곡이라는 사도 바울의 확신 때문입니다. 그렇습니다. 하나님의 백성에게 고난은 축복의 전주곡입니다.

고린도후서 1장

고난은 축복의 전주곡

▌환난은 축복의 전주곡이다

제가 고린도후서를 처음 읽으면서 가졌던 느낌은 "사도 바울이 불쌍하다!"였습니다. 사도이기에 사역이 쉽지 않았을 것이라고 짐작할 수 있지만 힘들어도 너무 힘듭니다. 특히 11:23-27을 읽어보면 더 그렇습니다. 사도라고 하면 외부 사람들에게는 핍박을 받더라도 기독교인들로부터는 존경을 받아야 하는데, 사도 바울은 이런 존경조차 받지 못했습니다. 창립한 고린도 교회 교인들로부터도 신뢰를 받지 못하고 여러 오해에 시달리고 있었습니다.

그런데 다시 천천히 고린도후서를 읽었을 때에 발견한 것은, 전체에 잔잔하게 깔려 있는 사도 바울의 기쁨이었습니다. 자신을 둘러싼 여러 어려운 환경 가운데에서 사도 바울이 기뻐할 수 있었던 이유는 무엇일까요? 환난은 축복의 전주곡이라는 사도 바울의 확신 때문입니다. 그렇습니다. 하나님의 백성에게 고난은 축복의 전주곡입니다. 그래서 사도 바울뿐 아니라 다른 사도들도 이구동성으로 고난 가운데에 기뻐하라고 말합니다(약 1:2; 벧전 4:12).

1) 고난이 있어야 기쁨이 있다

사실 고난은 축복의 전주곡이라는 것은 일반 생활에서도 발견할 수 있는 원리입니다. 하루 종일 열심히 일하고 피곤했을 때 잠자리에 누우면 얼마나 기분이 좋습니까? 고통이 있기 때문에 즐거움이 있는 것입니다. 금식을 하고 난 다음에 밥맛은 얼마나 좋습니까? 배고픔이라는 고통이 있기 때문에 음식을 먹는 즐거움이 더해집니다. 고통이 있어야 즐거움이 있고 고통이 없으면 즐거움이 없습니다.

그러나 잠이 오지 않는다든가 금식을 했다든가, 사소한 일을 뛰어넘는 심각한 고난에 반드시 기쁨이 따르지는 않습니다. 이것은 하나님께서 개입하실 때에만 가능합니다. 하나님께서 개입하셔서 환난을 축복으로 바꾸시고 고난을 기쁨으로 바꾸시기 때문에 고난은 '축복의 전주곡'이라고 말할 수 있습니다. 성도들은 고난을 당할 때에 눈앞에 있는 고난을 보는 대신, 고난 후에 오는 기쁨을 보아야 합니다. 예수님께서도 십자가의 고통 다음에 오는 즐거움을 위하여 십자가의 고난과 수치를 감수하셨습니다(히 12:2). 그러나 우리는 고난에 매몰되어 다음에 오는 영광을 잊기가 쉽습니다.

주님은 우리에게 십자가를 지라고 하셨습니다(마 16:24). 죽으라는 의미입니다. 그래서 이 말에 순종하기 위하여 욕정과 욕구를 억누르고 금욕적인 수도사적인 삶을 사는 사람들이 있습니다. 문제는 이런 사람들의 삶에 기쁨이나 즐거움이 없다는 것입니다. 왜 죽으라고 하셨는지를 놓쳤기 때문입니다. 예수님은 "나 때문에 자기 목숨을 잃는 사람은 찾을 것이다"(마 16:25)라고 말씀하셨습니다. 예수님께서 죽으라고 하신 것은 살게 하기 위해서입니다. 이를 악물고 고난을 감수하라는 말이 아닙니다. 앞서 인용한 대로 야고보와 베드로는 이를 악물고 고난을 견디라고 하지 않았습니다. 고난을 기뻐하고 즐거워하라고 했습니다(약 1:2; 벧전 4:12). 우리는 환난은 축복의 전주곡이고 고통 후에는 기쁨이 온다는 것을 알아야 합니다. 고통 가운데에서도 기쁨의 소망을 품고 온전히 주 안에서 기뻐해야 합니다.

2) 환난 가운데에 위로를 주신다

본문 3~4절에서 사도 바울은 하나님이 주셨던 위로를 찬양합니다(고후 1:3-4). 이러한 위로는 목숨까지 위협을 받는 환난 가운데에서 경험했습니다(고후 1:8). 이러한 환난에 처했기 때문에 하나님의 큰 위로를 또한 맛볼 수 있었습니다.

① 이길 힘을 주시든지 피할 길을 주신다

하나님의 위로는 "시간이 지나면 괜찮아질 거야"같은 애매모호한 다독임이 아닙니다. 구체적인 도움입니다. 사도 바울은 두 가지 위로를 맛보았습니다. 첫째, 고난을 견뎌 낼 수 있는 힘을 맛보았습니다. 6절에서 사도 바울은 '고난을 견뎌낸다'는 표현을 사용합니다. 고난이 없어진 것이 아닙니다. 아직도 고난 가운데에 있지만 하나님께서 고난을 견뎌낼 수 있는 힘을 주셨습니다. 둘째, 실제로 고난에서 벗어나게 해주셨습니다(고후 1:10).

환난 끝에 축복이 있고 고난 끝에 기쁨이 있다는 확신은 하나님의 자녀가 된 사람만이 누릴 수 있는 특권입니다. 하나님께서는 신실하셔서 감당 못할 시험을 당하지 않게 하시고 당할 즈음에는 피할 길을 주시기 때문입니다(고전 10:13). 하나님을 거부한 사람들은 이러한 확신을 가질 수가 없습니다. 하나님의 자녀가 아닌 사람들이 닥친 고난에서 벗어나지 못하고 인생에 금이 간 사례를 우리는 얼마든지 봅니다.

고난은 자동적으로 축복이 되지 않습니다. 전지전능하신 하나님이 개입하실 때에만 가능합니다. 고난과 환난과 역경을 사용해서 오히려 좋은 결과를 가져오게 하시는 하나님이 살아계시기 때문입니다(롬 8:28). 그렇기 때문에 환난은 축복의 전주곡이며 고난은 그 뒤에 있을 기쁨을 위해 존재한다는 명제는 우리가 하나님의 뜻 가운데에 있다는 전제 안에서만 성립합니다. 이런 확신 가운데 바울이나 야고보나 베드로처럼 고난과 역경 가운데에서 주실 축복을 기대하면서 기뻐하는 저와 여러분이 될 수 있기를 바랍니다.

② 위로는 나누어야 한다

하나님께서 환난 가운데에 위로를 맛보도록 하시는 이유는 우리가 맛본 위로를 갖고 이웃을 위로하길 원하시기 때문입니다(고후 1:6). 그러므로 영적인 지도자들을 위로의 사람으로 만들기 위해 하나님께서 환난을 허락하십니다. 자신이 먼저 하나님의 위로를 맛보지 못하면, 다른 사람들을 위로하지 못합니다. 피상적인 말이나 해주지, 상대방의 마음을 진정으로 위로해주고 치유해주지 못합니다. 진정한 위로자가 되기 위해선 자신이 먼저 하나님의 위로를 맛보아야 합니다. 하나님의 위로를 맛보기 위해서는 환난을 경험해야 합니다.

그러므로 새로이 목자로 임명받은 사람들은 뜻하지 않은 환난이 닥치더라도 놀라지 마시기 바랍니다. 오히려 하나님께서 어떤 위로를 맛보게 하실까 기대하시기 바랍니다. 하나님께서 여러분들을 위로자로 만들고 계시기 때문입니다.

고난과 환난을 맛보신 분들은 그 경험을 낭비하지 말아야 합니다. 과거를 곱씹으며 한탄하는 대신 과거의 경험을 남을 위로하고 돕는 사역의 도구로 만드시기 바랍니다. 여러분들이 이미 겪어 보았기 때문에 어려움에 처한 사람을 이해하고 도와줄 수가 있습니다. 하나님은 모든 것을 합력하여 선을 이루시는 분입니다. 하나님의 손에 잡히면 불우한 과거도, 수치스러운 기억도, 아름답게 사용될 수가 있습니다. 자신의 과거를 부끄러워하고, 이웃과 하나님을 원망하는 자리에서 일어나십시오. 하나님께 자신을 온전히 헌신하셔서 과거의 수치와 아픔을 이웃을 돕는 도구로 사용하시기 바랍니다.

③ 같이 기도하면 기쁨이 배가된다

또 어려움이 있을 때에 다른 사람들과 기도 제목을 나누고 같이 기도하시기 바랍니다. 그렇게 할 때 기도가 응답되면 여러 사람들이 기쁨을 맛보게 됩니다(고후 1:11). 전도서 4:12에는 "한 사람이면 패하겠거니와 두 사람이면 맞설 수 있나니 세 겹줄은 쉽게 끊어지지 아니하느니라"라고 기록되어 있습니다. 그래서 우리는 세 명이 짝이 되어 드리는 특별 세 겹줄 새벽 기도회를 1년에 한 번 갖습니다. 혼자 기도하면 중간에 포기할 수 있습니다. 하지만 같이 하면 포기하려 할 때 다른 사람들이 잡아줍니다. 또 기도 응답이 왔을 때 기쁨이 세 배가 됩니다. 그렇기 때문에 기도 응답을 받으면 사람들 앞에서 간증을 해야 합니다. 이럴 때 많은 사람들이 같이 기도 응답의 은혜를 간접 체험하게 됩니다.

오해는 누구나 받는다

　사도 바울이 고린도후서를 쓰게 된 데에는 오해를 풀기 위한 목적이 있었습니다. 오해 중의 하나는 사도 바울이 편의에 따라서 이렇게도 말하고 저렇게도 말한다는 것이었습니다. 이러한 오해는 사도 바울의 여행 계획 때문에 시작되었습니다. 바울은 에베소에서 고린도에 들렀다가 마케도니아로 갔다가 다시 고린도에 들러 그들의 도움을 받아 예루살렘으로 가는 계획을 세웠던 것으로 보입니다(고후 1:15-16). 그러다가 에베소에서 고린도에 들르지 않고 직접 마케도니아로 가는 것으로 계획을 변경했습니다. 이렇게 한 것은 고린도교인들을 배려해서였습니다. 고린도 교회가 당면하고 있는 문제가 해결되기 전에 가면 이들에게 야단을 치게 될까 봐 그랬습니다(고후 2:1). 그런데 고린도교인들은 이러한 바울의 결정을 오해했습니다.

　이러한 오해 뒤에는 사도 바울이 마케도니아 교회를 더 선호한다는 질투심이 있었기 때문이 아닌가 생각합니다. 사실 사도 바울은 고린도 교회에서 사역할 때에 그들의 재정 지원을 받지 않았습니다. 고린도교인들이 영적으로 어린 상태였기 때문에 경제적인 지원을 받으면 행여 시험에 들 사람이 생기지 않을까 염려했기 때문입니다. 대신 사도 바울은 마케도니아 교회에서 재정적인 후원을 받았습니다. 또 예루살렘 교인들에게 구제 헌금을 하자고 제안할 때도 마케도니아 교회를 예로 들어 권면을 했는데, 이런 것들이 고린도교인들의 오해를 사게 만들지 않왔나 싶습니다.

고린도후서를 보며 저는 세상 살면서 오해를 전혀 안 받을 수는 없다고 느꼈습니다. 사도 바울 같은 사람들도 오해를 받는데 우리 같은 사람이 오해를 받는 것은 당연하지 않겠습니까? 그러므로 오해를 받아도 너무 속상해하지 않는 것이 좋습니다. 삶의 일부로 받아들여야 합니다. 그러면 오해를 받을 때에는 어떻게 해야 할까요?

1) 한번은 변명한다

딱 한번은 진실을 말해 주어야 합니다. 사도 바울은 자신의 입장과 사건의 경위를 설명하는 데에 1-2장을 다 사용합니다. 어떻게 보면 너무 저자세로 자신을 변명하는 것 같지만 사실은 고린도 교인들을 향한 사도 바울의 사랑의 표현입니다. 오해를 받는 사람도 아프지만 오해를 하는 사람도 아픕니다. 진실을 알고 자신을 믿어주기를 원하는 사람들을 위하여 딱 한번은 진실을 설명해 줘야 합니다. 그래도 오해를 풀지 않으면 올바른 심판관이신 하나님께 맡기고 잠잠해야 합니다. 더 이상 설명하는 것은 변명이 되어버리고, 계속 변명하는 것은 자신의 의에 대한 과신이고 교만입니다.

2) 성도의 삶은 하나님의 성품을 반영해야 한다

고린도 교인들은 사도 바울이 처음부터 자신들을 두 번 방문할 계획이 없으면서 빈 약속을 했다고 여겨 오해했습니다. 사도 바울은 상황이 바뀌어서 계획을 바꾼 것이지 빈 약속을 한 것은 아니라고 길게 설명합니다. 그런데 "난 절대 빈 약속하는 사람이 아니다!" "내가 두 말 할 사람으로 보이냐?" 식으로 말하지 않습니다. 그는 자신이 빈 약속을 하지 않았다는 근거로 자신이 하나님의 사역자인 것을 듭니다. 하나님은 약속한 것은 반드시 지키시는 분인데, 이런 하나님을 섬기는 자신이 빈 약속을 할 수가 없다는 것입니다(고후 1:18-20). 이러한 것을 보면 사도 바울은 하나님의 사역자들은 하나님의 성품을 반영해야 하고 반영할 수밖에 없다고 믿고 있음을 알 수 있습니다.

우리 교회 집사님 한 분이 서울을 방문해서 택시를 탔는데 요금이 5,000원이 나왔습니다. 그런데 마침 한국 돈이 없었습니다. 그 분은 20불을 주면서 말했습니다. "20불이면 한국 돈으로 2만원이 조금 넘는데 받으세요." 하니까 택시 기사가 엔화하고 착각을 했는지 "20불이 2천원이지 어떻게 2만원이야. 젊은이가 누구를 속이려 해!" 그래서 집사님은 60불을 주면서 말했답니다. "아저씨, 저는 예수 믿는 사람입니다. 거짓말 안 합니다. 은행에 가면 적어도 7만원을 받을 것입니다. 제 말이 맞으면 꼭 교회 나가세요."

"저는 예수 믿는 사람입니다. 거짓말 안 합니다." 이 말이 참 멋있게 들렸습니다. 사도 바울이 "나는 예수님의 종입니다. 빈 약속 안 합니다."라고 말한 것처럼, 성도님들도 "나는 예수 믿는 사람입니다. 거짓말 하지 않습니다."라고 당당히 말할 수 있어야 합니다.

예수 믿는 자의 삶은 수양을 통해서 얻어지지 않습니다. 성령 충만으로 됩니다. 사도 바울은 이러한 삶을 "내가 사는 것이 아니고 내 안에 계시는 그리스도가 사시는 것이다"라고 표현합니다(갈 2:20). 성령 충만하지 않으면 아무리 오래 교회 생활을 해도 이런 성품이 나타나지 않습니다. 그러나 성령 충만하면 신앙생활의 경력이 짧아도 이러한 성품이 나타납니다. 우리 성도님들은 모두 다 성령 충만하셔서 "그 사람은 예수 믿는 사람이라 믿어도 돼." "그 사람은 예수 믿는 사람이라 돈 빌려 줘도 돼." "그 사람은 예수 믿는 사람이라 일 맡겨도 돼." 이런 말을 들을 수 있기 바랍니다.

고린도후서 2장

터프 러브(Tough Love)

사도 바울은 전형적인 담즙질의 사람입니다. 담즙질을 가진 사람들은 집념이 강합니다. 담즙질 사람들은 보통 유능하기 때문에 무능하거나 약한 사람을 이해하지 못합니다. 그런데 고린도후서를 읽어보면 담즙질의 유형에 속하는 바울의 마음이 아주 여리게 느껴집니다. 주님께서 바울의 성품을 변화시켜 주셨기 때문이라고 생각합니다.

고린도교회에서 문제가 되었던 것은 사도 바울이 고린도를 방문하기로 했다가 취소한 것과 고린도교회에서 문제를 일으키고 있는 사람을 징계하라는 강한 내용의 편지를 보낸 것입니다. 2:1-4에서 사도 바울은 왜 자신이 그렇게 강한 내용의 편지를 보냈는지 호소하듯 이해를 구하고 있습니다. 여기에서 사도 바울의 여린 면을 보게 됩니다. 그렇지만 이처럼 설명을 해야 했던 이유는 사도 바울이 강하게 질책하는 편지를 보냈기 때문입니다.

사랑은 터프할 때도 있어야 한다

사도 바울은 고린도 교인들을 터프 러브로 사랑했습니다. 터프(tough)라는 단어는 '강인하다' '강하다' '질기다'는 뜻입니다. 반대되는 단어는 '부드럽다' '약하다' '연하다'는 의미의 텐더(tender)입니다. 우리는 사랑이 부드러운 것이라고만 생각합니다. 그러나 사랑은 때로는 강해야 합니다. 이것을 강한 사랑 즉 '터프 러브'라고 부릅니다. 진정한 사랑에는 여성적인 부드러움도 있어야 하지만 남성적인 강한 면도 있어야 합니다.

1) 자기의 유익을 구하지 않는다

터프 러브를 실천하기 위해서는 자기보다 상대방의 유익을 우선해야 합니다. 터프 러브를 실천하는 사람은 사랑의 결과 자신이 상처 입고 손해 볼 것을 압니다. 사도 바울은 자신이 방문 계획을 바꾸면 거짓말쟁이라느니 이중성을 가진 사람이라느니 하는 비방을 들을 것을 알았습니다. 교인을 징계하라는 강한 내용의 편지를 보내면 사랑이 없다느니 독재를 한다느니 비방을 들을 줄 알았습니다. 그럼에도 불구하고 두 가지를 다 했습니다. 왜일까요? 1-4절을 보면 고린도교인들을 사랑했고 그들의 유익을 우선했기 때문입니다. 사도 바울은 고린도전서 13장에서 사랑이 어떤 것인지 설명하면서 사랑은 '자기의 유익을 구하지 않는 것'이라고 했습니다(고전 13:5).

진정한 사랑은 자신의 유익을 구하지 않습니다. 우리는 자신이 의식하지 못하는 버릇이나 행동으로 인해 이웃에게 상처를 주는 사람을 보고도 그것을 바로 잡아 주기보다는 모르는 척 그냥 지나치는 수가 많습니다. 잘못된 언행을 반복하여 이웃뿐만이 아니라 자신도 반복적으로 손해를 보고 있음에도 말입니다. 그 사람의 삶에 끼어들었다가 자신의 삶이 복잡해지는 것이 싫기 때문입니다. 또 상대방과 관계가 멀어지거나 자신에게 불이익이 돌아오지 않을까 두렵기 때문입니다. 이런 것이 바로 자신의 유익을 구하는 것입니다.

어떤 사람은 말이 날카로워서 주위 사람들의 마음을 다치게 합니다. 그러다 보니 친구도 없고 한 직장에 오래 붙어있지도 못합니다. 그런데 이런 사람을 피하려만 하지 바로 잡아주려는 사람은 많지 않습니다. 그 결과로 이 사람은 같은 실수를 계속 반복하면서 실패하는 인생, 외로운 인생을 살다가 삶을 마감할 수 있습니다. 이런 사람에게 다가가는 것이 사랑입니다. 자신에게 돌아올지 모르는 부정적인 반응을 감수하고, 문제를 지적해주고, 바로 잡도록 고쳐주는 것이 진정한 사랑입니다. 자신이 상처를 받을 수도 있고, 상대방의 미움을 받을 수도 있고, 주위 사람들에게 왜 쓸데없는 짓을 하느냐고 핀잔을 받을 수도 있을 것입니다. 하지만 상대방이 불쌍해서 바로잡아 주려고 노력하는 것이 진정한 사랑입니다.

이러한 사랑은 특별히 목장에서 실천돼야 합니다. 가게에서 가짜 물건을 진품처럼 판다든지, 불법적인 방법으로 미국 체류를 시도하는 등의 불법 행위는 하나님의 뜻에 어긋납니다. 하나님의 뜻에 어긋나는 행위는 자신에게 유익이 되지 않는다고 말해주는 것이 바로 '터프 러브'입니다. 사랑은 불의를 보고 기뻐하지 않는 것입니다(고전 13:6). 목장이 바로 이러한 터프 러브를 실천하는 곳이 되어야 합니다.

2) 징계하기도 한다

진정으로 사랑하면 징계할 수도 있어야 합니다. 사도 바울도 고린도 교인들을 사랑했기 때문에 자신이 사랑 없는 사도라는 말을 들을 것을 예상하면서도 징계를 요구하는 강한 편지를 보냈습니다.

사도 바울은 이 사람을 징계한 것이 개인적으로 자신에게 잘못해서가 아니라 공동체에 해가 되기 때문인 것을 분명히 합니다(고후 2:5). 징계의 대상이 누구이고 징계의 내용이 어떤 것이었는지는 성경학자들의 의견이 갈립니다. 고린도전서에서 언급된 계모와 살던 사람이 징계 대상이라는 해석이 주류를 이루었으나 요즈음은 사도 바울에게 도전했던 유대주의자일 것이라는 설도 유력합니다. 저는 후자에 동의합니다.

이 사람은 사도 바울의 권위에 모욕적인 방법을 써서 도전했던 것으로 보입니다. 그럼에도 불구하고 사도 바울을 변호하는 교인들이 없었던 것 같습니다. 이런 도전이 개인적인 것이라면 사도 바울이 용서하고 넘어갔을 것입니다. 그러나 사도 바울의 사도로서의 권위와 그의 가르침에 대해 도전하고 있었기 때문에 사도 바울은 강하게 대응할 수밖에 없었습니다. 그대로 두면 고린도교회 전체가 잘못된 신앙에 빠질 위험이 있었기 때문입니다.

부모가 진정으로 자녀를 사랑한다면 징계해야 합니다. 자녀들을 징계하지 않는 부모들은 자녀들을 사랑하는 것이 아니라 장래를 망치는 것임을 알아야 합니다(잠 13:24). 이 구절은 매를 아끼지 말라고 했는데 반드시 체벌을 해야 한다는 의미는 아닙니다. 아주 어린 아이들은 말을 알아듣지 못하기 때문에 가벼운 체벌이 효과적일 수 있지만, 청소년 자녀들에게는 체벌이 비효과적일 뿐만이 아니라 오히려 역효과를 가져옵니다. 이 구절에서 '매'는 체벌을 포함한 일반적인 징계를 의미합니다.

나이에 따라서 징계의 방법은 다를 수 있지만 징계는 있어야 합니다. 징계를 통해 자녀들은 무엇이 옳고 그른지를 배웁니다. 넘어서는 안 되는 경계선이 있다는 것을 배웁니다. 그 경계선을 넘어서면 부정적인 결과가 온다는 것을 배웁니다. 이런 징계를 경험하지 못하고 자란 자녀들은 장성한 후에 경계선을 모르기 때문에 대인 관계에서도 문제가 생기고 사회적으로도 범죄자가 될 가능성이 높아집니다.

징계의 목적은 행동의 한계를 가르쳐주고 이를 준수하는 법을 가르치는 것입니다. 그러므로 올바르게 징계하려면 자녀들이 왜 징계를 받는지 알아야 합니다. 그러므로 규칙과 징벌을 자녀들과 같이 의논하여 정하는 것이 좋습니다. 그리고 규칙을 어겼으면 반드시 약속된 징벌을 내려야 합니다. 부모의 기분에 따라서 벌을 내리기도 하고 안 내리기도 하면 효과가 없습니다.

많은 부모들이 자녀들을 벌하지 않는 이유는 그들을 사랑해서가 아니라 귀찮기 때문입니다. 자녀들을 올바르게 양육하고 징벌하는 데에는 에너지가 소모됩니다. 이것이 귀찮으니까 징계를 포기하고 자녀들이 하고 싶은 대로 내버려두는 것입니다.

한 인생을 책임진다는 것은 엄청난 책임입니다. 자녀들을 어떻게 양육했느냐에 따라서 이들의 장래가 결정됩니다. 그러므로 부모님들은 자녀 양육에 시간과 에너지를 투자해야 합니다. 대가족 제도 안에서는 자연스럽게 옳고 그른 것을 보고 배울 수 있었습니다. 어른들이 계셨기 때문에 경계선을 넘으면 꾸중을 들었습니다. 그러나 핵가족 시대에는 자녀들이 보고 배울 모델이 부족합니다. 부모들이 가르쳐야 합니다. 시간과 노력을 투자해 부모로서의 막중한 책임을 잘 감당하시기 바랍니다.

3) 회개하면 용서하고 위로한다

징계를 받은 사람이 회개하면 용서할 뿐 아니라 위로해줘야 합니다(고후 2:5-11). 바울이 편지를 통해 징계하라고 했을 때 교회는 순종하여 뒤늦게나마 강한 징계를 했던 것으로 보입니다(고후 2:6). 그리고 당사자도 충분히 뉘우쳤던 것 같습니다. 그래서 사도 바울은 그를 용서하고 위로해 줄 것을 권하고 있습니다. 이유는 무엇입니까? 사탄에게 빌미를 주지 않기 위해서 입니다(고후 2:11).

사탄은 교회를 깰 기회를 항상 노리고 있습니다. 상처받은 사람이 있고 깨어진 관계가 있으면 이를 이용하여 사탄은 교회를 깨뜨리려 합니다. 만일 회개한 당사자를 용서하고 위로해주지 않으면 처음에는 잘못했다고 느꼈다가도 나중에는 억울한 생각이 들어올 것입니다. 그는 교회에 대하여 불평하기 시작하고 주위 사람들이 징계 받은 사람을 동정하며 불만에 동조할 수 있습니다. 그 결과 교회가 시끄러워지고 갈등에 휩쓸릴 수 있습니다. 그래서 사도 바울은 용서해주고 위로해 주라고 말합니다.

우리도 깨진 관계가 회복된 후 마무리를 잘 해야 합니다. 마무리 되지 않은 감정의 찌꺼기는 교회가 사탄에게 이용당할 빌미를 제공합니다. 자연에 관한 다큐멘터리를 보면 짐승 시체가 썩고 있으면 콘도르 떼가 수십 마일 밖에서 냄새를 맡고 몰려옵니다. 사탄도 분쟁이 있고 상처 받은 사람이 있으면 콘도르처럼 냄새를 맡고 찾아옵니다. 이를 이용하여 교회에 분란을 일으켜 보려고 애를 씁니다. 그러므로 우리는 이러한 사탄의 궤계를 간파하고 기회를 주지 말아야 합니다.

많은 사람들이 하나님을 사랑하고 교회를 사랑하지만, 이러한 궤계에 무지해서, 사탄에게 이용당하여 교회에 상처를 입힙니다. 그러므로 깨진 관계가 있으면 빨리 회복시켜야 합니다. 다른 성도와 문제가 있었으면 깨끗하게 처리해야 합니다. 그래서 쓴 뿌리가 남지 않도록 하고 사탄이 틈탈 여지를 주지 말아야 합니다.

성도는 이긴 싸움을 싸우고 있다

이어서 바울은 사도로서의 자신의 사역에 관하여 말합니다. 14-16절에 기록된 구절들은 당시 불리던 찬송가의 일부일 것이라고 성경학자들은 생각합니다. 여기에서는 로마 장군의 개선 행렬이 묘사되어있습니다. 전쟁에서 승리하고 로마로 입성할 때에 전쟁에서 승리한 군인들이 포로를 이끌고 입성합니다. 제사장들은 이러한 개선 행렬을 향을 피워서 환영합니다. 이러한 향내가 승리한 군사들에게는 승리의 냄새로 느껴질 것이고 포로들에게는 패배와 죽음의 냄새로 느껴질 것입니다.

사도 바울이 개선 행렬을 들어 말하는 이유는, 예수 그리스도가 개선장군이고 성도들은 승전한 군사들이라는 것을 말하고 싶어서입니다. 성도들은 예수님의 군사로 부름 받았습니다. 그러나 이길 수도 있고 질 수도 있는 싸움을 싸우는 군사가 아니라 이미 개선장군이 이겨놓은 싸움을 싸우는 군사입니다.

2차 세계 대전의 유럽 전쟁은 1945년 5월 7일에 종전 되었습니다. 그래서 이 날을 V-Day라고 부릅니다. 그러나 실제적으로 유럽전쟁은, 1944년 6월 6일 연합군이 연합군의 노르망디 상륙 작전에 성공한

D-Day에 끝났습니다. 이날로 대세는 결정 되었고 이후에는 어느 누구도 연합군의 승리를 의심하지 않았습니다. 물론 그 후에도 치열한 전투도 벌어지고 사상자도 나왔지만 연합군은 승리한 전쟁에서 소탕전을 벌이고 있는 것이고 독일군은 패배한 전쟁에서 최후 발악을 하는 데에 지나지 않았습니다.

주님도 십자가에 돌아가시고 부활하심으로 이미 승리를 이뤄 놓으셨습니다. 우리는 소탕전을 벌이고 있을 뿐입니다. 사상자도 생길 수 있고 상처를 받을 수도 있습니다. 그러나 전쟁은 끝났습니다. 십자가 형벌과 죽으심, 그리고 부활 사건을 통해 예수님은 승리하셨고, 사탄과 죽음은 패배했습니다. 예수를 믿는 성도들은 이겨 놓은 싸움을 싸우고 있습니다.

우리는 주님과 사탄의 대결을 생각할 때 둘이서 대등한 입장에서 싸우는 그림을 그리면 안 됩니다. 엑소시스트(exorcist)를 비롯한 악령 들린 사람들을 주제로 한 영화에서는 하나님과 악령이 엇비슷한 힘을 가진 것처럼 그리는데 이것은 영적인 무지에서 비롯된 것입니다. 예수님과 사탄은 차원이 다릅니다. 예수님은 삼위일체 창조주 하나님이시고, 사탄과 악령은 타락한 천사입니다. 피조물입니다. 전혀 상대가 될 수 없습니다.

사도 베드로는 그리스도가 채찍에 맞음으로 우리가 나았다고 말합니다(벧전 2:24). 주님께서 십자가에 돌아가시고 부활하심으로 질병도 정복했다는 것을 말하고 있는 것입니다. 저는 아픈 분을 위하여 기도할 때에 이 말씀을 상기합니다. 예수님께서 질병을 정복하셨기 때문에 예수님의 이름으로 명할 때에 질병이 물러갈 수밖에 없다고 고백합니다. 이럴 때 치유가 일어나는 것을 경험합니다.

물론 기도했다고 다 낫는 것은 아닙니다. 그러나 낫지 않은 것은 하나님께서 다른 계획을 갖고 계시거나 우리의 믿음이 부족해서 그런 것이지, 예수님 이름의 능력이 없어서가 아닙니다. 예수님은 승리의 주이시고 우리는 이겨놓은 싸움을 싸우고 있습니다.

치유를 위해서 기도할 때만이 아니라 악령을 쫓을 때에도 예수님이 승리의 주이시고 우리는 이긴 싸움을 싸우고 있다는 것을 기억해야 합니다. 다른 종교에서는 잡신에게 나가 달라고 빕니다. 그러나 우리는 예수님의 이름으로 쫓습니다. 예수님은 승리의 주이시기 때문입니다.

예수님의 이름으로 명할 때에 악령은 물러가지 않을 수 없습니다. 예수님의 이름을 비웃으며 저항도 하지만 단지 허세를 부릴 뿐입니다. 악령들도 자신이 패배했다는 것을 알고 있습니다. 그러므로 강하게 물리치면 물러가게 되어있습니다. 그러므로 우리는 악령을 두려워할 필요가 없습니다. 우리는 이긴 싸움을 싸우고 있기 때문입니다. 사도 요한도 우리 안에 계신 이가 세상에 있는 이보다 더 크다고 선포했습니다(요일 4:4). 예수님은 승리의 주이시고 우리는 승리한 싸움을 싸우고 있음을 항상 기억해야 합니다.

> 고린도후서 3장

성령 충만이 답이다

▌ 사역의 목적은 예수 닮은 사람을 만드는 것이다

　사도바울은 추천서에 관한 말로 고린도후서 3장을 시작합니다. 고린도교회에는 사도 바울을 대적하는 사람이 있었는데 이 사람은 예루살렘 교회로부터 거창한 추천서를 갖고 왔던 것 같습니다. 바울은 고린도후서 2:17에서 이들을 말씀을 팔아먹고 살아가는 장사꾼이라고 부릅니다. 그리고 자신은 하나님이 보내신 일꾼이라고 말합니다. 이렇게 말하면 대적하는 사람들은 사도 바울이 자신을 하나님이 보낸 일꾼이라고 말하는 것은 스스로 자신을 추천하는 것에 지나지 않는다고 말할 수 있습니다. 이러한 비난을 염두에 두고 사도 바울은 자신에게도 추천서가 있는데 이 추천서는 잉크로 쓴 편지가 아니라 고린도교회 교인들이라고 말합니다(고후 3:1-3).

목사와 목자를 포함하여 예수님을 주님으로 영접한 사람들은 모두 주님의 사역자입니다. 그런데 우리가 주님의 사역자인지 아닌지는 추천장이 아니라 사역의 열매로 증명합니다. 사역을 통해서 어떤 열매가 맺히고 있는가를 보임을 통해 증명합니다.

어떤 사람을 만들어내야 진정한 주의 종이라고 말할 수 있을까요? 주의 종이라면 사역의 목표가 예수님을 닮은 사람을 만들어내는 것에 있어야 합니다. 하나님께서는 예수님을 닮으라고 우리를 불러주셨습니다(롬 8:29). 그렇다면 예수님을 닮았는지 어떻게 알 수 있을까요? 예수님의 삶을 특징짓는 것 두 가지가 있습니다. '순종'과 '섬김'입니다. 그러므로 예수님을 닮으면 닮을수록 더 하나님의 명령에 순종하는 사람이 되고 점점 더 이웃을 섬기는 사람이 되어갑니다.

우리는 사역의 성공 여부를 잘못된 기준에 의하여 판단할 수 있습니다. 목회자인 경우에는 교인 숫자가 많아지면 성공한 목회자로 인정해 줍니다. 그러나 참된 성공 여부는 교인 숫자가 얼마냐가 아니라 어떤 성도들이 만들어지고 있느냐 입니다. 교회에 모이는 사람도 많고, 성경공부가 활발하고, 찬양이 뜨겁고, 방언, 예언, 신유의 은사가 풍성하게 나타난다고 하더라도 교인들이 예수님처럼 섬김의 삶을 살지 않으면 그 목회는 성공한 것이라고 볼 수 없습니다. 교인들이 목회자의 추천서이기 때문입니다.

목자도 마찬가지입니다. 목장을 통하여 예수 영접하는 사람이 많고, 분가를 많이 했다 하더라도, 목장 식구들이 섬김의 모습을 보여주지 않고 섬겨주기만 바라는 어린이로 남아있으면 그 목장 사역은 성공한 것이라고 말할 수 없습니다. 목장 식구가 목자 사역의 추천서이기 때문입니다.

부모도 마찬가지입니다. 자녀들이 좋은 대학 입학하고, 좋은 직장 얻고, 좋은 상대 만나 결혼하면, 자녀를 잘 키운 부모로 인정받을 것이라고 생각하지만, 아닙니다. 자녀를 진정 잘 키웠다고 인정받으려면 자녀들이 얼마나 예수님처럼 순종하는 삶, 섬기는 삶을 살고 있는지를 봐야 합니다. 이런 관점에서 볼 때 우리 교회 성도들 가운데에는 자녀를 잘 키운 분들이 많습니다. 한 성도님의 아들은 하버드 대학을 졸업하고 다른 명문 대학에서 MBE 코스를 마쳤습니다. 이러한 화려한 경력이면 얼마든지 돈 많이 주는 직장을 구할 수 있음에도 불구하고 국제 자선 기관에 직장을 잡아 아프리카에 살면서 그 기관 기금 운영을 맡아 일하고 있습니다. 이 부모들은 아들을 잘 키우셨다고 말할 수 있습니다. 그의 삶 가운데에 하나님에 대한 순종과 이웃에 대한 섬김이 보이기 때문입니다. 자녀가 엘리트 과정을 거쳐, 이기적인 부류의 사람이 되었다면 세상에서는 자녀 교육에 성공했다고 말할지 모릅니다. 하지만 하나님의 관점에서는 자녀 교육에 실패한 것입니다. 자녀들은 부모의 추천서이기 때문입니다.

우리 모두가 하나님의 사역자입니다. 사역 목표가 분명해야 합니다. 우리의 사역 목표는 예수님을 닮은 사람, 순종하고 섬기는 사람들을 만들어내는 것입니다. 하나님 앞에 서서 우리가 우리의 사역을 평가 받을 때에 우리는 그 기준에 의하여 평가받을 것입니다.

성령 충만해야 예수 닮은 사람을 만들어낸다

하나님 앞에서 자랑스럽게 내보일 수 있는 사람들을 키워내는 것은 인간의 힘으로는 안 되고, 하나님만이 하십니다(고후 3:4-5). 하나님이 주시는 자격을 가진 사람만이 할 수 있습니다. 바울은 이러한 자격을 가진 사람을 새 언약의 일꾼이라고 칭합니다(5~6절). 이 새 언약은 문자로 된 것이 아니라, 영으로 된 것이라고 말하는데 예레미야 31장에 나타난 새 언약을 의미합니다.

하나님께서는 이스라엘 백성과 언약을 맺으셨습니다. 우리가 구약이라고 부르는 언약입니다. 구약의 핵심은 계명입니다. 하나님의 계명을 지키면 복 받고 지키지 못하면 벌 받는다는 것입니다. 이스라엘 백성은 이 언약을 지키지 못했습니다. 그래서 하나님께서는 예레미야를 통하여 새로운 언약을 맺을 것을 약속하셨습니다(렘 31:31). 이 언약의 핵심은 계명을 지키도록 해주시겠다는 약속입니다(렘 31:33). 어떻게 지키게 해주실까요? 마음속으로부터 계명을 지키겠다는 소원이 생기게 하시고 소원대로 살 수 있게 해주십니다(빌 2:13). 바울은 이러한 삶을, 자신이 사는 것이 아닌 자신의 안에 계시는 그리스도가 사는 삶이라고 표현합니다(갈 2:20).

예수님 닮은 사람을 만드는 사역을 하려면 성령 충만해야 합니다. 가르치고 야단치고 벌준다고 예수님을 닮은 사람이 만들어지는 것이 아닙니다. 이것은 율법적인 방법입니다(6절). 율법은 의무감과 죄책감을 도구로 사용합니다. 의무감과 죄책감이 필요할 때가 있습니다. 목자들에게 "당신들이 목자 임명 받을 때에 목장모임에 참석한다고 서약했으니까 꼭 참석해야 한다" 가끔 의무감에 호소할 수는 있습니다. 그러나 의무감 하나만으로 목장모임에 참석한다면 그 모임은 효과적일 수 없습니다. 사람을 살리는 것은 영이지 문자가 아닙니다. 그러므로 성령 충만해야 합니다.

내 안에 계신 성령님께서 그리스도의 성품과 그리스도의 능력을 자신을 통해 나타내시도록 하는 것이 그리스도인의 삶이며 이것이 성령 충만입니다. 성령 충만할 때 비로소 그리스도 닮은 사람을 만들어 내는 열매를 맺을 수 있습니다. 인간의 힘으로는 절대 못 맺습니다.

그렇다면 어떻게 해야 성령 충만할까요? 성령 충만은 특별한 사람이 받는 것이 아닙니다. 유별난 경험을 해야만 받는 것도 아닙니다. 성령 충만한 삶은 예수님을 주님으로 영접한 사람이면 누구나가 살 수 있고, 또한 살아야 하는 극히 정상적인 삶입니다. 하나님의 자녀에게는 성령 충만한 것이 정상이고 성령 충만하지 않은 것이 비정상입니다. 우리가 성령 충만하다가 이를 유지하지 못할 수도 있지만 본래 성령 충만한 것이 정상적인 것입니다.

성령 충만을 특수한 사람들만이 누리는 특수한 삶이라고 생각하는 사람들은 남에게 이질감을 심어주는 괴상한 언행을 합니다. 성령 충만하면 남과 달라야 한다고 생각하기 때문입니다. 진정한 성령 충만한 삶을 살려면 성령 충만한 삶은 하나님의 자녀들에게 극히 정상적인 삶이라는 것을 깨달아야 합니다. 예수님을 주님으로 영접한 사람이면 성령 충만한 삶을 살 수 있다는 것을 믿어야 합니다.

성령 충만은 하나님 자녀들의 특권입니다. 그러므로 성령 충만 하려고 애쓰지 마십시오. 성령 충만을 방해하는 요소를 제거하면 자연스럽게 성령 충만한 삶을 살게 됩니다. 성령 충만을 위해서는 세 가지 단어를 기억하면 됩니다. "원한다." "회개한다." "순종한다."

첫째, 성령 충만은 내가 '원해야' 합니다. 성령님은 인격체이시고 우리에게 자유의지를 주셨습니다. 그러므로 원하지 않는데 강제적으로 우리를 사로잡아 충만케 하시는 경우는 거의 없습니다. 가끔 뜻하지 않게 성령님의 강한 역사를 체험하는 분들이 있는데 이분들의 간증을 들어보아도 예상치 않았고 기대치 않았던 것이지 원하지 않았던 것은 아닙니다. 마음속 깊이 성령님에 대한 갈구가 있었고 이 갈구에 응하여 성령님이 임하셨던 것입니다. 그러므로 성령 충만 하려면 성령 충만을 원해야 합니다.

성령 충만을 원한다는 것은 자발적으로 성령님이 내 삶을 지배하시도록 맡긴다는 것입니다. 예수님을 주님으로 영접했으면서도 성령 충만한 삶을 살지 못하는 사람들은, 길에 익숙한 아는 사람을 옆 좌석에 태우고 자기가 잘 모르는 길을 운전해 가다가 길을 잃은 사람과 같습니다. 한참 헤매다가 도저히 길을 못 찾겠다 싶으면 옆 좌석에 앉은 사람에게 길을 물어보는데, 처음부터 길을 잘 아는 그 사람에게 운전대를 맡겼으면 헤매지 않고 목적지에 도달할 수 있었을 것입니다. 성령 충만하다는 것은 성령님에게 인생의 운전대를 맡기는 것입니다. 성령님은 강제로 운전대를 빼앗지 않습니다. 그러므로 성령 충만하려면 자원하여 성령님에게 인생의 운전대를 맡겨야 합니다.

둘째, '회개해야' 합니다. 성령님이 역사하시려면 하나님과 자신의 사이를 가로막는 죄를 제거해야 합니다. 이사야는 죄가 우리와 하나님 사이를 단절시켰다고 말합니다(사 59:2). 그렇다고 시시콜콜 과거부터 지은 죄를 모두 다 기억해내서 회개할 필요는 없습니다. 성령님께서 어떤 때에는 작은 죄까지 기억나게 하시고 회개시킬 때도 있지만, 성령 충만을 받기 위해서는 주님이 기억나게 하시는 죄만 회개하면 됩니다. 성경에 어긋나는 것을 자신이 알면서도 행하고 있는 것, 마음이 찜찜한데 계속 행하고 있는 죄를 고백하십시오. 그리고 다시는 이러한 죄를 짓지 않기로 하나님과 약속하십시오. 이렇게 할 때 자신과 하나님과 사이가 개통 됩니다.

셋째, '순종해야' 합니다. 하나님의 초자연적인 능력은 말씀을 통해서 나타납니다. 어떤 상황 하에서든지 '성경은 이럴 때에 어떻게 하라고 말하는가?'를 생각하고 말씀에 순종하시기 바랍니다. '남들이 어떻게 하는가?' '내가 전에 어떻게 했던가?' '나에게 어떤 유익이 돌아오는가?'를 생각하지 말고 성경 말씀에 순종하시기 바랍니다.

그러면 성령님의 초자연적인 역사가 나타나서, 자신의 힘으로 할 수 없는 일을 하고, 해결될 수 없는 일이 해결되고, 열릴 수 없는 기회의 문이 열리는 것을 체험할 것입니다. 이렇게 사는 것이 바로 성령 충만한 삶입니다.

성령 충만을 통해서 비로소 하나님이 원하시는 사역의 열매가 열립니다. 주위 사람들이 그리스도의 모습으로 변해갑니다. 성령 충만한 목자를 통하여 예수님 닮은 목장 식구가 배출됩니다. 성령 충만한 부모를 통하여 예수님 닮은 자녀들이 양육됩니다. 이들이 바로 사역의 추천장입니다.

▎성령 충만한 삶은 자유롭다

자신의 노력으로 사는 사람 혹은 율법에 의하여 사는 사람은 자신의 부끄러운 모습을 숨기려고 노력합니다. 그러나 성령 충만한 사람은 자신의 삶을 가릴 필요가 없습니다. 사도 바울은 율법과 성령을 대비하면서 모세의 예를 듭니다(7-8절). 모세가 시내 산에서 40일 동안 하나님과 독대하고 내려왔을 때에 모세의 얼굴에서 광채가 나서 사람들이 눈이 부셔 쳐다볼 수 없었습니다. 그래서 모세는 베일을 썼습니다(출 34:30, 35). 그러나 사도 바울은 모세가 베일을 쓴 또 하나의 이유를 말합니다. 광채가 나던 얼굴에서 영광이 점차 사라지는 것을 백성들이 보지 못하도록 하기 위함이었습니다(13절). 사도 바울은, 신약의 영광은 사라지는 것을 안 보이려고 수건으로 가려야 했던 구약의 영광과는 비교가 안 된다고 말합니다(10~11절). 신약과 구약의 영광은 비교가 안 됩니다.

율법에 매여 사는 사람들에게는 담대함이 없습니다. 자신의 삶이 온전치 못한 것을 알기 때문에 어두운 부분, 온전치 못한 부분을 숨깁니다. 그러니 남 앞에서 솔직하거나 투명할 수 없습니다. 이중적인 삶을 살게 됩니다. 성령 충만한 삶을 살 때 이러한 이중성이 사라집니다. 성령님께 의지할 때 하나님이 원하시는 삶을 살게 해주시리라는 확신이 있기 때문입니다.

▌ 성령 충만한 삶이 예수를 닮게 만든다

이러한 투명한 삶을 살 때에 예수님을 점점 닮게 됩니다. 사도 바울은 이러한 사실을 주의 영광을 볼 때에 그리스도를 점점 닮아간다고 표현합니다(고후 3:18). 주의 영광이란 주님의 인품과 삶을 의미합니다(요

1:14). 주님을 바라본다는 것은 주님에게 시선을 고정시키고 산다는 의미입니다. 주님 앞에서 투명한 삶을 살며 그와 더불어 생활할 때에 성령님께서 우리를 주님의 모습으로 점점 변화시켜 주십니다. 의지력으로는 주님을 닮을 수 없습니다. 주님처럼 사랑하고, 주님처럼 온유하고, 주님처럼 겸손하겠다고 노력한다고 되는 것도 아닙니다. 예수님을 닮도록 하는 것은 성령님의 사역입니다. 그러므로 오직 성령 충만해야 합니다. 성령 충만을 소원하고 하나님과 사이를 막는 죄를 즉시 회개하고 말씀에 절대 순종하는 삶을 살 때에 우리는 의식하지 못하는 가운데 예수님의 모습으로 변화됩니다.

우리 주위에는 가짜 성령 충만이 많습니다. 감정적으로 '붕'하고 뜨는 것을 성령 충만이라고 생각하는 사람들이 있습니다. 성령 충만할 때에 강렬한 감정적인 뜨거움을 맛볼 수는 있습니다. 그러나 감정적으로 뜨거운 자체가 성령 충만은 아닙니다. 성령 충만할 때 신비한 능력이 나올 수 있습니다. 그러나 신비한 능력이 나타나는 것 자체가 성령 충만은 아닙니다. 참된 성령 충만은 예수님처럼 하나님께 점점 더 순종하고 이웃을 더 섬기는 사람으로 변화시킵니다. 예수님의 형상을 닮아가고, 영광스러운 모습으로 변화시켜 갑니다. 이것이 진정한 성령 충만의 증거입니다.

고린도후서 4장

어수룩해 보이면서도 강한 크리스천

　예수님을 영접한 VIP가 침례 간증 중에 제 첫 인상이 배추 장사 같다고 말했습니다. 이 말을 듣고 저는 기분이 좋았습니다. 이제 제가 제법 크리스천이 되어가는 모양이라는 생각이 들었기 때문입니다. 진정한 크리스천은 좀 어수룩해 보여야 한다고 생각합니다. 어수룩해 보이면 괜찮은 크리스천이고 너무 똘똘해 보이면 신앙생활에 좀 문제가 있다고까지 말하고 싶습니다.

　크리스천은 어수룩해 보이고 약해 보이지만 강한 사람입니다. 사도 바울이 좋은 예입니다. 고린도전서를 읽어보면 사도 바울이 문제가 되고 있는 주 이유는, 바울의 적대자처럼 위엄이 있어 보이지 않았고 영적으로 보이지도 않았기 때문입니다. 말하자면 사도 바울은 어수룩해 보이는 사람이었습니다. 그랬기 때문에 사도 바울은 자신이 사도임을 강조해야 했고 참된 영성이 어떤 것인지를 힘주어 설명해야 했습니다. 그러나 바울과 적대자들을 비교할 때 누가 더 큰 사람이었습니까? 2000년이 지난 오늘날 그의 적대자들은 이름조차 남지 않았지만 사도 바울은 세계 복음화의 주춧돌을 놓은 위대한 인물로 기억되고 있습니다.

우리는 우리 안에 그리스도를 모신 사람들입니다. 사도 바울은 이것을 보화를 모신 질그릇이라고 표현하고 있습니다(고후 4:7). 우리는 값싼 질그릇에 지나지 않기 때문에 주위 사람들이 보기에 보잘것없는 약한 존재로 보일 것입니다. 그러나 우리 안에 복음이 있고 그리스도가 계시기 때문에 강한 힘이 나옵니다. 우리는 사도 바울을 통하여 어수룩해 보이지만 강한 사람이 되는 비결을 발견합니다.

진실을 단순하게 말한다

어수룩해 보이면서 강한 사람이 되기 위해서는 진실을 단순하게 말해야 합니다. 본문 3~4절에서 사도 바울은 자신이 단순하게 복음을 전한다고 말합니다. 이러한 단순한 복음을 듣고서도 믿지 않는다면 사탄이 이해를 막았기 때문이라고 말합니다. 사도 바울은 자신을 대적하는 사람들을 염두에 두고 이런 말을 하고 있습니다. 당시는 수사학이 발달한 시대여서 현란하고 복잡하게 말하는 것이 지식인의 표징처럼 보였습니다. 그런데 사도 바울은 이런 것들을 배제하고 진솔하게 복음만 전했습니다(고전 2:1-2). 왜 그랬을까요? 진실을 단순하게 말하는 것이 어수룩하게 보일지 모르지만 힘이 있다는 것을 알았기 때문입니다.

철학자와 사상가를 인용하여 논리적이고 깔끔한 설교를 해서 칭찬을 듣는 목회자들이 있습니다. 그런데 그들이 목회하는 교회를 들여다보면 안 믿던 사람이 예수를 믿고 방탕했던 사람의 삶이 변하는 예를 보기 힘듭니다. 반면에 어떤 교회 목사님들의 실교를 들어보면 말이 어눌하지만 복음을 단순, 정확, 담대하게 전합니다. 그 교회 안에서는 구원의 역사가 일어나고 교인들의 삶이 변하는 역사가 일어납니다. 논리와 깔끔함이 사람을 변화시키는 것이 아닙니다. 오직 복음이 사람을 변화시킵니다!

1) 복음을 단순하게 전한다

우리는 진실을 단순하게 말하는 습관을 들여야 합니다. 특별히 복음을 전할 때 그렇습니다. 오늘날은 다원주의 시대입니다. 예수를 믿어야만 구원을 얻는다고 말하는 사람은 무식한 사람, 독선적인 사람으로 취급을 받습니다. 이러한 세상으로부터 인정받고 싶은 숨겨진 욕구 때문에 그러는지 모르겠지만 모든 종교는 하나님을 만나는 방법의 차이일 뿐이라고 주장하는 목회자들이 있습니다. 이렇게 말하면 마음이 넓은 사람, 지성인으로 인정을 받습니다. 그러나 하나님께서는 그들에게 어떤 평가를 내리실까요?

종교 다원주의는 진리가 아니며 하나님의 말씀에 정면으로 위배됩니다. 사도 베드로는 "세상에 구원 받을만한 다른 이름을 주신 적이 없다"고 선포했습니다(행 4:12). '예수를 믿어야만 구원 받는다'는 단순한 진리를 선포할 때에 회심도, 삶의 변화도 일어납니다.

사실 모든 종교는 다 구원에 이르게 한다고 말하는 사람들을 크리스천이라고 말할 수 없습니다. 예수님 자신이 자신을 통하지 않고는 하나님을 알 수가 없다고 하셨는데(요 14:6) 예수님을 주님이라고 말하면서 주인의 말에 정면으로 반대되는 말을 할 수가 있을까요? 세상 사람들에게 인정받으려 하지 말고 어수룩해 보이고 무식해 보이더라도 진리를 단순하게 말할 때에 거기서 힘이 나옵니다.

2) 단순하게 옳고 그름을 말한다

현대는 절대적 가치관을 인정하지 않는, 상대적 가치관이 지배하는 세상입니다. 상대적 가치관이란 '절대적으로 옳고 그른 것이 없다'는 주장입니다. 이러한 분위기에서 죄를 말하면 전근대적인 것 같고 무식한 것 같습니다. 이런 상대주의가 교회 안에도 들어오고 있습니다. 동성애가 죄라고 분명하게 성경이 말하고 있음에도 불구하고 죄가 아니라고 합니다. 동성 애인을 갖고 있는 사람도 목회자로 안수해야 한다고 주장합니다. 그러나 이러한 주장을 하는 교회나 교단을 보면 힘이 없습니다. 믿지 못할 사람이 믿고 변하지 못할 사람이 변하는 역사를 보기 어렵습니다.

죄는 궁극적으로 파멸을 가져옵니다. 그러므로 죄에서 자유로워지고 진정한 기쁨을 맛보도록 하기 위해서는 세상 사람들로부터 '무식하다' '독선적이다'라는 평을 듣는다고 할지라도 죄는 죄라고 말해야 합니다. 결혼 전에는 성관계를 가지면 안 된다든지, "크리스천은 이혼을 해서는 안 된다" "세금 포탈하면 안 된다" "가짜 물건 팔면 안 된다." 이렇게 말해주는 것이 궁극적으로 상대방을 위한 것입니다. 죄를 죄라고 분명히 말해주어야 회개할 수 있고 죄에서 자유로워질 수 있기 때문입니다.

3) 사랑의 마음을 갖는다

진실을 단순하게 말하려면 사랑이 우선해야 합니다. 크리스천이 진실을 단순하게 말할 때에 세상 사람들이 부정적인 반응을 보이는 이유는 사랑에서라기보다 분노에서 말하고 행동하기 때문입니다.

낙태는 태아를 살해하는 죄입니다. 그렇다고 해서 낙태를 실시하는 시술소에 방화를 한다든지 낙태 수술을 하는 의사에게 총을 쏴 죽이는 것은 안 됩니다. 낙태를 선택한 임산부들은 그렇게 하지 않을 수 없는 이유가 있습니다. 이러한 임산부들이 안전하게 출산하도록 돕고, 필요하다면 태어난 아기를 입양하여 사랑을 보여야 합니다. 이렇게 하면서 죄를 죄라고 말할 때에 사람들이 비로소 귀를 기울일 것입니다.

동성애도 그렇습니다. 동성애가 죄라고 정죄만 하지 말고 동성애에서 벗어날 수 있도록 길을 마련해주어야 합니다. AIDS로 죽어가는 사람을 돌봐주어야 합니다. 휴스턴서울교회가 아직은 그런 사역을 할 만한 준비가 안 되었지만 앞으로는 그런 사역도 할 수 있기를 바랍니다. 10년을 가정 교회를 통한 영혼 구원에 집중했고, 앞으로 10년을 선교를 통한 이방 종족의 구원에 집중한다면, 그 다음 10년은 자연스럽게 그런 사역을 통하여 지역 공동체를 섬기게 되지 않을까 생각합니다. 사랑이 없으면 차라리 죄를 지적하지 말고 가만히 있는 것이 더 낫습니다.

매일 죽는다

사도 바울은 예수의 죽임 당하심을 몸에 짊어지고 다닌다고 말합니다(고후 4:10-11). 십자가는 죽음의 상징입니다. 부활의 능력을 체험하려면 죽는 경험이 있어야 합니다. 예수님께서는 "매일 십자가를 지고 나를 따르라"고 했습니다(눅 9:23). 또한 "죽어야 산다"고 말씀하셨습니다(마 10:39). 죽음이란 반드시 육신적으로 생명 활동이 종료되는 것만을 의미하지 않습니다. 우리에게는 목숨보다 더 중요한 것이 있습니다. 이것을 포기하는 것이 죽는 것입니다. 목숨보다 더 소중한 것이 자신의 꿈과 비전이라면 그것을 버리고 그 자리에 주님의 소원과 주님의 뜻을 채우는 것이 죽는 것입니다. 또한 자신의 계획을 포기하고 오로지 주님의 인도에 따라 살겠다고 결심하는 것이 죽는 것입니다. 이처럼 죽을 때에 그 삶에서 부활의 능력이 역사합니다.

저에게도 나름대로 죽는 경험이 있습니다. 마흔을 넘기면서 주님께서 '나를 목회자로 부르신다' 생각될 때 많이 저항했습니다. 당시 주위에 보면 부흥하지 않은 교회를 붙들고 힘들게 목회하는 분들이 많이 계셨습니다. 그런데 이분들과 대화를 나누어보면 나보다도 훨씬 신실하시고 평신도일 때에는 당시 저보다 더 열심히 섬기셨던 것을 발견했습니다. 그렇다면 '난 이분들보다 자질이 훨씬 더 떨어지는데, 내가 왜 목사가 되어야 하고, 왜 또 하나의 교회가 생겨져야 하는가?' 이런 의문을 제기하지 않을 수 없었습니다. 그때 하나님께서 저에게 이렇게 말씀하셨습니다.

"오늘날은 교인들의 필요가 다양해져서 담임목사 한 사람으로는 그 필요를 다 채워줄 수가 없다. 그런데 목회 길에 들어서는 사람은 다 담임목사가 되려고 한다. 이제는 남에게 인정받거나 유명해지는 것을 포기하고 담임목사 그늘 밑에서 성도들의 필요만을 위해 섬기는 전문 사역자가 필요하다. 내가 너에게 가르치는 은사와 상담의 은사를 주지 않았느냐? 나는 너를 교육 목사로 부른다." 그래서 순종하고 목회자가 되기로 결심했습니다.

이렇게 결심하는 순간 우습게도 가장 서운했던 것은 '이제는 비행기를 더 이상 타지 못하겠구나'하는 것이었습니다. 회사에서 일할 때에는 세미나나 컨퍼런스에 참석하기 위해 비행기를 탈 기회가 자주 있었습니다. 이럴 때에는 좋은 호텔에 묵으며 좋은 음식을 먹었습니다. 그러나 교육 목사로써 헌신 하면 누가 비행기 값을 지불하며 초청하겠습니까? 부목사나 교육 목사가 인정을 받지 못한다는 것은 교육 목사가 된 후에 체감할 수가 있었습니다. 악수를 나누다가 교육 목사라고 말하면 상대방 손에서 힘이 빠지는 것을 느꼈기 때문입니다. 그러나 인정받고 알려지는 것을 포기하니 하나님께서 높여 주셨습니다. '장년 주일학교' 전문가가 되어 세미나 인도를 위해 여행도 자주 하게 되고, 주위 목회자들에게 인정도 받게 되었습니다. 죽기를 결심하니까 살게 된 것입니다.

이 외에도 제 인생에서 주님의 소원을 위하여 나의 꿈을 접은 적이 몇 번 있었습니다. 그랬을 때에 주님이 저를 사용해 주셨고 마침내는 휴스턴서울교회를 담임하는 특권까지 베풀어 주셨습니다. 꿈이 없고 야망이 없고 비전이 없는 사람들을 세상에서는 우습게 생각하지만 이러한 것을 다 버리고 오직 주님의 소원으로 채웠을 때 강한 사람이 될 수 있고 진정으로 성공한 사람이 될 수 있습니다.

영적인 실체를 본다

남에게는 어수룩하게 보이지만 강한 사람이 되려면 영적인 실체를 보면서 살아야 합니다. 사도 바울은 본문 18절에서 눈에 보이는 세상을 보지 않고 눈에 보이지 아니하는 영적인 실체를 본다고 말합니다.

현실을 보지 않고 영적인 실체를 보면서 사는 사람은 좀 모자라 보입니다. 우리 주위에서도 남편이 영적인 경우에는 아내가 염려를 합니다. '저렇게 구름 먹고 사는 사람처럼 살다가 가족들 굶기는 것 아닐까?' 아내가 영적이면 남편이 염려를 합니다. '저렇게 현실을 모르다가 내가 먼저 죽어 버리면 어쩌지?' 그러나 영적인 실체를 보면서 사는 사람이 실제로는 강한 사람입니다.

사도 바울은 16절에서 재미난 말을 합니다. 겉 사람은 낡아가지만 속사람은 새로워진다는 것입니다. 저는 오래 만에 만난 사람이 "아유 목사님 많이 늙으셨어요!" 하면 썩 기분이 좋지 않습니다. 그러면서 외모에 관심이 별로 없는 나도 그런데, 자신이 예쁘거나 잘 생겼다고 생각하는 사람들은 나이가 들어가면서 얼마나 더 허무할까 싶어서 연민의 마음이 듭니다. 그러나 영적인 실체를 보는 사람은 외적인 미보다 내적인 미에 집중하기 때문에 나이가 들어도 허무감을 맛보지 않습니다. 내적으로 아름다워지면서 외적으로도 더 아름다워 보일 수가 있습니다. 세월이나 나이에 영향을 받지 않으니 진정 강한 사람입니다.

영적인 실체에 초점을 맞출 때 고난이나 환난 앞에서도 쉽게 좌절하지 않습니다. 왜냐하면 이러한 고난이 그리스도의 모습을 닮게 하는 것을 알기 때문입니다. 사도 바울이 17절에서 영원한 영광이라고 말하는 것은 그리스도의 모습을 의미합니다. 6절의 그리스도의 얼굴에 나타난 하나님의 영광도 같은 의미입니다. 제가 종종 인생은 1생이 아니라 3생이라고 말씀드립니다. 모태에서의 10개월이 1생, 모태에서 나와서 천국

가기 전까지 약 90년의 삶이 2생, 그리고 천국에서의 영원한 삶이 3생입니다. 모태에서의 1생이 제 2생을 준비하는 삶이라면, 이 세상의 제 2생은 제 3생을 준비하기 위한 삶입니다. 제 2생은 그리스도를 닮게 만드는 연습장입니다. 우리는 이 세상에서 변한 모습을 갖고 제 3생의 삶을 시작합니다. 그런데 제가 생명의 삶 강의에서 말씀드린 것처럼 천국에 가서 천국을 즐기는 정도에 차이가 있습니다. 예수님을 닮으면 닮을수록 천국을 더 즐깁니다. 이러한 영적인 실체를 알기 때문에, 야고보가 말한 것처럼 우리는 고난을 당할 때에 더할 나위 없는 기쁨으로 여길 수 있습니다(약 1:2).

하나님의 백성의 삶은 어수룩한 것 같지만 강한 삶입니다. 환난을 당해도 곤경에 빠지지 않으며, 난처한 일을 당해도 절망에 빠지지 않고, 박해를 당해도 버림을 받지 않으며, 거꾸러뜨림을 당해도 망하지 않습니다(고후 4:8-9). 우리 안에 그리스도가 계시기 때문입니다. 그가 우리를 통하여 크신 능력을 나타내기 때문입니다(고후 4:7). 그리스도를 의지하는 삶은 세상 사람이 보기에 어리석어 보일지 모르지만, 진정으로 강한 삶임을 깨달아, 자신의 힘을 의지하지 말고 안에 계신 그리스도를 의지하여 진정으로 강한 삶을 사시기 바랍니다.

> 고린도후서 5장

새로운 피조물의 삶

지구의 인류는 다양하게 분류됩니다. 지역과 언어, 문화에 따라서, 혹은 피부 색깔로 분류할 수 있습니다. 이렇게 분류할 때 다른 그룹에 속한 사람들의 차이는 사실 별로 크지 않습니다. 그러나 엄청나게 큰 차이가 있는 분류법이 있습니다. 아담의 후예냐, 예수님의 후예냐 입니다. 아담의 후예는 육적입니다. 예수님의 후예는 영적입니다. 아담의 후예는 악하게 삽니다. 예수님의 후예는 거룩하게 삽니다. 아담의 후예는 죽습니다. 예수님의 후예는 영원히 삽니다. 이름 그대로 아담의 후예의 시조는 아담이고 예수님 후예의 시조는 예수님입니다. 예수님의 후예들의 시조가 되는 그리스도를 사도 바울은 '마지막 아담 혹은 둘째 아담'이라고 부릅니다(고전 15:45).

▎새로운 인류가 창조 되었다

아담을 통하여 인류를 창조하신 하나님께서는 그리스도를 통하여 새로운 인류를 창조하셨습니다(고후 5:17). 새로운 인류, 즉 예수님의 후예는 그리스도를 주님으로 영접하여 성령을 받음으로 태어납니다. 침(세)례식은 옛 인류에 속했던 사람이 죽고 새로운 인류로 다시 살아났다는 것을 상징합니다. 새로운 인류로 태어나는 것을 '거듭났다'(born again)라고 말합니다. 여러분과 저는 거듭난 새로운 인류에 속합니다. 새 인류와 옛 인류의 차이를 좀 더 구체적으로 살펴보겠습니다.

▎죽음을 두려워 않는다

예수님의 후예는 죽음을 두려워하지 않습니다. 왜냐하면 이 세상의 삶을 마친 후에 예수님이 준비해 놓으신 영원한 집에서 살게 될 것이기 때문입니다. 이 집을 천국이라고 부릅니다. 예수님께서 십자가에 달려 돌아가시기 전날 밤 제자들과 만찬을 나누실 때 제자들에게 이들이 거할 집을 마련하기 위하여 가신다고 말씀하셨습니다(요 14:2). 예수님이 말씀하셨던 집은 천국이라는 장소를 의미하지만 부활한 몸을 의미하기도 합니다. 바울은 우리의 육체를 장막에 비하면서 이 장막을 접고 나면 새로운 집이 기다리고 있다고 말합니다(고후 5:1). 그러므로 새 피조물들은 죽음을 두려워하지 않습니다. 죽음이란 삶의 종결이 아니라, 새로운 삶의 시작을 의미하기 때문입니다. 사도 바울은 "차라리 몸을 떠나서, 주님과 함께 살기를 바랍니다."라고 고백합니다(고후 5:8).

우리들은 새로운 피조물이기 때문에 담대하게 살 수 있습니다. 그래서 크리스천은 무서운 사람들입니다. 세상에서 죽기를 두려워하지 않는 사람처럼 무서운 사람은 없습니다. 조직 폭력배 두목들이 몸도 왜소하고 힘도 없어 보이는 경우가 있습니다. 그럼에도 불구하고 두목이 된 것은, 상대방이 때려서 넘어뜨리면 일어나서 다시 덤비고, 때려서 넘어뜨리면 또 일어나서 덤비고, 죽을 각오로 덤비니까 상대방이 죽일 수도 없고 결국 항복하게 되기 때문입니다. 우리는 죽음을 두려워하지 않는 무서운 존재입니다.

죽음을 두려워하지 않으면 어떤 상황도 두렵지 않습니다. 저는 두려운 상황이 생기면 소리 내 말합니다. "죽기밖에 더 하겠느냐!" 그러면 마음이 편해지고 용기가 생깁니다. 어떤 일이 생기든 최악의 상황이 죽는 것인데 죽는 것을 두려워하지 않는다면, 상황을 두려워할 필요가 없다는 생각이 들기 때문입니다. 제 목회에 열매가 있는 것도 "죽기밖에 더하겠느냐!" 이 자세로 목회를 하기 때문이 아닌가 생각합니다.

이렇게 말은 하지만 진정으로 목숨이 오락가락하는 상황에 처했을 때 제가 이처럼 죽음을 두려워하지 않을지는 모르겠습니다. 죽음이라는 것이 멀리서 생각하는 것과 닥쳐서 느끼는 것이 다르기 때문입니다.

예를 들어 제가 무슬림 테러리스트에게 사로잡혀 인질이 되었다고 합시다. 만인들 앞에서 방영하기 위하여 비디오를 돌리면서 잘못했다는 것을 인정하지 않으면 죽여 버리겠다고 위협한다면 내가 어떻게 반응할까? 솔직히 잘 모르겠습니다. 그러나 결심하는 과정에 갈등이 있겠지만, 결국은 "죽일 테면 죽여라."하지 않을까 싶습니다. 예수님을 모르는 사람들은 죽음이 인생의 끝이라고 생각하기에 비겁한 모습을 보여서라도 죽음을 피해 보려고 할 것입니다. 그러나 죽음은 인생의 끝이 아니라 새로운 인생의 시작이라는 것을 믿는 내가 영상을 통해 이 모습을 보는 많은 시청자들 앞에 비굴한 모습을 보이면서까지 목숨을 구걸할 것 같지 않습니다. 죽음 앞에서 의연할 수 있는 힘을 하나님께서 주실 것이라고 믿습니다.

새로운 기준으로 사람을 판단한다

선거 때가 되면 각종 후보들은 상대방의 과거를 들춰내 공격 합니다. 군대 경력, 부동산 매입, 자녀 교육에 관한 비리를 들춰내 비방을 합니다. 이런 모습을 보면서 마음이 착잡합니다. 현재의 인격은 과거 삶이 축적된 결과입니다. 후보자의 과거를 보아 앞으로의 삶을 추측할 수 있기 때문에, 과거를 참조할 필요는 있습니다. 그러나 아주 오래 전에 음주 운전으로 구류를 산 적이 있다든지, 젊어서 혈기왕성할 때 발언한 것이나 글을 쓴 것을 꼬투리 잡아 매도하는 것은 지나치다는 생각이 듭니다. 사람은 변하기 때문입니다. 방탕한 삶을 살다가 바른 삶을 사는 사람도 있고, 바르게 살다가 타락한 사람도 있습니다. 그렇기 때문에 어떤 사람의 현재 인격을 판단하려면 수십 년 지난 일이 아니라 지난 5년 혹은 지난 10년간의 삶으로 평가해야 하지 않을까 생각합니다.

예수님의 후예는 더 그렇습니다. 예수님을 영접함으로 우리는 아담의 후예가 예수님의 후예로 다시 태어났습니다. 그렇다면 아담의 후예일 때 했던 일은 잊어 주어야 한다고 생각합니다. 저는 부부 상담을 할 때 배우자가 자신에게 저질렀던 못된 언행을 늘어놓으면 이렇게 묻습니다. "이런 일이 예수 믿기 전에 있었던 일이에요, 믿고 난 후에 있었던 일이에요?" 그래서 예수 믿기 전에 했던 일이라면 이제 더 거론하지 말라고 합니다. 이제 새로운 피조물이 되었는데, 옛 피조물 때 한 행위를 갖고 불평하는 것은 합당치 않다고 생각하기 때문입니다.

물론 이전의 삶을 완전히 무시할 수는 없습니다. 잘 알려진 절도범이 교도소에서 예수를 믿고, 석방된 후에 신학교를 졸업하고, 전도사가 되어 간증집회를 다니다가 다시 절도죄로 체포된 적이 있습니다. 이 사람이 가짜로 믿은 것인지 아니면, 새로운 피조물로 태어났지만 옛 습관이 바뀌지 않고 다시 노출된 것인지 우리는 판단하기 힘듭니다. 예수님을 영접하고 새로운 피조물이 되었다 하더라도 옛 습관을 극복하는 데에 시간이 걸리기 때문입니다.

그렇기 때문에 예수님을 주님으로 영접했다고 무조건 신뢰할 수는 없겠지만, 가능하면 이전의 삶을 언급하지 말고 새로운 피조물로 취급해야 합니다. 고린도전서 13장에서 사도 바울은 사랑은 믿어주는 것이고, 바라는 것이라고 말합니다. 새로운 피조물이 된 것을 믿어주고 점점 예수님의 모습으로 변하리라고 바라주는 것이 필요합니다.

사도 바울은 16절에서 "이제부터 우리는 아무도 육신의 잣대로 알려고 하지 않습니다. 전에는 우리가 육신의 잣대로 그리스도를 알았지만, 이제는 그렇지 않습니다."라고 말합니다. 새로운 피조물이 되었으면 이전과 평가 기준이 달라야 한다는 말입니다. 교회 공동체가 세속화되는 것은 새 사람의 기준이 아니라 옛 사람의 기준으로 리더를 뽑기 때문입니다. 세상에서는 지식을 존중합니다. 교회에서도 학위를 가졌거나 성경 공부를 많이 한 사람을 리더로 세웠습니다. 세상에서는 돈을 많이 번 사람을 성공한 사람이라고 합니다. 교회에서도 재력이 있는 사람을 리더로 세웠습니다. 세상에서 높은 지위를 가진 사람이 존경을 받습니다. 교회에서도 사회적 신분이 높은 사람을 리더로 세웠습니다. 이처럼 리더의 기준을 세상적인 곳에 두었기 때문에 교회가 세상에 물들어버렸습니다.

그러면 새로운 피조물로 이루어진 공동체인 교회에서는 어떤 잣대로 사람을 판단해야 할까요? 하나님이 새로운 피조물로 만들어주신 목적을 따라 판단해야 합니다. 사도 바울은 말합니다. "그리스도께서 모든 사람을 위하여 죽으신 것은, 이제부터는, 살아 있는 사람들이 자기 자신들을 위하여 살아가도록 하려는 것이 아니라, 자기들을 위하여서 죽으셨다가 살아나신 그분을 위하여 살아가도록 하려는 것입니다"(고후 5:15). 그러므로 새로운 피조물의 삶의 판단 기준은 섬김이 되어야 합니다.

예수님께서는 "인자는 섬김을 받으러 온 것이 아니라 섬기러 왔으며, 많은 사람을 구원하기 위하여 치를 몸값으로 자기 목숨을 내주러 왔다"(막 10:45). 고 말씀하셨습니다. 예수님께서는 자신이 세상에 온 목적은 섬기기 위해서라고 말씀하셨고, 섬김의 극치가 십자가에서 인류의 구원을 위하여 돌아가신 것이었습니다. 그렇기 때문에 교회에서 으뜸이 되고자 하는 사람은 모든 사람의 종이 되어야 하는 것은 당연합니다(막 10:44). 휴스턴서울교회가 건강한 것은 섬기는 사람들이 리더가 되기 때문입니다. 섬기는 사람이 목자가 되고, 목자 중에서 더 섬기는 사람이 안수집사가 됩니다. 섬기는 사람이 인정받고 리더가 되기 때문에 교회가 건강합니다.

교회뿐만이 아니라 성도들의 가정생활도 섬김이 기반이 되어야 합니다. 부모들은 자녀들에게 섬기는 삶을 보여주어, 자녀들도 섬김의 삶을 살도록 만들어야 합니다. 직장 생활에서도 섬김이 기반이 되어야 합니다. 직장 상사는 부하 직원을 섬기고, 부하 직원은 동료를 섬겨야 합니다. 작은 사업체를 하는 분들도 섬김이 사업 운영의 기반이 되어야 합니다. 고객을 섬기고, 종업원을 섬겨야 합니다. 새로운 피조물로 만들어 주신 목적 즉 자신을 위하여 살지 아니하고 주와 이웃을 위하여 살 때에 그곳에 참된 보람이 있고 기쁨이 있습니다.

아담의 후예들은 1000명이 먹을 것을 혼자 먹으면 성공했다고 생각합니다. 그러나 예수님의 후예들은 나로 인하여 1000명이 먹게 될 때 성공했다고 말합니다. 우리가 추구하는 성공은 이러한 성공이 되어야 하겠습니다.

하나님과 인간이 화해토록 한다

새로운 피조물이 된 사람들은 하나님과 화해하는 직책을 맡았습니다(고후 5:18-20). 세상 사람들은 하나님에 관하여 여러 가지 오해를 합니다. 그래서 하나님을 두려워하고, 싫어하고, 미워하고, 부인합니다. 이러한 오해를 풀어주는 것이 서울교회 교인이라면 누구나 수강해야 하는 13주 '생명의 삶' 성경 공부입니다. 이 성경 공부는 하나님과 예수님에 관한 오해를 풀어드리는 것을 목표로 하고 있습니다. 이런 오해가 풀리고 참된 하나님과 예수님을 알게 될 때 하나님과 예수님을 믿게 되고, 사랑하게 되는 것을 봅니다.

18절에서 하나님께서 우리에게 화해의 직분을 주셨다는 것은 세상과 하나님이 이미 적대 관계에 있다는 것을 의미합니다. 이런 적대 관계가 된 것은 하나님이 인간을 미워해서 그렇게 된 것이 아닙니다. 인간이 스스로 자신을 하나님의 적으로 만들었기 때문입니다. 얼마 전 TV 뉴스에, 아프간에서 탈레반과 전투를 벌이던 미군이 적병을 하나 체포했는데, 이 적군이 미국 국적을 가진 사람이었다는 보도가 있었습니다. 이 사람이 미국의 적이었습니다. 그러나 미국 정부가 그렇게 만든 것이 아닙니다. 자신이 적의 편에 섰기 때문에 스스로 자신을 미국의 적으로 만든 것입니다.

인간은 하나님을 배반하고, 무시하고, 거역하고, 비방함으로 스스로를 하나님의 적으로 만들었습니다. 그러나 하나님께서 먼저 손을 내미셨습니다. 아들 예수님을 보내셔서 스스로 화해의 길을 마련하셨습니다. 우리는 이러한 기쁜 소식을 전하고 아담의 후예로 하여금 하나님과 화해하게 만들고 예수님의 후예로 만드는 사명을 받은 사람들입니다. 하나님과 예수님을 소개하여 세상 사람들을 하나님과 화해시켜야 합니다.

어떻게 하나님에 대한 오해를 풀어 줄 수 있을까요? 이론이나 논리로는 안 됩니다. 그들이 우리를 통하여 하나님이 어떤 분인지를 체험하도록 해야 합니다. 체험하도록 하는 데에는 섬김보다 더 좋은 방법이 없습니다. 우리 교회에서 많은 분들이 예수님을 주님으로 영접하는 이유는 여러분들의 섬김 때문입니다. 세상에서 받아보지 못하는 섬김을 받고 감동하여 하나님에 대한 적개심과 경계심을 풉니다. 그 결과 '생명의 삶'을 수강하고, 예수님을 주님으로 영접하는 데까지 나아갑니다.

우리는 섬기되, 100% 섬겨야 합니다. 어떤 목자는 열심히 섬기기는 하는데 섬김에 열매가 없고 기쁨도 없습니다. 이유가 무엇입니까? 자신이 50% 섬기면 상대방이 50% 섬겨주기를 기대하기 때문입니다. 이러한 섬김은 아담의 후예들의 마음을 녹이지 못합니다. 이들에게 감동을 주려면 100% 섬겨야 합니다.

저는 전도, 전도 대상자 등의 용어 사용을 피합니다. 공격적으로 들리기 때문입니다. 우리의 사역은 공격하고 정복하는 것이 아닙니다. 화해시키는 것입니다. 하나님이 아니면 해결 받을 수 없는 많은 문제를 안고 있는 사람들이 오해 때문에 하나님께로 나오지 못합니다. 이러한 사람들에게 하나님에 대한 오해를 풀어주고, 하나님과 화해토록 하여, 하나님으로부터 오는 도움을 받도록 하는 것이 우리의 사명입니다. 우리가 새 피조물이 되는 축복을 누렸으니 이러한 축복을 남도 맛볼 수 있도록 화해의 사역에 매진해야 합니다.

고린도후서 6장

은혜를 헛되이 말라

전도를 하다 보면 다음과 같은 질문을 매우 자주 받습니다. "복음을 한 번도 들어보지 못한 우리 조상들을 구원을 받니까, 못 받니까?" 안타깝게도 성경은 여기에 대한 분명한 답을 주고 있지 않습니다. 복음을 듣고 믿으면 구원받는다는 분명한 메시지가 있지만, 복음을 들어 보지조차 못한 사람들에 대해서는 명확한 답이 없습니다. 그러나 하나님은 절대적인 사랑이시고 절대적으로 의로우신 분이시기 때문에, 이들을 심판하실 때 절대 불공평한 심판은 하지 않으시리라는 것은 확신할 수 있습니다. '절대 불공평하지 않은 심판'이 무엇인지는 알 수 없습니다. 하나님은 인간의 이해와 사고를 초월하시는 분이시기에, 그분이 하시는 일을 완전히 이해할 수 없습니다. 모르는 부분은 하나님의 섭리에 맡겨 놓고 우리는 인간이 이해할 수 있는 일을 하는 것이 최선입니다(신 29:29).

▌기회를 놓치지 않는다

사도 바울은 이사야서를 인용하여 우리가 은혜의 시대에 살고 있음을 말합니다(고후 6:2). 예수님이 부활 승천하시고 재림하실 때까지의 시대를 은혜 시대, 혹은 마지막 시대, 즉 말세라고 부릅니다. 우리는 지금 복된 '은혜 시대'에 살고 있습니다. 그렇다면 우리는 하나님의 은혜를 헛되이 하지 않도록 해야 합니다. 어떻게 하면 하나님의 은혜를 헛되이 하지 않을 수 있을까요?

1) 자신이 먼저 은혜를 받아들인다

하나님의 은혜를 헛되이 하지 않기 위해 자신이 먼저 은혜를 받아들여야 합니다. 은혜를 받아들이기 위해서는 예수님을 주님으로 영접해야 합니다. 어떤 사람들은 예수님을 영접하기를 주저합니다. 그 이유는 타종교를 믿다가 돌아가신 선친들을 배신하는 것처럼 느껴져서 그렇답니다. 그러나 예수님을 영접하는 것이 선친을 배신하는 것은 아닙니다. 오히려 선친에게 진정한 효도를 하는 것입니다. 6.25전쟁 때 먹을 것이 없어서 배도 고파보았고, 옷이 없어서 추운 날씨에 떨기도 해 보았고, 도보로 하루에 수십 리씩 걸어본 분들이 많이 있습니다.

그런데 이런 사람들이 자녀들도 같은 고생을 겪어야 한다고 생각할까요? 아니지요! 자신이 겪은 고생을 자손들은 절대 겪지 않기를 바랄 것입니다. 비록 천국에 못 가셨다 할지라도 이분들은 자손들만은 천국에 가기를 간절히 소원하실 것입니다. 진정으로 조상님들을 기쁘게 해 드리기 원한다면 하나님의 은혜를 헛되이 하지 말고 예수님을 주님으로 영접해서 하나님과 화해하시기 바랍니다.

생존해 계신 부모님들이 다른 종교를 믿기 때문에 갈등이 생길 것이 두려워서 예수 믿기를 주저하시는 분들도 있습니다. 그러나 기독교는 다른 종교와 다릅니다. 종교란 마음의 평안을 찾기 위해서 인간이 만들어낸 것입니다. 그러나 기독교는 종교가 아닙니다. 기독교는 하나님께서 계시해 주신 진리입니다. 지금 누군가 제게

"왜 예수를 믿느냐?"

물으면 한 가지 대답밖에 드릴 수가 없습니다.

"사실이기 때문에 믿습니다."

기독교가 진리인지 어떻게 압니까? 예수님의 부활 때문입니다. 예수님께서는 죽었다가 사흘만에 부활하셔서 당신이 하나님이 보낸 분이라는 것을 증명해 보이셨습니다. 이뿐만이 아닙니다. 예수님께서 탄생하기 전 약 1000년에 걸쳐 약 40명이나 되는 예언자들이 장차 나타날 구세주에 관해서 예언했습니다. 예수님께서는 이 예언을 모두 성취하셔서 당신이 구세주임을 증명해 보이셨습니다. 이러한 증거가 있기 때문에 우리는 복음이 이론이 아니라 사실이고 진리인 것을 알 수 있습니다.

그렇기 때문에 부모님들이 다른 종교를 믿고 계신다고 할지라도 예수님을 영접해야 합니다. 그래야 부모님들도 구원할 수 있습니다. 비행기를 타면 이륙할 즈음에 승무원들이 비상사태에 대한 안내 광고를 합니다. 고공에서 비상사태가 생겨서 산소 호흡기가 공급되면 자신이 먼저 착용하고 다음에 자녀들에게 착용해주라고 말합니다. 부모의 본능은 자녀에게 먼저 호흡기를 착용시키는 것입니다. 그러나 산소 부족으로 부모가 실신이라도 하면 부모뿐 아니라 자녀도 죽습니다. 부모가 살아야 자녀도 삽니다. 마찬가지로 부모님을 구원하기 원하면 자녀가 우선 구원 받아야 합니다.

2) 은혜를 사역의 도구로 사용한다

은혜를 헛되이 하지 않으려면 받은 은혜를 섬김을 위해 사용해야 합니다. 어떤 목사님의 설교 가운데 다음과 같은 예화가 있습니다. 예수님께서 어떤 술 중독자를 만났습니다. 어디에서 본 얼굴이라 물어보니 자신이 앉은뱅이일 때에 예수님께서 일으켜 주었다고 했습니다. 그런데 앉은뱅이일 때에는 구걸을 해서 먹고 살았는데, 다리가 건강해지니 구걸도 못하고, 그렇다고 마땅한 직장도 구할 수 없어서 삶을 포기하고 알코올 중독자가 되었다는 것입니다. 이어 창녀를 만났는데 어디서 본 듯한 얼굴이었습니다. 알고 보니 불륜을 저지르고 돌에 맞아 죽을 뻔했으나 예수님이 죄 없는 사람이 먼저 돌로 치라고 말씀하셔서 구해 주셨던 여인이었습니다. 왜 아직도 창녀 노릇을 하느냐고 하니까 옛 삶을 청산하려 했는데, 도와주는 사람도 없고, 새로운 직업을 얻기도 마땅치 않고, 게다가 외로워서 다시 옛 생활로 돌아갔다고 했습니다.

얼마를 가다가 또 얼굴이 익숙한 조폭 두목을 발견했습니다. 알고 보니 장님이었다가 예수님 때문에 눈을 뜬 사람이었습니다. 눈을 뜨고 보니까 맘에 들지 않는 사람들도 많고, 부조리와 부정부패에 울분이 터져서 주먹을 쓰다보니까 조폭 두목이 되었다고 했습니다. 물론 가상의 예화이지만 이러한 사람들이 주님 주신 은혜를 헛되이 한 사람들입니다.

우리도 은혜를 헛되이 쓰기 쉽습니다. 건강을 주니까 건강한 몸으로 쾌락을 추구합니다. 물질의 복을 주니까 향락을 위해서 씁니다. 권력을 주니까 남을 착취하는 데에 씁니다. 은사를 주니까 자신을 과시하는데 씁니다. 이것이 하나님의 은혜를 헛되게 하는 것입니다.

은혜를 헛되이 하지 않으려면 주님께 받은 은혜를 주님과 이웃을 섬기는 데에 사용해야 합니다. 이렇게 은혜를 흘려보낼 때 우리의 영이 살 수 있습니다. 사해(Dead Sea) 바다는 염도가 높아서 물고기도 식물도 서식하지 못합니다. 그래서 이름도 죽은 바다라는 의미의 사해(死海)입니다. 어떻게 사해는 죽은 바다가 되었습니까? 요단강에서 물을 받아들이기만 하고 흘려 내보내지 않았기 때문입니다. 하나님의 은혜를 받기만 하고 흘려보내지 않으면 은혜가 독이 될 수가 있습니다. 그러므로 은혜를 입었을 때마다 이러한 기도를 해야 합니다 "하나님, 이 받은 은혜를 주와 이웃을 위하여 어떻게 사용하리까?"

▌화해의 복음을 전한다

받은 은혜를 헛되이 하지 않는 두 번째 방법은 이 화해의 복음을 이웃에게 전하는 것입니다. 예를 들어 봅시다. 수년 전 대학가에서 그랬던 것처럼 여러분이 반 정권 운동을 벌이다가 범죄자로 몰려서 수배를 당했다고 합시다. 수시로 경찰이 집을 덮치고 형사들이 혈안이 되어 여러분을 찾습니다. 먼 산골 초막집에 숨어서, 사람도 못 만나고, 가고 싶은 곳에도 못 가고, 전전긍긍하며 삽니다. 그런데 정권이 바뀌면서 사면령이 내려졌습니다. 신고만 하면 처벌을 받지 않고 복권할 수 있게 되었습니다. 같이 반정부 활동을 하던 친구가 이 사실을 알고 신고해서 복권 되었습니다. 그런데 이 친구가 두려움 가운데 숨어 사는 여러분에게 사면령이 내린 것을 알려주지 않았다면 이 친구는 어떤 사람입니까? 의리 없는 괘씸한 사람 아닙니까?

하나님께서는 그리스도를 통하여 우리와 화목하셨습니다. 누구든지 하나님 앞에 나와서 죄인임을 고백하고 예수님을 인생의 주인으로 모시면 하나님과 화해를 이룹니다. 죄를 용서 받고 의롭다 함을 받습니다. 이러한 것을 알면서도 모르는 사람들을 찾아가서 하나님과 화해를 전하지 않으면 의리 없는 나쁜 사람이 아닐까요?

이웃들을 하나님과 화해시키려면 적합한 방법을 사용해야 합니다. 갱 영화를 보면 두 조직 간에 문제가 생기면 큰 보스가 두 조직의 보스를 불러다가 협박 반 회유 반 화해를 시킵니다. 그러나 그러한 화해가 영구적인 결과를 가져오는 법은 없습니다. 하나님과 사람을 화해시키는 것은 무력이나 지위, 돈 등에 의존하는 방법이 아닙니다. 유일한 방법은 사랑입니다.

사도 바울은 6~8절에서 이렇게 말합니다.

"우리는 순결과 지식과 인내와 친절과 성령의 감화와 거짓 없는 사랑과 진리의 말씀과 하나님의 능력으로 이 일을 합니다. 우리는 오른손과 왼손에 의의 무기를 들고, 영광을 받거나, 수치를 당하거나, 비난을 받거나, 칭찬을 받거나, 그렇게 합니다."

화해의 복음을 전하기 위해서는 인내해야 합니다. 금방 복음을 받아들이지 않는다고 조바심내거나 화를 내서는 안 됩니다. 또 거짓 없는 사랑으로 해야 합니다. 복음을 받아들일것 같으면 친절하게 대하다가 복음을 거부하면 무시해서는 안 됩니다. 무엇보다도 성령 충만해야 합니다. 화해의 일은 인간적인 노력으로 되지 않기 때문입니다.

또한 화해의 복음을 전할 때에는 고난을 각오해야 합니다. 나는 상대방을 위해 복음을 전하지만 상대방은 고마워하지 않을 것입니다. 4~5절에 보면 바울도 복음을 전하다가 많은 고난을 받은 것을 볼 수 있습니다. 왜 좋은 소식을 전하는데 이런 고난이 돌아올까요? 일반 사람들은 계산이 섞이지 않은 진정한 호의를 받아본 경험이 없기 때문입니다. 그래서 기쁜 소식을 전하면 수상쩍게 생각합니다.

다른 교회 교인들이 여러분들을 수상쩍게 생각하는 것을 아십니까? 서울교회 교인들은 담임 목사를 교주처럼 대한다고 비웃기도 하고, 담임 목사를 하나님보다 더 사랑한다고도 비난하기도 합니다. 왜 이처럼 수상쩍어 할까요? 행복한 교회 생활을 해본 적이 없고, 담임 목사를 좋아해 본 적이 없기 때문입니다. 이런 경험이 없으니까 교인들이 담임 목사를 좋아한다는 것이 너무나도 이상해서 이런 의심을 하게 되는 것입니다.

많은 사람들이 복음을 믿지 못하는 이유도 마찬가지입니다. 예수님을 주님으로만 영접하면 죄를 용서받고, 의롭다 함을 받고, 하나님의 자녀가 되고, 영생을 소유한다는 메시지는 너무나도 좋은 소식입니다. 그래서 믿기 어렵고 수상쩍게 보입니다. 그렇기 때문에 믿어보라는 권유에 반발하고, 복음을 믿는 그리스도인을 비웃고, 한 걸음 더 나아가서 기독교인들을 핍박하기까지 합니다.

이러한 사람들에게 화해의 복음을 전하려면 마주 싸워서는 안 됩니다. 4절에서 사도 바울이 말한 것처럼 무슨 일에서나 하나님의 일꾼답게 처신하면 그들의 마음이 움직일 날이 올 것입니다. 그 때를 기다려야 합니다.

구별된 삶을 산다

우리가 은혜를 헛되이 하지 아니하고 화해의 사역을 하려면 세상과 구별된 삶을 살아야 합니다(고후 6:14-16 상). 안 믿는 사람에게 복음을 전하기 위해서는 술친구가 돼 주어야 한다고 주장하는 사람이 있습니다. 그러나 대한민국 남성의 약 70%가 실질적인 알코올 중독자입니다. 이런 사람들이 술을 끊을 수 있는 곳은 교회뿐입니다. 그런데 같이 술을 마시면 이 사람들이 어떻게 술 중독에서 벗어날 수 있겠습니까?

우리가 은혜를 헛되이 하지 아니하고 화해의 사역을 하려면 세상과 구별된 삶을 살아야 합니다(고후 6:14-16 상). 옛날 수도사들처럼 산 속에 틀어박혀 살면서 세상과 자신을 격리시키라는 말이 아닙니다. 주님께서 십자가에 돌아가시기 전날 밤 제자들을 위하여 기도할 때 제자들을 세상에서 격리시켜 달라고 기도하지 않으셨습니다. 오히려 세상 가운데에 있으면서 보호해 달라고 기도하셨습니다(요 17:15). 또 우리가 세상에서 살지 않으면 주님이 원하시는 빛과 소금의 삶을 살 수 없습니다

(마 5:13-14). 타락된 세상에서 세상 사람과 구별된 거룩한 삶을 살아야 합니다(고후 7:1).

인간은 자신과 다르면 경계하거나 피하거나 핍박합니다. 그럼에도 불구하고 하나님과 세상을 화목케 하는 사명을 감당하려면 세상 사람들과 달라야 합니다.

우리 교회에는 안 믿는 가정배경을 가지고 미국에 와서 처음으로 예수를 믿게 되는 사람들이 많습니다. 이러한 사람들 중에 종가 며느리들은 귀국한 후 제사 문제로 인하여 염려를 많이 합니다. 어떤 사람들은 집안에 풍파를 일으키지 않겠다며 귀국한 후에 예수 믿게 된 것도 비밀로 하고 제사에도 남들과 똑같이 참여합니다. 그런데 그렇게 하는 경우 그 가족이 구원 받는 예는 거의 없습니다. 그러나 어떤 사람은 예수를 믿게 된 것을 밝히고 제삿날 시댁에 가서 음식 준비도 돕고 며느리로써 할 도리를 다하지만 최후에 제사상 앞에 절하는 것은 거부합니다. 그러면 처음에는 핀잔도 듣고 놀림을 당하기도 하고 미움도 받습니다. 그러나 얼마 있다가 그 가족들이 다 구원받는 것을 봅니다.

우리가 세상과 하나님을 화해시키고 세상을 변화시키려면 세상과 달라야 합니다. 오해를 받고 놀림을 받고 핍박을 받더라도 그래야 합니다. 하나님의 백성의 삶은 세상 사람과 다른 삶이지만, 멋진 삶입니다. 사도 바울은 크리스천의 삶을 이렇게 설명합니다. "우리는 속이는 사람 같으나 진실하고, 이름 없는 사람 같으나 유명하고, 죽는 사람 같으나, 보십시오, 살아 있습니다. 징벌을 받는 사람 같으나 죽임을 당하는 데까지는 이르지 않고, 근심하는 사람 같으나 항상 기뻐하고, 가난한 사람 같으나 많은 사람을 부요하게 하고, 아무것도 가지지 않은 사람 같으나 모든 것을 가진 사람입니다"(고후 6:8 하-10). 세상 사람들의 삶은 이와 반대입니다. 진실한 것 같지만 속입니다. 유명한 사람 같지만 남들이 알아주지 않습니다. 기뻐하는 것 같지만 근심에 쌓여있습니다. 부요한 것 같지만 가난합니다. 모든 것을 가진 것 같지만 아무것도 갖지 못했습니다.

두 종류의 삶을 비교해 볼 때 어느 쪽이 우리가 선택해야 할 삶이 되어야 하겠습니까?

> 고린도후서 7장

믿음 좋은 사람에 관한 오해 풀기

　우리는 믿음이 좋은 사람이라고 하면 세상적으로 흔히 말하는 '도사'를 생각하기가 쉽습니다. 도사처럼 신비한 말을 하고 신비한 능력을 행하는 사람입니다. 그래서 잘못된 리더를 따르다가 이단에 빠지기도 합니다. 그러나 이것은 오해입니다. 성경에서 말하는 믿음 좋은 사람은 그런 사람들이 아닙니다. 사도 바울의 삶과 그의 가르침을 통하여 믿음이 좋은 사람에 대한 오해를 풀고 진정으로 믿음이 좋은 사람의 모습을 발견해 보고자 합니다.

오해 1 모든 사람들의 신뢰를 받는다

믿음이 좋은 사람에 관한 첫 번째 오해는 믿음이 좋은 사람은 모든 사람의 신뢰를 받는다는 것입니다. 진정한 하나님의 사람이라면 모든 사람의 신뢰할 것이고 신뢰를 받지 못한다면 인격적으로 혹은 사역에 있어서 하자가 있기 때문일 것이라고 생각합니다. 그러나 믿음이 좋은 사람이라고 모든 사람에게 신뢰를 받는 것은 아닙니다.

진정으로 믿음이 좋은 사람은 보통 남들에게 신뢰를 받는 것이 사실입니다. 그러나 신뢰는 쌍방 관계이기 때문에 신뢰할만한 사람이라 할지라도 상대방의 오해나 선입견으로 인해 신뢰받지 못하는 경우도 있습니다. 사도 바울이 예입니다. 사도 바울은 고린도교인으로부터 오해를 많이 받았습니다. 빈 약속을 하는 사람이라느니 돈 욕심이 있어서 헌금을 강요한다든지 등의 오해를 받았습니다. 이런 오해 때문에 사도 바울은 고린도 교인들을 향하여 자신을 변명하고 믿어달라고 호소까지 해야 했습니다(고후 7:2-3). 그러므로 여러분들은 신뢰하지 못하고 의심하는 사람이 있어도 너무 속상해 하지 마시기 바랍니다. 사도 바울도 100% 신뢰를 받지 못했는데 우리를 신뢰하지 못하는 사람이 있다는 것은 당연한 것 아니겠습니까?

그렇다고 자신이 신뢰를 받지 못하는 것을 무조건 상대방의 오해 탓으로 돌려서는 안 됩니다. 자신이 신뢰받지 못할 말이나 행동을 하고 있지 않은가 살피고, 바울처럼 자신이 신뢰할만한 사람인가를 스스로 확인해야 합니다(고후 7:2). 자신의 동기에 문제가 없다고 확신이 되면, 자신의 말과 행동이 주위 사람들에게 신뢰를 심어주지 못하고 있지 않은가 살펴야 합니다. 이런 성찰 결과 자신이 신뢰를 받지 못하는 것은 상대방의 오해 때문이라고 결론이 내려지면, 신뢰 받지 못했던 사도 바울을 기억하며 더 이상 괴로워하지 말고 편한 마음을 가지시기 바랍니다. 한 걸음 더 나가서 오해로 인하여 비난 받고 공격 받는 것을 기뻐하시기 바랍니다. 주를 위해 받는 오해와 고난은 천국에 상이 있다고 주님께서 약속하셨기 때문입니다(마 5:11).

▌오해 2 항상 부드럽게 남을 대한다

믿음이 좋은 사람에 대하여 갖고 있는 또 하나의 오해는 믿음이 좋은 사람은 항상 부드럽다는 것입니다. 그래서 화를 내거나 질책을 하면 "아니 영적이라는 사람이 이럴 수가 있어?" "예수님이 이웃을 내 몸과 같이 사랑하라고 하셨는데 이런 식으로 할 수 있어?"하며 항의 합니다.

그러나 믿음 좋은 사람이라고 반드시 부드러운 것은 아닙니다. 사도 바울도 사도 바울의 권위에 도전하는 사람들을 심하게 질책했습니다. 단순한 개인에 관한 도전이 아니라 사도로서의 권위에 관한 도전이고, 가만두면 복음의 핵심 자체가 흔들릴 것이라고 판단해서 그랬던 것 같습니다. 고린도 교인들에게도, 마음에 상처를 받을 것을 알면서도 강한 내용의 편지를 적어 보냈습니다(고후 7:8-9).

믿음이 좋은 사람은 항상 부드러운 말, 좋은 말만 해서는 안 됩니다. 잘못할 때에는 따끔한 말도 해줄 수 있어야 합니다. 우리가 진정으로 누구를 사랑한다면 그가 잘못하고 있을 때 그를 바로 잡아주어야 합니다. 어떤 분들은 사랑이 많다는 인상을 유지하기 위하여 질책하거나 책망해야 할 때 그냥 넘어가는 경우가 있습니다. 이혼한 가정에서 종종 보는 모습입니다. 이혼한 부모가 자녀들의 마음을 사로잡기 위해 경쟁적으로 비싼 물건을 사주기도 하고 잘못해도 나무라지 않습니다. 목자에게서도 비슷한 모습을 볼 때가 있습니다. 사랑 없는 목자라는 소리를 듣는 것이 두려워서, 목장 식구가 다른 목장 식구들에게 상처를 줘도 그냥 넘어갑니다. 교회 오래 다닌 사람이 새로 믿는 사람에게 본을 보이지 못해도 묵과하고 넘어갑니다. 그래선 안 됩니다. 하나님은 사랑하는 자를 훈련시킨다고 했습니다(히 12:10). 우리도 진정으로 사랑하면 필요할 때 징계해야 합니다.

사도 바울은 10절에서 하나님의 뜻에 맞게 아파하는 것과 세상 일로 마음 아파하는 것을 말하고 있습니다. 마음 아파하는 것에는 두 가지가 있습니다. 하나님의 뜻에 맞게 아파하는 것과 세상 일로 마음 아파하는 것입니다(10절). 여기에서 '마음 아파한다'로 번역된 단어의 원래 의미는 '슬픔'입니다. 개역 성경에서는 이 단어를 '근심'으로 번역했습니다.

근심에는 두 가지가 있습니다. 회개하여 구원에 이르게 하는 근심과 죽음에 이르게 하는 근심입니다. 우리 주위에서도 두 가지 근심을 맛보는 사람들이 있습니다. 역경과 슬픔을 통해 회개하고 하나님께 돌아와서 새 삶을 사는 사람이 있습니다. 반면 역경과 슬픔을 통해 세상을 원망하고 자신의 신세를 비관하다가 성격이 삐뚤어지고 실의에 차서 인생을 낭비하는 사람들이 있습니다. 전자는 회개에 이르는 근심을 맛보았고 후자는 죽음에 이르는 근심을 맛보았다고 할 수가 있겠습니다.

근심은 시련에서 시작됩니다. 그러면 구원에 이르게 하는 시련과 자연적으로 생기는 시련을 어떻게 구별한 것인가? 구별하기 어렵습니다. 하나님께서 구원에 이르도록 하기 위해 시련을 주실 수도 있지만 그런 경우는 극히 적다고 저는 생각합니다. 대부분의 시련은 자신의 잘못과 악한 사람 때문에 생깁니다. 그러나 이 시련을 어떻게 처리하느냐에 따라서 회개에 이르는 근심이 될 수가 있고, 죽음에 이르는 근심이 될 수도 있다고 생각합니다. 하나님을 원망하고 이웃에 분노하고 절망과 좌절에 빠지면 죽음에 이르는 근심이 됩니다. 그러나 이것을 주님에게 맡기고 극복하면 구원에 이르는 근심이 됩니다.

주님은 위대한 예술가입니다. 위대한 조각가는 어떤 재료를 주어도 아름다운 작품을 만듭니다. 대리석을 주면 그것으로 아름다운 조각품을 만들고 진흙을 주면 아름다운 도자기를 만들고, 플라스틱을 주면 아름다운 조형품을 만듭니다. 하나님께서는 어떤 근심이나 슬픔도 그를 사용하여 우리 삶에 아름다운 결과를 가져오도록 하십니다. 모든 것을 합력하여 선을 이루시는 분이기 때문입니다(롬 8:28).

근심이 죽음에 이르지 않고 구원에 이르도록 하기 위해서는, 근심거리가 생겼을 때 우선 자신을 성찰하여 회개할 것이 있으면 회개해야 합니다. 그리고는 근심을 하나님께 맡겨야 합니다.

맡긴다는 것은 무슨 의미입니까?

첫째, 인내입니다. 하나님이 역경을 허락하셨을 때에는 선을 이루기 위해서입니다. 그 선은 예수님을 닮는 것입니다. 예수님을 닮은 것은 인내라는 과정을 거쳐야 합니다(약 1:3-4). 그러므로 우리는 역경이 지나갈 때까지 인내하며 기다려야 합니다. 이런 인내 가운데에 성품이 변하고 모난 성격이 깎여 예수님을 닮게 됩니다.

둘째, 감사입니다. 역경이 오면 감정적으로 힘듭니다. 하지만 역경을 의지적으로 감사해야 합니다. 하나님이 역경을 통하여 선을 이루실 것을 믿는다는 것을 고백하는 것이 '감사'입니다. 근심이 자동적으로 선을 이루는 것은 아닙니다. 하나님 능력이 역사해야 하는데, 하나님의 능력은 믿음이 있는 곳에 역사합니다. 처한 역경을 감사하는 것이 바로 믿음의 표현입니다. '역경을 견디지 못하면 어쩌나'하며 두려워할 필요 없습니다. 하나님께서는 감당 못할 시험은 주지 않으시고 감당하지 못할 것 같으면 피할 길을 주실 것이기 때문입니다(고전 10:13).

오해 3 감정의 진폭이 없다

믿음이 좋은 사람에 관하여 갖는 또 하나의 오해는 믿음이 좋은 사람은 감정의 진폭이 없다는 것입니다. 이런 사고는 동양적인 사상에서 왔습니다. 불교에서는 감정을 극복해야 할 대상으로 보고, 어떠한 감정도 느끼지 않는 초월한 상태에 들어가는 것을 열반이라고 하여 사모합니다. 그러나 하나님의 백성은 믿음이 자라면서 감정이 더 풍부해집니다. 죄를 볼 때 가슴 저리게 마음 아파하고 아름다움을 볼 때 눈물을 흘릴 정도로 감동합니다. 우리 교회가 남자를 울리는 교회라는 평이 났다고 하는데, 남성들의 감성이 풍부해졌다는 의미로 들려서 기쁩니다. 지난 새 교우 환영회에서 새로 등록한 자매님이 교회를 처음 방문했을 때 이곳저곳에서 미소를 볼 수가 있어서 좋았다고 했는데, 성도들이 감성이 풍부해져서 웃음이 많아진 것 같아 기뻤습니다.

오늘 본문에서도 사도 바울의 풍성한 감정을 감지할 수 있습니다. 두려움(5절), 실의(6절), 기쁨(7절), 후회(8절) 등입니다. 인간에게 감정이 있는 것은 하나님의 형상으로 지음 받았기 때문입니다. 하나님께서 감정을 갖고 계시기 때문에 우리가 감정을 갖고 있습니다. 그러므로 믿음이 자라면 감성이 더 발달합니다. 남의 아픔에 같이 울어주고, 작은 즐거움에 기뻐하고, 하나님의 은혜에 감격합니다. 남성들은 감정 표현을 두려워하는데 그래서는 안 됩니다. 믿음이 자라려면 감정 노출시키는 법을 배워야 합니다. 희로애락을 느끼지 않는 사람은 도사는 될지 몰라도 믿음이 좋은 사람은 못됩니다.

하나님께서 주신 감정도 죄에 의하여 오염되었습니다. 그렇기 때문에 부정적인 감정은 성령 충만으로 극복해야 합니다. 또한 억눌려 있습니다. 그렇기 때문에 감정을 표현하려고 노력해야 합니다. 감사와 회개와 연민의 눈물을 흘리는 것을 부끄러워하지 말고, 삶에서 웃음이 떠나지 않도록 노력해야 합니다.

오해 4 자랑하지 않는다

믿음이 좋은 사람에 관하여 갖는 네 번째 오해는 자랑하지 않는다는 것입니다. 일리가 없는 말은 아닙니다. 사도 바울도 사랑은 자랑하지 않는 것이라고 했습니다(고전 13:4). 그러나 이웃과 하나님에 관해서는 자랑해야 합니다. 사도 바울은 디도에게 고린도교회를 자랑했습니다(고후 7:14). 마케도니아 교회에도 고린도교회를 자랑했습니다(고후 9:2). 또 고린도교회가 자신을 자랑하기를 바란다고 했습니다(고후 1:14). 아내가 자식 자랑을 하면 팔불출이라고 비웃습니다. 그러나 자식을 자랑하는 것이 자식을 부끄러워하는 것 보다는 낫습니다. 또 자식을 자랑하는 것이 자신을 자랑하는 것보다 훨씬 낫습니다.

자신이 아닌 대상을 자랑스러워하는 것은 좋은 일입니다. 안 믿거나 새로 믿는 사람들이 다른 사람을 자랑하는 것을 듣기 어렵습니다. 그러나 서울교회 교인들은 목자 목녀들을 자랑합니다. 또 목자 목녀들은 목장 식구들을 자랑합니다. 남을 자랑하는 것은 믿음이 좋다는 표시도 보아도 좋습니다.

믿음이 좋은 사람들은 이웃을 자랑할뿐더러 하나님을 자랑합니다. 간증이 하나님을 자랑하는 방법 중의 하나입니다. 간증을 부탁하면 사양을 하는 사람이 있는데 간증을 자기 자랑이라고 생각해서 그러는 것 같습니다. 그러나 간증은 자기 자랑이 아니고 하나님을 자랑하는 것입니다. 은혜를 체험했으면 부끄러워하지 말고 간증을 통하여 하나님을 자랑해야 합니다.

오해 5 고뇌의 삶을 산다

믿음이 좋은 사람에 관한 다섯 번째 오해는 믿음의 사람은 '고뇌의 사람'이라는 것입니다. 거룩한 사람은 항상 마음 아파하고 괴로워하고 슬퍼해야 한다고 생각합니다. 그러나 그렇지 않습니다. 믿음이 좋은 사람을 특징짓는 것은 기쁨입니다. 본문에서 사도 바울은 곳곳에서 기쁨을 말합니다. 환난 가운데에서 맛보는 기쁨을 말하고(고후 7:4), 디도를 만난 기쁨을 말하고(고후 7:13), 고린도교인들로 인한 기쁨을 말합니다(고후 7:16). 신앙 연륜이 깊어지면서 점점 더 까다로운 사람, 불평하는 사람, 비판적인 사람으로 변해가는 모습을 종종 봅니다. 그러나 이래서는 안 됩니다. 진정으로 믿음이 자랐다면 기쁨이 더 많아지고 웃음이 더 헤퍼져야 합니다. 그렇다면 사람의 믿음이 자라면 기뻐할 수밖에 없는 이유는 무엇일까요?

우리는 믿음의 사람이 기뻐할 수밖에 없는 두 가지 이유를 본문에서 발견합니다.

첫째, 주님이 주시는 위로 때문입니다(고후 7:6). 역경이 크면 클수록 위로도 큽니다. 위암 말기 투병중인 자매님을 심방한 적이 있습니다. 음식을 못 먹으니까 뼈와 가죽만 남아있었습니다. 그런데 힘이 없어서 숨을 헉헉대며 제게 이렇게 말했습니다. "하나님이 저를 세상에서 제일 사랑하시는 것 같아요." 당시에는 이 말이 이해가 되지 않았고, 죄송하지만, 죽음 앞에서 허세를 부린다고 생각했습니다. 그러나 이제는 자매님의 말을 이해할 것 같습니다. 큰 역경 가운데 있기 때문에 하나님의 더 큰 위로를 맛보고 있었던 것이 틀림없습니다. 이 자매는 며칠 후 세상을 떠나 사랑하는 하나님 앞으로 갔습니다. 이러한 하나님의 위로가 있기 때문에 우리는 역경 가운데에서도 기뻐할 수 있는 것입니다.

둘째, 사람이 변하는 모습을 보는 기쁨을 맛보기 때문입니다. 사도 바울을 기쁘게 했던 것은 고린도교인들이 회개한 모습이었습니다(고후 7:11). 멸망해 가는 사람이 구원 받아서 하나님의 자녀가 되고 타락한 삶을 살던 사람이 거룩한 삶을 사는 사람으로 변해가는 것을 보는 것보다 더 큰 기쁨은 없습니다. 목자, 목녀들이 어려움 가운데에서 지속적으로 사역을 하는 것은 이러한 기쁨을 맛보기 때문입니다. 이러한 기쁨을 맛보기 전에는 진정한 교회생활을 했다고 말하기 어렵습니다.

고린도후서 8장

재물이 화가 되지 않고 복이 되려면

　재물을 지혜롭게 사용하는 분들이 있습니다. 지난여름 중국 단기 선교를 갈 때에 한 자매님이 임신 중이었습니다. 선교대회 때 중국 단기 선교에 헌신했기 때문에, 하나님과의 약속을 어길 수 없다고 생각되어 입덧이 심한데도 예정대로 선교 여행에 참여하기로 했습니다. 이 사실을 알게 된 한 성도가 비행기 표를 일반석에서 비즈니스 석으로 업그레이드 해주었습니다. 그래서 임신 중이었지만 문제없이 선교 여행을 다녀왔다는 얘기를 전해 들었습니다.
　또 한 성도님이 상점을 개업 했습니다. 자신의 가게를 소유할만한 자본이 없는 분으로 아는데 어떻게 개업할 수 있었느냐고 물었더니, 점원으로 일하던 가게 주인이 휴스턴서울교회 교인인데, 여유 되는대로 갚으라고 하면서 돈을 꾸어주어 가게를 장만했다고 말했습니다. 두 분 다 재물을 멋있게 쓰는 분들입니다.

이런 분들에게는 재물이 남을 도울 수 있는 축복의 도구입니다. 그러나 잘못하면 돈이 재앙이 될 수도 있습니다. 돈을 벌기 위해 사람을 이용하다가 친구를 다 잃어 외로운 사람들이 있습니다. 부부 사이가 좋았는데 돈이 많이 생기면서 남편이 유흥업소에 출입하기 시작했고, 이것으로 인해 이혼 지경에 간 사람들도 있습니다. 돈이 많으니까 자녀들이 원하는 것은 다 해줘서 자녀들을 생활력 없는 쓸모없는 인간으로 만든 부모들도 부지기수이죠. 이들 모두 돈이 화가 된 사람들입니다. 그렇다면 어떻게 하면 돈이 화가 되지 않고 복이 되게 할 수 있을까요?

▎재물의 영적 파워를 인식한다

예수님은 재물을 하나님 비슷한 수준의 라이벌로 생각하셨습니다 (마 6:24). 둘을 같이 섬길 수 없다고 말씀하셨습니다. 재물을 하나님과 비교할 때에는 재물을 단순한 돈으로 보는 것이 아니라 하나님과 같은 인격체로 보는 것입니다. 재물 뒤에는 하나님에 버금가는 파워를 가진 인격체, 즉 악령이 있다는 것을 시사하고 계십니다. 아프리카를 방문한 분이 기념품이라고 생각해서 우상을 사서 집에 갖다 놓은 후에 우환이 생기기도 하고 악몽에 시달리기도 합니다. 조각품인 우상 자체에 힘이 있는 것이 아닙니다. 우상을 매체로 역사하는 악령 때문입니다. 재물도 마찬가지입니다. 재물을 매개체로 악한 영이 역사하여 하나님을 섬기지 못하게 하고 재물을 섬기게 합니다.

주님께서는 재물 뒤에 하나님에 버금가는 영적인 파워, 즉 악령이 있다는 것을 시사하고 계시지 않은가 싶습니다. 앞에서 말씀드렸던 아프리카 우상 때문에 우환과 악몽에 시달리시는 분의 예가 바로 이런 경우입니다. 재물도 마찬가지입니다. 재물을 매개체로 악한 영이 역사하여 하나님을 섬기지 못하게 하고 재물을 섬기게 하는 것입니다.

재물이 우리 인생의 주인이 될 때 재물은 복이 되지 못하고 화가 됩니다. 많은 분들이 재물을 자신이 마음대로 관리할 수 있는 대상으로 생각합니다. 그러나 재물은 그렇게 호락호락한 존재가 아닙니다. 우리는 재물에게 영적인 파워가 있음을 인식해야 합니다. 그리고 하나님을 확실히 삶의 주인으로 모시고 재물은 하나님의 뜻을 이루는 도구로 사용할 때 재물은 화가 아닌 복이 됩니다.

균등을 이루는데 사용한다

재물이 화가 되지 않고 복이 되도록 하기 위해서는 재물을 균등을 이루는 데 사용해야 합니다. 오늘 본문에서 사도 바울은 고린도교인들에게 예루살렘 교회를 돕기 위한 구제 헌금에 관해 말합니다. 당시 예루살렘 교회는 경제적인 궁핍함 가운데에 있었습니다. 오순절에 성령이 내리는 것을 계기로 교인 숫자가 급격히 늘어나 수천 명에 이르렀습니다. 그 중 다수가 외국에 살면서 유월절을 지키기 위해 잠시 왔다가 주저앉은 사람들이었습니다. 이 사람들을 먹여 살리기 위하여 본토인들이 땅을 팔아 헌금을 했습니다. 얼마간 헌금으로 버틸 수 있었겠지만 교인들의 수입 원천이 사라지니 교회가 가난해지지 않을 수 없었을 것입니다. 이러한 예루살렘 교회에 비해 고린도교회는 부자였습니다. 그러므로 이를 돕는 것은 균등을 위한 것이라고 사도 바울은 말합니다(고후 8:13).

세상은 죄로 인하여 파괴되었습니다. 파괴의 결과 중의 하나가 경제적인 불평등입니다. 인간의 죄악이 사회에 스며들면서 구조적으로 경제적인 불평등을 가져왔습니다. 그래서 돈이 많은 사람은 더 많은 돈을 벌지만 돈이 없는 사람은 더 가난해지는 '부익부 빈익빈'의 현상을 가져왔습니다. 하나님의 백성들은 이러한 불평등을 줄이고 균등을 이루기 위해 재물을 사용해야 합니다.

우리가 선교 헌금을 보낼 때마다 이러한 경제적인 불평등을 줄이는 일을 하는 것입니다. 조선족으로서 한족 목회를 하는 김 목사님이 서울 교회에서 개최하는 세미나에 참석하신 후 가정 교회를 시작하여 곳곳에 많은 가정 교회를 개척하셨습니다. 한 전도사에게 한 달에 80-100

불을 제공하면 생활을 염려하지 않고 교회 개척에 집중할 수 있다고 합니다. 미국에서 살자면 한 달에 수천 불을 필요로 하는데 한 달에 100불로 생활이 된다는 것은 미국과 중국 간의 경제적인 불균형이 얼마나 큰지를 나타내고 있습니다. 그래서 전도사가 교회 개척을 하면 2년간 생활비를 보내 드리기로 교회에서 결정했습니다. 미국은 세계에서 가장 부유한 나라이기 때문에 미국에서 가난하다고 하는 사람도 세계적으로 볼 때에는 큰 부자입니다. 그러므로 우리가 선교사에게 선교 헌금을 보낼 때마다 우리는 이러한 재물의 평형을 이루는 데에 기여하고 있다는 것을 알아야 합니다.

어떤 분들은 재물이 많은 것을 자랑하지만 어떤 분들은 자신이 풍족하고 좋은 환경 가운데 살아가는 것에 대해 죄책감을 느낍니다. 그러나 정당한 방법으로 돈을 벌었다면 하나님께서 복을 내리신 것이기 때문에 죄책감을 느끼지 않아도 됩니다. 하나님이 주신 재물의 축복을 즐기시기 바랍니다. 그러나 이를 부의 균등을 위해 사용하지 않고 자신만을 위하여 사용하면 자신도 모르게 재물의 노예가 됩니다. 재물이 복이 되지 않고 화가 됩니다. 기쁨과 만족을 주기 보다는 두려움과 염려를 심어줄 수 있습니다. 우리가 온 세상에 부의 균등을 가져오게 할 수는 없습니다. 하지만 하나님께서 필요를 보여주실 때에 이에 순종해 최선을 다하여 경제적인 균등을 위하여 일해야 할 것입니다.

우리는 평형을 이루는 것을 사명으로 알아야 합니다. 주님께서는 우리에게 소금과 빛이 되라고 하셨습니다(마 5:13-14). 죄로 인하여 오염된 세상을 맑게 하고 악으로 인하여 어두운 세상을 밝게 하라는 말입니다. 악으로 인하여 파괴된 세상을 회복시키라는 것입니다. 물질적인 균등을 추구하는 것은 경제적으로 파괴된 세상을 회복시킴을 의미합니다. 그러므로 이것은 우리의 사명이 됩니다.

경제적인 평형을 추구하는 사명을 완수하기 위해서는 희생이 필요합니다. 희생이 들어가지 않은 교회 봉사는 취미 생활입니다. 취미 생활은 시간이 있고, 경제적 여유가 있고, 재미가 있을 때에 합니다. 시간이나, 돈이나, 재미가 없으면 안 합니다. 그러나 사명은 시간을 바쳐서, 재물을 바쳐서, 재미가 없을 때도 합니다. 헌금도 헌신이 들어가지 않으면 헌금이 아니라 적선입니다. 사도 바울이 마케도니아 교회를 크게 칭찬하는 이유는 희생적으로 기쁨으로 자원하여 바쳤기 때문입니다(고후 8:1-5).

그러므로 우리가 재물을 통하여 주님을 섬기기 원한다면 여유 있는 만큼만이 아니라 희생을 넣어 섬겨야 합니다. 쓰고 남아서 바치는 것이 아니라 쓰고 싶은 것을 참고 바쳐야 합니다. 이번 건축 약정을 할 때에 교인들 거의 모두 희생을 넣어서 바쳤습니다. 사고 싶은 것을 사지 않고 쓰고 싶은 것을 쓰지 않고 바쳤습니다. 우리 가정도 그랬습니다. 아내가 사용하는 차는 주행거리가 20만 킬로미터를 넘어 교체시기가 되었지만 건축 헌금이 끝난 2년 후로 미루었습니다. 성도님들은 건축 헌금만이 아니라 모든 헌금에 희생을 넣어서 헌금이 적선이 되지 아니하고 진정으로 헌금이 되도록 만드시기 바랍니다.

믿음 성장의 도구로 사용한다

전에 부흥 강사 목사님들이 헌금 많이 하는 사람을 믿음이 좋은 사람처럼 추켜세우면 속으로 못마땅해 했습니다. 그렇게 하는 저의를 의심하기도 했습니다. 그런데 제가 목회를 해보니 그분들의 견해에도 일리가 있다는 것을 느낍니다. 헌금과 믿음 사이에 긴밀한 상관관계가 있는 것을 발견했기 때문입니다. 헌금을 많이 한다고 믿음이 좋은 것은 아닙니다만, 헌금에 인색한 사람이 좋은 믿음을 가진 예는 극히 적습니다. 믿음이 좋은 사람들은 다 희생적으로 헌금을 합니다.

고린도교인들은 영적 체험도 많고 성경 지식도 많고 전도도 열심히 했습니다. 그럼에도 불구하고 사도 바울은 이들이 영적으로 어리고 육적이라고 평가했습니다(고전 3:1). 그 증거로 다투고 싸우는 것을 꼽았습니다(고전 3:3). 그런데 또 하나의 증거가 있습니다. 헌금에 인색한 것입니다. 본문에서 사도 바울은 마케도니아 교회의 예를 들면서 고린도교인들에게 예루살렘 교회를 위한 헌금에 참여할 것을 권유하고 있습니다. 왜 이런 권유가 필요했을까요? 헌금에 인색했기 때문입니다. 약정을 하고 실행을 하지 않기 때문입니다(고후 8:10-11).

헌금은 믿음의 측정 기준이기도 하지만 믿음이 자라게 하는 도구이기도 합니다. 우리의 신앙 성장에 가장 방해가 되는 요인 중의 하나가 재물입니다. 예수님이 씨 뿌리는 비유를 말씀하면서 재물에 대한 욕심으로 인하여 믿음이 자라지 못하는 사람을 가시덤불에 떨어져서 열매를 맺지 못하는 씨에 비유하셨습니다(마 13:22). 앞서서 재물에는 영적인 파워가 있다고 말씀드렸습니다. 많은 사람들이 재물의 종이 되어있습니다. 좋은 예가 예수님을 만났던 부자 청년입니다. 계명을 다 지켰다고 자신 있게 말할 수 있는 한 부자 청년이 예수님에게 찾아와서 어떻게 하면 영생을 얻을 수 있을까를 물었습니다. 예수님은 이 청년이 신앙생활을 잘 하는 것 같지만 사실은 재물을 주인으로 모시고 살고 있음을 꿰뚫어보셨습니다. 그래서 있는 재물을 다 팔고 자신을 따르라고 하셨습니다. 이때에 이 청년은 베드로처럼 있는 것을 다 버리고 예수님을 따르지 못하고 슬퍼하며 떠났습니다(막 10:21-22). 이 청년이 도전에 응하지 못하고 물러났다는 사실이 하나님의 종이 아니라 재물의 종이었음을 증명해 보였습니다.

헌금에 인색한 사람들은 재물의 종이 되어서 그런 경우가 많습니다. 재물의 종에서 벗어나는 길은 희생적으로 헌금하는 것입니다. 희생적인 헌금을 통해 재물의 지배에서 벗어나면서 비로소 믿음이 자라기 시작합니다. 십일조가 크리스천의 의무냐 아니냐를 떠나서 십일조를 시작하면 믿음이 부쩍 자라는 것을 자주 봅니다. 희생적인 헌금이 우리를 재물의 파워로부터 해방시키고 믿음이 자라도록 도와주기 때문입니다.

전도에 걸림돌이 되지 않게 한다

재물을 사명을 완수하는 도구로 사용해서 화가 아닌 복이 되게 하려면 재물에 관해서 흠이 없는 삶을 살아야 합니다. 어떤 목자가 저를 찾아와서 이런 하소연을 했습니다. VIP를 초청을 했는데, 전에 금전 관계로 갈등이 있었던 사람이 우리 교회에 다니고 있기 때문에 나오지 않겠다고 한다는 것입니다. 이 얘기를 들으면서 참 마음이 아팠습니다. 사건에는 항상 양면이 있으니까 양쪽 얘기를 다 들어보아야 하겠지만 어쨌든 재물이 영혼구원에 지장을 주고 있기 때문입니다.

우리는 피조물이기 때문에 하나님을 필요로 합니다. 참된 하나님이 아니면 가짜 하나님이라도 섬겨야만 살 수 있는 존재입니다. 많은 사람이 재물을 하나님으로 섬깁니다. 그래서 돈 문제에 민감합니다. 오늘은 성경 본문이 헌금을 다루고 있어서 재물에 관해 설교를 하지만, 제가 휴스턴서울교회에 부임해서 헌금에 관한 설교를 한 적이 거의 없습니다. 혹시라도 안 믿는 분들이 교회에 왔다가 헌금에 관한 설교를 듣고 마음을 닫을까 염려되어서였습니다.

안 믿는 사람들뿐만이 아니라 믿는 사람들도 재물의 지배에서 완전히 벗어나지 못했습니다. 그래서 금전 문제에 민감합니다. 그러므로 성도들은 재물로 인하여 오해를 받지 않도록 조심해야 합니다. 사도 바울도 구제 헌금을 걷기 위해 고린도에 디도를 보내면서 다른 평판이 좋은 사람들을 동반시킵니다(고후 8:16-18). 이유는 오해의 여지를 없애기 위함입니다(고후 8:20-21).

　서울교회에 부임했을 때에 목회자 사례비 항목을 보니 생활비, 주택비, 목회비, 도서비, 차량비, 휴가비 등 굉장히 복잡하게 되어있는 것을 발견했습니다. 그런데 이렇게 복잡하게 해 놓으면 새로 믿는 사람들이 볼 때에 꼼수를 쓰는 것 같은 인상을 줄 것 같았습니다. 그래서 생활비와 주택비와 목회비, 셋으로 간소화 해 달라고 부탁했습니다. 그리고 목회자를 대접할 때에도 교회 예산에 접대비가 책정되어 있지만 공식 방문이 아니면 제 돈으로 대접합니다. 행여 금전으로 인하여 오해가 생기면 사역에 지장을 주기 때문입니다.

　재물은 사명을 완수하는 도구에 지나지 않습니다. 재물로 인하여 사역에 지장을 주는 것은 정말 어리석은 일입니다. 그러므로 성도님들도 복음의 일꾼이 되려면 돈 문제에 깨끗하시기 바랍니다. 돈 문제로 인하여 사역에 지장이 되지 않도록 조심하시기 바랍니다.

　돈 문제에 깨끗하기 위해서 돈을 꾼 성도들은 꼭 갚으시기 바랍니다. 액수가 많아서 다 갚을 수가 없으면 작은 액수라도 매달 갚으셔서 '돈 떼어먹는 사람'이라는 소문이 나지 않도록 하시기 바랍니다. 그리고 꾼 돈을 갚는 것을 최우선으로 하셔서 집이나 차나 가구 사는 것을 보류하시기 바랍니다. 휴가도 비행기 타고 가는 곳 말고 운전해 갈 수 있는 곳을 선택하십시오.

　돈을 사역의 도구로 사용하기 위해 손해를 볼 생각을 하시기 바랍니다. 9절에서 사도 바울은 예수님은 우리를 부요하게 하기 위하여 가난하게 되셨다고 했습니다. 여기에서는 금전적인 가난보다는 하나님의 아들이 낮은 인간으로 오신 사건을 의미합니다(빌 2:6-7). 그러나 주님께서 우리를 부요하게 하기 위하여 가난해지셨다면 우리도 이웃을 위하여 가난해질 수도 있기 않겠습니까?

믿는 분들끼리 동업을 하다가 싸우고 헤어져 주위 사람들에게 덕이 되지 않는 것을 보면 안타깝습니다. '둘 중의 한 사람이 손해를 감수하면 주위 분들에게 빈축을 사거나 전도에 지장을 주지는 않을 텐데...' 하는 생각이 듭니다. 우리를 부요하게 하기 위하여 가난해지신 예수님을 생각하여 물질에 있어서 관대하십시오. 하나님이 채워주실 것을 기대하십시오. 하나님을 위해 손해 보는 것을 아깝게 생각하지 마십시오. 그럴 때 우리는 재물의 노예가 되지 아니하고 재물을 사명을 위하여 사용하게 될 것입니다.

고린도후서 9장

돈 잘 쓰는 법

 돈을 많이 벌면 행복해지고, 이웃에게 존경을 받으며, 하나님과 이웃을 위하여 아낌없이 쓰리라고 기대합니다. 그러나 실제로 돈을 벌면 정반대의 현상이 생깁니다. 삶은 염려와 근심으로 싸여있고, 하나님과 이웃의 관계는 소원해집니다. 왜냐하면 지난번에 말씀드린 것처럼 돈은 영적인 파워를 갖고 있기 때문입니다. 사람들은 돈을 자가가 마음대로 조종할 수 있는 대상이라고 생각하지만, 돈이 인간을 조종하게 되기 때문입니다. 그래서 복이 되어야 할 돈이 화가 됩니다.
 그러나 하나님이 우리를 지배하고, 우리가 돈을 지배할 수 있다면 돈은 아주 좋은 것일 수 있습니다. 저는 과외교사를 하면서 공부해야 했던 가난한 대학 시절을 보냈기 때문에 어디에 갈 때면 걷거나 버스를 탔는데, 요즈음은 경제적인 여유가 생기니까 한국에 가서 지하철 대신에 택시를 자주 탑니다. 그때마다 "돈이 있으니까 참 좋구나!" 스스로에게 말합니다.

지난번 한국에 가서 세미나를 개최할 때 마지막 날 저녁 목사님들과 청국장을 먹으러 갔습니다. 많은 목사님과 사모님들이 같이 가서 음식값이 꽤 나왔습니다. 얼굴을 둘러보니 "오늘 밥값은 내가 내겠습니다." 말할 수 있는 경제적 여유가 있는 분이 없어 보였습니다. 그래서 제가 저녁값을 냈습니다. 그때도 '돈이 있으니까 참 좋구나!' 생각을 했습니다.

서점에 가보면 돈을 버는 법에 관한 책은 많지만 돈을 쓰는 법에 관한 책은 거의 없습니다. 고린도후서 9장을 통해서 어떻게 하면 돈을 잘 쓸 수 있는지를 생각해 보겠습니다.

하나님의 능력을 체험하는 도구로 사용한다

돈을 잘 쓰기 원하십니까? 그렇다면, 돈을 하나님의 능력을 체험하는 도구로 사용하시기 바랍니다. 믿음이 자라기 위해서는 하나님의 능력을 체험해야 합니다. 지적인 성경 공부도 필요하지만 삶에서 하나님을 체험해야 믿음이 자랍니다. 오늘날 하나님의 기적을 체험할 수 있는 가장 좋은 방법은 헌금입니다.

얼마 전 건축 헌금 약정을 할 때 기적을 체험한 사람들이 많습니다. 가계가 빠듯해서 건축 헌금을 할 여유가 없었지만, 약정을 하고 나니 예상치 않게 봉급이 인상되었고, 인상액이 건축 헌금 약정 액수와 같더라는 분이 있었습니다. 건축 헌금 약정 액수를 마음에 정했는데 주일 설교를 듣는 중 약정액을 올려야겠다는 감동이 와 약정액을 올려 적으신 분도 계십니다. 그분 또한 예상치도 않은 곳에서 올린 약정액만큼의 수표를 보내왔더랍니다.

건축 때뿐만 아니라 일상생활에서도 하나님의 채워주시는 능력을 체험할 수가 있습니다. 십일조입니다. 하나님께서는 주님께 십일조를 바쳤을 때에 바친 것 이상으로 창고가 넘치도록 채워주겠다고 약속하셨습니다(말 3:10). 이러한 채워주시는 능력을 체험하면서 우리의 믿음이 자랍니다.

1) 하나님과 이웃을 위해 쓸 때 풍성하게 채워주신다

본문을 보면 고린도교인들은 예루살렘 교회를 돕기 위한 헌금을 약정하고서도 이행하지 않고 있었습니다. 사도 바울은 마케도니아 교인들에게 고린도교인들을 자랑을 했는데 거짓 자랑을 한 셈이 되었습니다. 고린도교인들이 망신을 당할 상황이 되었기에 사도 바울은 사람을 미리 보내어 헌금을 독려했습니다(고후 9:1-5). 기쁜 마음으로 넉넉하게 헌금하면 하나님께서 넘치게 채워주신다고 말하며 권면합니다(고후

9:6~9).

예수를 잘 믿으면 하나님이 복을 주셔서 부자가 될 것이라고 기대하는 분들이 있습니다. 그러나 하나님께서는 필요한 것을 주신다고 했지 원하는 것을 다 주신다고 약속하신 적이 없습니다. 오히려 욕심으로 구하면 안 주십니다(약 4:3). 본문에서 말하는 넘치는 풍요함은, 재물을 모으려는 사람에게 주신 약속이 아니라 이웃을 위하여 쓰는 사람에게 주시는 약속입니다.

왜 하나님께서는 가난한 사람들을 위해 썼을 때에 풍성히 채워주실까요? 가난한 자에게 깊은 관심이 있으시기 때문입니다. 하나님께서는 모세를 통해 곡식을 추수할 때 남겨진 곡식이 있어도 되돌아가서 추수하지 말고 과일을 추수할 때에도 남겨진 과일이 있을 때 다시 가서 따지 말라고 명령하십니다(신 24:19-20). 경제 능력이 없는 과부나 고아, 외국인들을 위해서입니다.

하나님께서 경제 능력이 없는 사람을 어떻게 도우시겠습니까? 어떤 사람이나 그룹을 풍요하게 하셔서 이들을 통하여 도우십니다. 하나님의 뜻에 순종하는 사람을 택하여 땅이 풍성한 곡식과 과일을 맺도록 하고 고아와 과부가 추수하고 남은 곡식이나 과일을 주워서 연명할 수 있도록 하실 것입니다. 그렇기 때문에 사업에서 얻어지는 이익을 선교사를 위해 사용하기로 결심하면 하나님께서 선교사를 위해서 사업을 번창하게 해주실 것입니다.

2) 확실한 물질관과 청지기 의식을 갖는다

그러므로 풍요함을 누리기 원하면 확실한 재물관을 가져야 합니다. 확실한 재물관이란 재물은 쌓아놓기 위한 것이 아니라 주님과 이웃을 위하여 쓰는 것으로 보는 것입니다. 하나님께서 인간을 세상에 보내신 목적은 섬기도록 하기 위함입니다. 그리고 이웃을 섬길 수 있도록 모든 사람들에게 다양한 재능을 주셨습니다. 그런데 가르치는 재능을 받은 사람이 교육학을 전공하고 교사 자격증을 취득한 후 남을 가르치지 않는다면 말이 되겠습니까? 가르치는 재능과 자격을 남을 가르치는데 써야 합니다. 마찬가지로 하나님께서 어떤 사람에게는 돈을 버는 재능을 주셨습니다. 이것을 남을 위하여 사용하지 않으면 교사 자격증을 갖고 있으면서도 남을 가르치지 않은 사람과 같습니다. 돈 버는 재능을 통하여 얻어진 재물을 주님과 이웃을 위하여 사용해야 합니다.

진정한 풍요함을 맛보기 위해서는 올바른 물질관과 청지기 의식이 있어야 합니다. 하나님께서는 하나님과 이웃을 위하여 사용하라고 재물을 맡기셨습니다. 그러므로 우리는 자신을 투자회사에서 남의 자금을 맡아 관리하는 펀드매니저로 생각해야 합니다. 펀드매니저는 자기 돈이 아닌 남의 돈을 갖고 불려주는 사람입니다. 관리하는 금액이 많아지면 많아질수록 수수료가 더 커집니다. 마찬가지로 하나님이 주신 재물을 잘 관리하여 하나님의 신뢰를 얻으면 하나님께서 더 많은 재물을 맡기실 것이고, 그러면 더 큰 풍요함을 맛보게 될 것입니다.

하나님이 신뢰하는 청지기가 되어 하나님의 풍요함을 맛보려면 자신의 살림을 무제한으로 늘려서는 안 됩니다. 수입이 늘어나면서 씀씀이도 함께 커져 항상 부족 가운데에 살아 하나님의 청지기 노릇을 잘못하는 사람들을 종종 봅니다. 그래서는 안 됩니다. 한 성도님은 하나님께서 사업을 성공시켜 주시면 번 돈을 가정 교회 전파를 위하여 사용하겠다고 약속했습니다. 그렇게 하기 위하여 집은 어느 정도 이상 큰 것은 안 사고 차는 어느 정도 이상 수준의 것은 안 사겠다고 약속했습니다. 아주 현명한 약속입니다. 이런 결단이 없이는 수입이 많아지면 씀씀이가 늘어서 주와 이웃을 위해서 재물을 사용하지 못합니다. 그러면 하나님께서는 풍요함을 거두시고 청지기 일을 잘 할 수 있는 다른 사람에게 풍요함을 허락하실 것입니다.

자신이 써야 할 액수를 정하고 나머지를 주와 이웃을 위하여 사용하는 것이 천국에 상을 쌓아놓는 것입니다(마 6:20). 사실 이 세상에서는 돈을 쌓아 놓을 방법이 마땅치 않습니다. 주식에 투자하면 주식 값이 떨어지면 손해를 봅니다. 부동산에 투자해도 집값이 떨어지면 손해를 봅니다. 그래서 어떤 분은 현찰을 매트 밑에 숨겨 두었었는데, 집에 불이 나는 바람에 다 잃어버렸다고 합니다. 재물은 천국에 쌓아 놓는 것이 최선입니다.

의로운 사람이 되는 도구로 사용한다

돈을 잘 쓰는 또 다른 방법은 의로운 사람이 되는 도구로 사용하는 것입니다. 사도 바울은 가난한 사람에게 뿌려주는 사람의 의는 영원하다고 말합니다. 하나님께서는 자신이 쓸 것과 이웃을 위하여 쓸 것을 넉넉하게 마련해 주셔서 의의 열매를 증가시켜 주신다고 말합니다(고후 9:9-10).

가진 것을 남을 위하여 쓰고 섬길 때에 영적 파워가 생깁니다. 어떤 목자를 보면 목장 식구보다 나이가 어리기도 하고, 학력이나 사회적인 지위가 낮기도 합니다. 그럼에도 불구하고 목장 식구들이 목자를 존경하고 순종합니다. 이들을 보면 대부분이 재물로 목장 식구를 섬깁니다. 가게가 바빠서 점심을 못 먹는 사람에게 점심을 사다주기도 하고, 목장 식구가 자동차 여행을 떠날 때 음료수와 음식을 준비해 주기도 하고, 결혼기념일에 좋은 식당에 가서 축하하라고 돈을 쥐어주기도 합니다. 목장 식구들이 순종하는 것은 단순히 도와주었기 때문은 아닌 것 같습니다. 재물을 주님의 뜻을 따라 섬김에 사용하니 하나님께서 영적인 권위를 부여하시는 것 같습니다. 재물에 영적인 파워가 있다고 말씀드렸는데 이 파워가 우리를 재물의 종으로 만들기도 하지만 하나님의 뜻대로 사용하면 영적인 파워를 공급하는 것 같습니다.

가난한 사람들을 위하여 재물을 의롭게 사용하면 착한 사람이 됩니다. 태어날 때부터 착한 마음을 갖고 태어나는 사람도 있지만, 대부분은 아닙니다. 착한 마음이 없지만 착한 사람이 되고 싶으면 재물을 사용해 이웃을 도우시기 바랍니다. 왜 재물로 남을 도울 때에 착한 사람으로 변할까요? 남을 돕는 삶을 살 때에 이웃에 대한 관심이 생깁니다. 불우한 사람에 대한 동정심이 생깁니다. 남의 일을 자기 일처럼 생각하는 적극성이 생깁니다. 이런 일이 반복되면서 자신도 모르게 착한 사람이 되어버립니다. 재물에 영적 파워가 있기 때문에 역설적으로 우리를 선한 사람으로 바꿔주는 힘도 있는 것이 아닌가 생각할 때도 있습니다.

재물을 통해서 영적인 권위가 생기고 이를 통해 착한 사람이 되기 위해서는 우선 경제적인 여유가 있어야 하지 않겠느냐고 질문할지 모릅니다. 그러나 재물이 있어서 흩어주는 것이 아니라, 흩어줄 때에 경제적인 여유가 생깁니다. 하나님께서 재물을 의의 도구로 사용할 때 풍요함을 주겠다고 약속하셨기 때문입니다. 재물의 많고 적음을 떠나 재물에 관해 분명한 청지기의 삶을 살아서 영적인 권위를 얻고 착한 사람이 되기를 바랍니다.

하나님께 영광 돌리는 도구로 사용한다

돈을 잘 쓰기 위해서는 재물을 하나님께 영광 돌리는 도구로 사용해야 합니다. 사도 바울은 고린도교인들에게 헌금을 권유하면서 재물을 사용하여 하나님께 영광을 돌리라고 권유합니다(고후 9:11-13). 우리는 노래와 찬양과 고백으로 영광을 하나님께 돌릴 수 있습니다. 그러나 더 좋은 것은 우리가 예수 믿고 변했다는 말을 세상 사람들이 하도록 하는 것입니다. 그럴 때마다 하나님께 찬양과 영광이 돌아갑니다(마 5:16). 그렇게 볼 때 서울교회에는 하나님께 영광 돌리는 사람들이 많습니다. 예수 믿고 삶이 극적으로 변해서 휴스턴 주민들로부터 신기하다는 말을 듣는 분들이 많기 때문입니다.

우리는 재물을 하나님께 영광 돌리는 도구로 사용할 수 있습니다. 식당에서 일하는 어떤 종업원이 말했습니다. "서울 침례교회 교인들은 식당 매너가 좋고 팁이 후합니다!" 이렇게 말할 때마다 하나님께 영광이 돌아갑니다. 종업원에게 임금을 다른 곳보다 후하게 주고 사랑으로 돌봐줌을 통해 "우리 가게 사장님 내외분은 교회 다니는 분이라 우리에게 참 잘 해 줘요." 이렇게 말할 때마다 하나님께 영광이 돌아갑니다. 경제적으로 어려움 가운데 기도하고 있을 때에 누군가가 그 사람을 도와주어, 기도 응답해주신 하나님께 감사기도가 올려질 때 하나님께 영광이 돌아갑니다.

옛말에 이러한 말이 있습니다. "남 줄 것은 없어도 도둑맞을 것은 있다." 맞습니다. 우리가 여유가 있어서 남을 돕는 것이 아닙니다. 갖고 있는 것을 절약해서 나보다 덜 가진 사람을 돕는 것입니다. 이렇게 도울 때 내 것을 갖고 돕는 것처럼 아까워하든지 교만하면 안 됩니다. 엄격하게 말하면 자기 것을 갖고 남을 돕는 것이 아니고 하나님의 것을 갖고 돕는 것입니다. 우리는 내 것을 주는 것이 아니라, 청지기로서 하나님의 것을 분배해주는 것에 지나지 않습니다. 이렇게 할 때 하나님은 더 많은 사람을 도울 수 있도록 더 많이 주시고, 떡이 많으면 떨어지는 콩고물이 많듯이 우리에게 돌아오는 몫도 많아져서 이웃뿐만이 아니라 자신도 풍요하게 됩니다.

오늘은 추수감사주일입니다. 추수감사절은 하나님께 받은 것을 감사하는 날입니다. 그러나 예수님께서 받는 자보다 주는 자가 더 복이 있다고 하셨습니다(행 20:35). 우리가 하나님으로부터 받는 것도 복입니다. 그러나 주신 것을 갖고 주님과 이웃을 섬길 수 있는 것은 더 큰 복입니다. 그런 의미에서 여러분들은 큰 복을 받으신 분들입니다. 하나님께 십일조를 충성스럽게 바치셨습니다. 주일 헌금의 85-90%가 십일조인 것이 이를 증명하고 있습니다. 또 선교사들을 위하여 많은 헌금을 하셨습니다. 각 목장마다 후원하는 선교사님을 재정적으로 후원하여 교회 재정의 약 30%가 선교 헌금으로 사용되도록 했습니다. 후원 선교사가 방문해 수요 기도회에서 선교 간증을 할 때마다 제 예상을 훨씬 웃도는 선교 헌금을 해주셨습니다. 게다가 목장 전도 대상자를 위하여 많은 금전을 쓰셨습니다.

집을 공개하고 음식을 대접하고, 일터로 음식을 사서 갖다주기도 하고, 또 가난한 이들을 위하여 헌금하셨습니다. 휴스턴 도심에서 노숙자를 위한 교회를 운영하는 목사님을 위하여 매달 돈을 모아 보냈습니다. 음식, 의류를 공급해주고 예배를 돕기도 했습니다. 또한 청소년 센터 개원을 도왔고 노인회, 복지회 등을 위하여 시간과 재물을 바쳤습니다. 개인적으로도 아무도 모르게 경제적으로 어려운 많은 교우들을 많은 분들이 도왔습니다.

여러분들 돈을 참 잘 쓰셨습니다. 감사절을 맞이하여 하나님이 주신 복을 감사하는 것과 더불어 주신 재물을 주님과 이웃을 위해 쓸 수 있게 해주심을 감사합시다. 그리고 내년 한 해도 신실한 청지기로써의 삶을 살기를 다시 한 번 다짐합시다. 하나님께 받은 축복을 남과 나누지 못했고 청지기 노릇을 제대로 하지 못했다고 느끼는 분들은, 새로운 결심을 합시다. 새해부터 성실한 청지기가 되어서 채우시는 하나님의 능력을 체험하고, 재물을 흩어 진정 의로운 사람으로 변화되며 하나님께 영광이 돌려지는 삶을 살기를 결심하십시오.

고린도후서 10장

하나님이 쓰시는 리더

　오늘 설교 제목은 '하나님이 쓰시는 리더'입니다. 어떤 분은 제목을 읽으면서 자신과 상관이 없는 설교라고 생각할지 모릅니다. 자신은 리더가 아니라고 생각하기 때문입니다. 그러나 우리는 다 리더입니다. 결혼해서 가정을 꾸려 나가시는 분들은 가정의 리더입니다. 자녀를 낳아서 키우시는 부모님들도 리더입니다. 어린이 주일학교를 가르치시는 분도 리더입니다. 직장 생활 중에서도 여러분이 막내 직원이 아니시라면 여러분은 누군가의 리더입니다. 가게를 하면서 종업원이 하나만 있어도 여러분은 리더입니다. 초등학교 이상을 졸업해서 후배가 한 명만 있어도 여러분은 리더입니다. 그러므로 이미 리더인 우리에게 있어 리더가 될 것인가 아닌가는 옳은 선택지가 아닙니다. 오직 좋은 리더가 될 것인가 나쁜 리더가 될 것인가에 대한 선택이 있을 뿐입니다. 리더는 영향력을 가진 사람입니다. 자신의 영향력을 사용해서 유익한 공동 목표를 이루는 사람이 좋은 리더입니다. 반대로 영향력을 사용해서 공동체를 파괴하는 사람이 나쁜 리더입니다.

사도 바울은 위대한 리더였습니다. 그의 리더십에 의해서 복음이 세계 각지로 퍼질 수 있는 초석이 마련되었습니다. 그러나 사도 바울을 만나서 "당신은 위대한 리더입니다"라고 말한다면 아마 사도 바울은 "내가 위대한 리더라구요? 아닙니다. 나는 하나님께 쓰임 받았기 때문에 이처럼 큰일을 했을 뿐입니다."라고 대답할 것입니다. 오늘 사도 바울이 고린도 교인들에게 쓴 편지를 통해 하나님이 리더로 쓰시는 사람은 어떤 사람인지 살펴보도록 하겠습니다.

유순하다

주님이 쓰시는 리더는 유순합니다. 사도 바울을 보아도 깔보일 정도로 유순해 보였던 것을 알 수가 있습니다(1, 10절). 이런 모습은 세상 사람들이 인정하는 리더의 모습과 많이 다릅니다. 세상에서는 리더가 주위에 영향력을 미치려면 가능하면 깔보이지 않고 위압감을 주어야한다고 생각합니다. 유순하다는 것은 두 가지를 의미합니다.

1) 온유하다

온유는 예수님의 중요한 성품 중의 하나입니다(마 11:29). 구약에 등장하는 가장 큰 리더인 모세도 온유한 사람이었습니다(민 12:3). 구약의 모세, 신약의 예수님, 모두 온유한 사람들이었습니다.

온유가 무엇일까요? 보통 순하고 착하다는 의미로 이해하지만, 온유의 근본적인 의미는 파워가 있으면서 안 쓰는 것입니다. 십자가에 달리신 예수님의 모습이 바로 온유의 상징입니다. 예수님이 십자가에 못 박히셨을 때 사람들이 이렇게 조롱했습니다. "네가 정말 하나님의 아들이라면 한 번 뛰어내려봐!" 예수님이 못 뛰어내리실 분일까요? 결심만 하시면 자기를 십자가에 못 박는 사람들을 천사들에게 명하여 깨끗하게 멸망시킬 수 있으십니다. 하지만 인류의 구원을 위하여 능력을 행하지 않고 무력한 모습으로 십자가에 달려 있는 모습이 온유의 극치를 보여주고 있습니다.

우리가 온유한 리더가 되기 위한 우선 힘이 있어야 합니다. 힘이 있어야 온유할 수 있기 때문입니다. 두뇌가 명석한 젊은 사람들은 최종학력까지 공부하면 좋겠습니다. 사업하는 분들은 사업체를 최대한도로 키우면 좋겠습니다. 직장에서는 올라갈 수 있는 최고 지위까지 올라가면 좋겠습니다. 그래서 얻어진 영향력을 가지고 주님과 이웃을 위해 행사하면 좋겠습니다. 가지고 있는 파워와 영향력을 자신을 위해서가 아닌 주님과 이웃을 위해 사용하는 것이 온유입니다.

온유는 배우고 개발할 수 있습니다. 요구하는 대신에 부탁하는 습관을 들이시기 바랍니다. 명령하는 대신에 설득하는 습관을 들이시기 바랍니다. 가정에서, 직장에서, 교회에서, 요구하는 대신에 부탁하고, 명령하는 대신에 설득하는 연습을 하다보면 자신이 온유한 사람이 되어 있는 것을 발견할 것입니다.

2) 관대하다

유순하다는 것은 또한 관대하다는 것을 의미합니다. 관대하다는 것은 상대방의 의견을 수용한다는 것입니다. 하나님은 관대한 사람을 쓰십니다. 한국 인터넷 신문 기사가 뜨면 댓글이 달리는데 모두 다 흑백논리입니다. 자기 의견과 다르면 무식한 사람이고 바보고 정신병자고 매국노입니다. 이런 흑백논리를 갖고 댓글을 다는 사람들은 어떤 사람들일까요? 사회 주변에서 빙빙 돌면서 불평하는 사람들이고, 리더인 사람들은 거의 없을 것입니다. 왜냐하면 진정한 리더는 흑백논리에 빠지지 않기 때문입니다.

흑백논리에서 벗어나 관용한 삶을 배우기 위해서는 부단한 연습이 필요합니다. 상대방의 의견에 동의하지 않는다 할지라도 적어도 그 사람이 제시하는 의견에 일리는 있다는 것을 볼 수 있도록 노력해야 합니다. "어떻게 그럴 수가 있어?" "어떻게 그런 말도 안 되는 소리를 해?" "도저히 이해가 안가!" 이런 말이 자꾸 입에서 나오면 '아하 이건 내가 흑백논리에 젖어 있구나. 이래서는 리더가 되기에 힘들겠구나' 자신에게 말하고 상대방 입장을 이해하려는 노력을 계속해야 합니다.

흑백 논리에서 벗어나기 위해서는 상대방의 입장을 이해하고 의견에 일리가 있음을 인정할 뿐만 아니라 한 걸음 더 나가서 상대방의 의견이 맞다고 생각하면 됩니다. 그러면 상대방의 의견에 따라 자기 의견을 수정할 수 있습니다. 상대방의 의견을 수용하고 한걸음 더 나가서 상대방의 의견을 내 의견으로 대치시킬 수 있을 때 관대한 사람이 됩니다.

필요할 때 도전한다

하나님이 쓰시는 리더가 되려면 필요할 때 도전할 수 있어야 합니다. 사도 바울은 고린도 교인들에게 우습게 보일 정도로 유순했지만 필요할 때에는 강하게 도전했습니다. 고린도후서를 쓰게 된 이유도, 고린도 교인들이 상처를 입을 정도로 강한 내용의 편지를 보냈기 때문에 뒷수습을 위하여 쓴 것입니다. 사도 바울의 강한 태도를 1, 2절에서 볼 수 있고, 5~6절에서는 모든 복종하지 않는 자는 처분할 준비가 되어 있다고 강하게 도전합니다.

리더는 기본적으로 유순한 성품을 지녀야 하지만 필요한 때에는 강력한 도전을 던져줄 수 있어야 합니다. 공동체를 책임지는 사람이기 때문에 공동체에 균열을 가져오는 개인이나 그룹에게 도전해야 합니다.

물론 잘못하는 사람이 있다고 즉시 도전하라는 의미는 아닙니다. 정말 공동체에 파괴가 오는지 관망하기도 하고 상대방이 회개하기를 기다려 주기도 해야 할 것입니다. 하지만 복음에 어긋나는 언행을 하는 것이 분명하고 공동체에 파괴가 오는 것이 분명함에도 여러 가지 두려움 때문에 방관하면 하나님이 쓰시는 리더가 되지 못합니다. 도전해야 할 때에는 도전해야 합니다. 사도 바울도 갈라디아서에서 잘못하고 있는 사람은 영적인 사람이 바로 잡아주라고 권하고 있습니다(갈 6:1).

▎권위를 사용한다

하나님께서는 특정한 대상에게 권위를 주셨습니다. 성경에서 순종할 것을 명하신 대상이 권위를 주신 사람들입니다. 자녀들에게는 부모에게 순종하라 하셨으니 부모에게 권위를 주신 것을 알 수 있습니다. 아내들에게는 남편에게 순종하라 했으니까 남편에게 권위를 주셨습니다. 교회에서는 지도자들에게 순종하라 했으니까 지도자들에게 권위가 있습니다. 사도 바울은 모든 권세는 하나님께 왔기 때문에 순종하라 했습니다(롬 13:1). 그러므로 남편, 부모, 교회 지도자들은 권위를 가진 사람입니다. 이 권위는 자신에게서 나온 것이 아니고 하나님께서 부여하신 것입니다. 필요할 때에 이 권위를 사용해야 합니다. 사도 바울은 유순한 사람이라 권위를 사용하고 싶어 하지 않았습니다. 그러나 필요하다고 생각할 때에는 사도로써의 권위를 행사했습니다(8절).

리더가 자신에게 부여된 권위를 사용하지 않을 때에 비극이 생길 수가 있습니다. 얼마 전 The Band of Brothers라는 TV 시리즈를 DVD로 만든 것을 관람했습니다. 노르망디 상륙 작전에 참가했었던 미국 공수부대 중대원들에 대한 실화를 배경으로 하고 있습니다. 그중의 한 에피소드입니다.

노르망디 상륙작전이 성공하여 연합군이 유럽에 상륙하여 독일군과 전쟁을 치르며 점차 점령해 들어가고 있었습니다. 그러다가 어느 도시에서 연합군은 독일군의 기습을 당합니다. 총탄이 이리저리 어지럽게 날아드는 긴박한 전장에서 전투 경험이 없는 한 소대장이 두려움으로 인해 평상심을 잃고 지휘를 포기합니다. "어떻게 대응할까요?" "몰라! 몰라! 알아서 해!" 결국 베테랑 중사가 선두에 서서 위기를 극복했지만 엄청난 사상자를 냈고, 결국 지휘관 자신도 비운의 죽음을 맞이했습니다. 지휘자 위치에 있는 사람이 자기 권위를 행사하지 않고 포기하면 공동체를 파괴하고 자기 자신도 죽입니다. 그래서 권위를 가진 사람들은 그 권위를 필요할 때 적절하게 사용해야 합니다.

젊은 부모님들 가운데서 부모로서의 권위를 사용하지 않는 사람들을 많이 봅니다. 어린 자녀들이 의도적으로 반항하고, 엄마를 때리기까지 해도 전혀 부모로서의 권위를 사용하지 않습니다. 이렇게 하는 것은 부모로서의 권위를 포기하는 것이고 부모로서의 직무를 유기하는 것입니다. 부모의 권위를 포기하고 자녀들이 하고 싶어 하는 대로 버려두면 자녀들이 좋아할 것 같지만 오히려 존경심을 잃습니다. 부모로서의 권위를 행사하여, 잘한 것은 잘했다 칭찬하고 잘못한 것은 잘못했다고 꾸짖을 때에 자녀들이 당장에는 불평을 할지 모르지만 장성한 후에 고마워하고 부모를 존경하게 됩니다.

어떤 부모는 자녀들의 친구가 되려고 하고 그렇게 하는 것을 자랑스럽게 생각하는데 그것도 잘못된 것입니다. 부모는 부모입니다. 친구가 될 수도 없고 되어서도 안 됩니다. 부모 특히 어머니가 자녀들에게 친구에게나 할 수 있는 자신이 모든 갈등과 집안의 어려움을 나누면 자녀들에게 몹쓸 짓을 하는 것입니다. 어린 나이에 감당할 수 없는 부담을 지워주는 것이기 때문입니다.

하나님이 권위를 부여한 위치에 있는 사람들은 권위를 행사해야 합니다. 포기하면 안 됩니다. 목자도 하나님이 주신 직책이기 때문에 권위가 따릅니다. 이러한 권위를 사용해야 합니다. 목장 식구가 자기보다 나이가 많거나, 사회적 신분이 자기보다 높을 때 이를 인정하고 존중해 드려야 합니다. 그러나 잘못하고 있는 것을 보면서 눈치만 보며 가만히 있어서는 안 됩니다. 개인적인 일에서는 연세나 사회적 신분을 존중해 드려야 하지만 사역에 있어서는 하나님이 주신 권위를 사용해야 합니다. 잘못된 것이 있으면 사랑으로 지적하고 원칙에 벗어나는 일을 하면 온유하게 그러나 엄하게 바로잡아야 합니다. 권위를 가진 사람이 권위를 사용하지 않으면 공동체에 파괴가 옵니다.

제가 서울교회에 부임한 해에 멕시코 선교 여행을 갔습니다. 그때 한 안수집사님이 팀장을 맡았습니다. 그래서 그분에게 이렇게 말했습니다. "집사님이 팀장이니까 선교여행을 하는 동안은 목사라고 주저하지 말고 뭐든 시키세요. 저는 시키는 대로 하겠습니다." 교회에서는 제가 담임목사이기 때문에 집사님이 내 권위에 순종하지만 선교 여행하는 동안에는 집사님이 팀장이므로, 내가 목사라는 사실에 위축되지 말고 팀장으로써의 권위를 행사하길 원했기 때문이었습니다.

남의 영역을 존중한다

하나님이 쓰시는 리더는 남의 영역을 존중합니다. 사도 바울을 대적하는 사람들은 사도 바울의 영역을 침범하고 있습니다. 고린도 교회는 사도 바울에 의하여 개척된 교회입니다. 그런데 사도 바울이 다른 지역으로 나가 복음을 전하고 있는 상황에서 예루살렘 교회의 유명한 사도들로부터 추천장을 받았다고 주장하는 사람들이 지도자를 자청하며 들어와서 사도 바울에게 주어진 교회의 권위에 도전하고 복음의 기초를 흔들어놓고 있었습니다. 이곳에 와서 사람들을 선동하여 사도 바울에게 대적하도록 하는 것입니다. 사도 바울은 자신이 하나님이 지정해 주신 영역에서 성실하게 사역하고, 남의 영역을 침범하거나 남이 이루어 놓은 일을 자랑하지 않는다고 힘주어 말합니다(고후 10:15-16).

하나님이 쓰시는 리더들은 하나님이 자신에게 허락하신 영역이 어디인지를 압니다. 그들은 하나님이 원하시는 영역에서 하나님이 원하시는 일을 합니다. 그리고 남의 영역을 존중해 줍니다.

교회에서 많은 문제가 자신의 영역을 벗어나기 때문에 생깁니다. 장로님들이 목사님의 사역 영역을 침범을 합니다. 담임 목사를 통해 대리목회를 하려고 합니다. 집사님들이 장로님들의 사역 영역을 침범합니다. 장로님들의 결정을 거부합니다. 그래서 갈등이 생깁니다. 우리는 자신의 영역을 잘 지켜야 합니다. 우리 교회에서는 회의할 때 사역부장이나 전문 사역부문에서 일하는 사람의 의견에 가장 큰 무게를 둡니다. 그것이 그의 사역의 영역이기 때문에 존중해 주는 것입니다. 가끔 가다가 심방이나 상담을 요청해 오는 성도들이 있습니다. 그럴 때에 언제든지 "목자에게 먼저 심방을 요청하십시오.""목자에게 문제를 먼저 말하고 의논하십시오."라고 말합니다. 본인들은 거절당하는 것 같아서 섭섭해 하지만 목자들의 사역 영역을 존중해주기 위함입니다.

하나님이 쓰시는 리더는 자신의 영역을 압니다. 허락하신 영역에서 최선을 다하여 충성하면서, 동시에 하나님이 다른 사람들에게 맡겨주신 영역을 인정합니다. 그래서 그 영역을 침범하지 않으려고 노력을 합니다. 우리가 이렇게 할 때 하나님이 마음 놓고 쓰시는 리더가 될 수 있습니다.

고린도후서 11장

좋은 팔로워가 좋은 리더가 된다

좋은 리더가 되려면 먼저 좋은 팔로워(follower)가 되어야 합니다. 좋은 리더 역할을 하는 목회자들을 보면 평신도나 부목사 시절에 담임 목사님에게 순종하고 잘 섬겼던 분들인 것을 볼 수 있습니다. 가정에서도 부모에게 순종하던 자녀들이 장성해서 자신의 자녀들을 잘 양육하는 부모가 되는 것을 발견합니다. 좋은 리더가 되기 위해서는 좋은 팔로워가 되어야 합니다.

고린도교인들은 사도 바울을 리더로 인정하지 않았습니다. 그들은 바울에게 많은 어려움을 주었습니다. 좋은 팔로워가 되지 못했습니다.

이러한 고린도교인들의 부정적인 모습을 통하여 어떻게 하면 좋은 팔로워가 될 수 있는지 살펴보도록 하겠습니다.

▌ 리더에 대한 의존도를 줄인다

고린도교회의 문제는 스스로 서지 못하고 리더에게 전적으로 의지한 것에 있습니다. 사도 바울과 있을 때에는 그를 의지하다가 사도 바울보다 더 신령해 보이는 사람들이 나타나니까 그들을 따랐습니다. 그들이 전하는 것이 복음과 거리가 있음에도 불구하고 말입니다. 이런 사태를 한탄하며 사도 바울은 약혼한 처녀처럼 남편이신 예수님에게 정절을 지키라고 말합니다(고후 11:2-4).

제가 서울교회에 부임한 후 우리 교회 리더와 성도들이 좋은 팔로워가 되도록 하기 위해서는 담임 목사 의존도를 줄여야겠다고 생각했습니다. 그래서 '생명의 삶' 성경공부에 성경을 읽고 자기 말로 요약하는 숙제를 도입했습니다. 목사에게 의존하지 않고 스스로 성경을 읽고 이해하는 능력을 키워주기 위해서였습니다.

가정에서도 아기가 어린이가 되고, 청소년이 되고, 장년이 되면서 부모에 대한 의존도가 점점 줄어듭니다. 교회에서도 담임목사에 대한 의존도를 점점 줄여서 영적으로 장성한 사람을 만들려고 노력했습니다.

좋은 팔로워가 되려면 지도자에게 지나치게 의존하지 말아야할 뿐 아니라 지도자를 예수님보다 더 사랑하면 안 됩니다. 예수님보다 더 사랑하면 사랑하는 대상에게 손해와 파괴를 가져옵니다. 왜냐하면 인간의 사랑은 한계가 있고 이기심으로 오염 되어있기 때문입니다. 그래서 예수님은 부모, 형제를 비롯한 그 누구보다 예수님을 더 사랑해야 한다고 말씀하십니다(눅 14:26). 부모나 형제를 사랑하기 위해서는 예수님의 사랑이 우리를 통하여 흘러가야 합니다. 그러나 이들을 예수님보다 더 사랑할 때 예수님의 사랑이 고갈되고 사랑이 변질되어 상대방에게 손해를 가져올 수 있습니다.

얼마 전에 말씀드렸지만 한국에서는 다른 종교를 믿다가 휴스턴으로 넘어오면서 서울교회에 나와 복음을 접하는 분들이 있습니다. 이런 분들 가운데에는 예수님을 주님으로 영접할 준비가 되어있으면서도 부모님 때문에 결단을 못하는 분들이 있습니다. 일생동안 한 종교를 믿어 오신 부모님들이 자신이 예수를 믿기로 했을 때 상심하시지 않을까 싶어서입니다. 그러나 복음은 종교가 아니고 진리입니다. 예수님께서 부활하심으로 증명해 주신 유일한 구원의 길입니다. 그렇다면 관계에 갈등이 오더라도 자신이 먼저 믿어서 부모님도 구원받으시도록 해야 합니다. 부모님 때문에 자신까지 예수를 안 믿어서 자신도 부모님도 지옥에 가는 것이 바른 선택이겠습니까? 이것이 부모님을 예수님보다 더 사랑해서 부모에게 손해를 가져오는 예 중의 하나입니다.

믿어준다

좋은 팔로워가 되기 위해서는 지도자를 믿어주어야 합니다. 고린도 교인들은 사도 바울을 믿지 못했습니다. 사도 바울은 고린도 교인들에게 재정적인 부담을 주지 않기 위해 직장을 잡아 일을 하면서 사역을 했습니다. 사역비가 필요하면 고린도교회가 아닌 마케도니아에 있는 데살로니가 교회나 빌립보 교회에 도움을 청했습니다. 이것은 고린도교회에 대한 사랑의 배려였습니다. 그러나 고린도교인들은 바울의 동기를 의심했습니다(고후 11:7-11). 자신들을 깔보거나 혹은 바울이 자신의 사도권에 자신이 없어서 그러는 것이라고 의심했습니다. 이렇게 의심하는 것은 사도 바울을 대적하는 사람들의 사주를 받은 것도 있겠지만 무엇보다 그들이 좋은 팔로워가 아니었기 때문입니다.

좋은 팔로워가 되려면 지도자를 믿어줘야 합니다. 그래야 유익이 됩니다(히 13:17). 그러나 지도자를 믿어주란다고 해서 맹목적으로 추종하라는 것은 아닙니다. 예를 들어 새로 부임한 목사라면 어느 정도 기간을 두고 믿을만한 사람인지를 살펴야겠지요. 그래서 믿을만한 사람이라고 판단되면 그 후에는 성경에 분명 어긋나는 것이 아니라면 동기를 의심하지 말고 믿어주어야 합니다.

믿어준다는 것은 동기가 100% 순수하다고 믿으라는 의미가 아닙니다. 인간의 동기는 100% 순수할 수 없습니다. 아름다운 사랑과 희생적인 섬김에도 이기적인 동기가 숨어 있습니다. 저도 영혼 구원을 향상 부르짖습니다만, 동기를 살필 때 얼마만큼이 멸망해 가는 사람들에 대한 사랑 때문이고 얼마만큼이 목회자로써의 의무감 때문인지 판단이 잘 안 될 때가 있습니다. '교회를 성장시키기 위하여 그러는 것이 아닌가'하는 생각이 스칠 때도 있습니다. 여러 가지 복합적인 동기가 있지만 그래도 주된 동기는 모든 사람들이 구원받기 원하는 하나님의 소원 때문이라고 결론을 내리고 마음의 평안을 얻습니다. 이처럼 자신도 자신의 동기를 알기 힘든데 어찌 남의 동기를 분명히 알겠습니까? 좋은 팔로워가 되려면 지도자의 동기가 복합적인 것을 인정하고, 좋은 쪽으로 해석해 주어야 합니다.

좋은 팔로워는 리더의 동기를 선하게 믿어줄뿐만 아니라 가능하면 리더의 의견을 따라줍니다. 공동체의 리더가 된 사람들(목사, 목자, 사역부장, 부모)은 다른 사람보다 그 공동체에 관하여 더 많이 생각하고, 더 많이 기도합니다. 그러다 보면 공동체가 처한 상황을 더 넓게 봅니다. 하나님께서 공동체를 향한 소원이 있을 때에 리더에게 먼저 보여주십니다. 그러므로 좋은 팔로워가 되려면, 성경에 어긋나지 않는 한 리더의 의견을 따라야 합니다.

우리 교회 집사님들이 좋은 리더가 된 것은 좋은 팔로워였기 때문입니다. 제가 의견을 내면 제가 기도하고 내는 의견이라는 것을 인정해서, 일단 수용하십니다. 그리고 "더 잘할 수 있는 길은 없을까?" "위험은 없을까?"라는 목표를 갖고 토의를 하십니다. 이분들이 좋은 팔로워이기 때문에 저도 이분들을 존중합니다. 이분들이 반대하면 안 합니다. 평소에 제 의견을 수용하는 분들이 반대할 때에는 내가 보지 못하는 이유가 있기 때문일 것이라고 생각하기 때문입니다.

세상 가치관으로 평가하지 않는다

좋은 팔로워가 되려면 리더를 평가할 때에 세상적인 가치관을 적용하지 말아야 합니다. 사도 바울이 어려움을 겪고 있는 이유는 고린도교인들이 세상적 가치관으로 바울을 바라보았기 때문입니다. 이러한 기준으로 볼 때에 사도 바울은 초라해 보이고 사도 바울을 대적하는 사람들은 돋보였습니다. 이들이 세상 리더들이 하듯이 교인들을 이용하고 착취하지만 이를 오히려 당연시 하고 있었습니다(19-20절). 그래서 사도 바울은 자신을 자랑하는 것처럼 느껴지지만 자신이 절대 세상적인 기준으로도 떨어지지 않는다는 사실을 강조하고 있습니다(17-18절, 22-23절).

오늘날의 교회가 약해진 것은 리더를 선출할 때에 하나님의 기준을 따르지 않고 세상의 기준을 따랐기 때문입니다. 세상은 학벌이 있는 사람, 경력이 많은 사람, 돈이 있는 사람을 인정해 줍니다. 교회가 이 가치관을 그대로 도입해서 성경 공부 많이 한 사람, 교회 생활 오래 한 사람, 재력이 있는 사람을 리더로 세웠습니다. 이 결과로 교회가 세속화되고 약해졌습니다. 하나님이 쓰시는 리더를 선출하기 위해서는 하나님의 기준을 사용해야 합니다. 하나님의 기준은 예수님 같은 사람입니다. 예수님 삶의 가장 큰 특징은 섬김과 순종입니다. 그러므로 리더를 세울 때에는 이 두 가지 덕목을 보아야 합니다. 첫째는 이분이 섬기는 분인가? 둘째는 이분이 순종하는 분인가?

가정교회 리더십이 건강한 이유는 섬기는 사람이 리더십으로 세워지고 있기 때문입니다. 목자는 교회에서 지명하는 것이 아니고 교인들이 선출하기 때문에 섬기는 사람이 아니면 목자가 될 수가 없습니다. 중직자는 목자들 가운데 선출되기 때문에 목자 중에서도 섬김이 탁월한 사람이 됩니다. 직책이 높으면 높을수록 더 잘 섬기는 사람이 선출되니까 리더십이 건강할 수밖에 없습니다.

이웃을 섬기는지 안 섬기는지는 비교적 판단하기가 쉽지만 하나님께 순종하는지 안 하는지는 판단하기가 어렵습니다. 그러나 하나님께 순종하는지 안 하는지는 권위의 대상에게 순종하는지 안 하는지를 봄으로써 알 수 있습니다. 권위를 가진 사람에게 순종하는 이유는 그 권위를 하나님께서 주셨기 때문입니다. 이런 권위자에게 순종하지 않는 것은 하나님께 순종하지 않은 것과 마찬가지입니다. 그러므로 부모에게 순종할 줄 모르는 청년이라면 교회 봉사활동을 아무리 열심히 해도 하나님께 순종하는 사람이라고 보기 어렵습니다. 남편에게 순종하지 못하는 아내는 아무리 기도를 많이 하고 봉사를 많이 해도 하나님께 순종하는 사람이라고 인정하기 어렵습니다. 목회자와 교회 시책에 불복하는 사람은 성경 지식이 많고 경건의 모습을 갖추었더라도 하나님께 순종하는 사람이라고 보기 어렵습니다. 하나님께 순종하는 사람은 하나님이 권위를 부여한 대상에게 순종합니다. 권위에 순종할 줄 모르는 사람을 세상적인 가치기준으로 볼 때 훌륭한 사람이라고 중직자로 세웠다가 어려움을 겪는 교회를 많이 봅니다.

▎약점을 감추지 않는 사람을 선택한다

좋은 팔로워는 약점을 감추지 않는 사람을 리더로 선택합니다. 사도 바울은 본문에서 바구니에 담겨서 피신을 해야 했던 부끄러운 사건을 언급합니다(고후 11:30, 32-33). 약점을 숨기지 않고 자랑하는 사람에게는 두 가지를 확신할 수가 있습니다. 첫째는 정직하다는 것입니다. 나중에 속이는 언행으로 실망감을 안겨줄 가능성이 적습니다. 둘째는 하나님을 의지하는 사람이라는 것입니다. 자신의 약점을 노출시키는 이유는 하나님의 은혜를 자랑하기 위함이고, 큰일을 했을 때에 능력이 자신에게서 나온 것이 아니고 하나님께 나온 것임을 보이기 위해서이기 때문입니다.

세상에서는 자신의 약점을 감추고 강점만 드러내야 합니다. 대인 관계에서 우세한 위치를 점하려고 허세를 부리기도 합니다. 자신의 목적을 이루기 위해 서슴지 않고 사람을 이용합니다. 사도 바울을 적대하는 사람들이 이런 사람들이었습니다. 자신들이 거룩한 사람인 양 비치게 만들어 고린도 교인들을 자기 사람으로 만들고 사도 바울을 신랄하게 공격하는 것입니다(고후 11:13-15). 그러므로 감추는 것이 많은 사람, 약점을 인정하지 않으려는 사람, 문제가 없는 것 같은 사람, 기도를 해주기만 하고 부탁하지 않는 사람을 경계하시기 바랍니다. 자신의 약점을 자랑하는 사람을 리더로 선택하시기 바랍니다.

사도 바울은 자신이 크리스천을 핍박하던 사람이라고 고백하고 죄인중의 괴수라고 고백하지만(딤전 1:15), 동시에 자신을 본받으라고 말합니다(고전 11:1). 자신은 아직 부족한 것이 많은 사람이지만, 예수님을 닮으려고 부단히 노력하는 모습을 본받으라는 것입니다. 세상에 결함이 없는 사람은 없습니다. 약점이 없는 사람 또한 없습니다. 100% 순수한 동기를 가진 사람도 없습니다. 이러한 완전한 사람을 찾아 리더로 모시려면 평생 팔로워가 못 됩니다. 결점과 약점이 보이지만 주님 닮으려는 노력이 있고 주님의 뜻대로 살려는 노력이 있으면 리더로 삼아서 존중하고 사랑하고 따라주시기 바랍니다. 이런 훌륭한 팔로워가 될 때에 하나님께서는 그 분의 때에 여러분들을 훌륭한 리더로 세워주실 것입니다.

고린도후서 12장

능력 있는 크리스천

　우리는 능력 있는 크리스천이 되길 원합니다. 어떻게 하면 능력 있는 크리스천이 될 수 있을까요? 특수한 체험을 하든지, 능력의 종으로부터 안수를 받든지, 금식 기도를 통해 능력을 받는다고 생각하는 사람들이 있습니다. 그러나 영적으로 큰 체험이 있었다거나, 영적인 능력이 나온다고 해서 반드시 하나님이 쓰시는 일꾼이라는 증거는 안 됩니다. 고린도교회에서 사도 바울을 대적하는 사람들은 영적인 체험도 많고 능력도 많이 나왔던 것으로 보입니다. 그랬기 때문에 고린도교인들은 현혹되어 이들을 따르고 바울의 사도권을 의심했습니다. 그러나 이들은 훌륭한 크리스천도 아니고 신실한 하나님의 종도 아니었습니다.

약함에서 능력이 나온다

능력 있는 크리스천이 되기 위한 조건이 체험도 아니고 능력을 받는 것도 아니라면 어떤 조건이 필요할까요? 우리가 능력 있는 크리스천이 되기 위해서는 우리가 무엇을 소유해야 하는 것이 아닙니다. 능력은 약함에서 나옵니다. 이것이 오늘 본문을 통하여 사도 바울이 말하고자 하는 요지입니다. 자신이 약하기 때문에 하나님께 의지할 수밖에 없고, 이럴 때 하나님의 능력이 우리를 통해 나타나 우리 자신은 약한 사람이지만 능력 있는 삶을 살게 된다고 말합니다.

오늘 본문에는 사도 바울의 유명한 몸의 가시 이야기가 나옵니다. 사도 바울에게 몸에 찔린 가시처럼 괴롭히는 것이 있었습니다. 몸의 가시가 무엇인지에 관해서는 성경학자들 간에 의견이 분분합니다. 가장 보편적인 해석은 몸의 질병이라는 것입니다. 서신서에 보면 사도 바울의 눈에 문제가 있었다는 힌트를 주는 부분이 여기저기에 나오기 때문에 사도 바울에게 시력 장애가 있었고 이것을 몸의 가시라고 표현했다고 주장합니다.

그러나 어떤 분들은 몸의 가시가 사도 바울을 괴롭히는 사람이라고 생각을 합니다. 바울이 '몸의 가시'를 '사탄의 하수인'이라고 표현했는데, 하수인이라는 단어는 인간에게 적용되는 단어이므로 몸의 가시는 인간을 의미한다고 주장합니다. 그런가 하면 어떤 분들은 몸의 가시가 바울이 받는 일반적인 핍박이라고 생각합니다.

그러나 몸의 가시가 무엇인지 분명하게 밝히지 않은 데에는 성령님의 숨겨진 의도가 있지 않나 생각합니다. 육체의 질병으로 고생하는 사람들, 신앙으로 인하여 핍박받는 사람들, 역경 가운데에서 고통 받는 사람들 모두에게 메시지를 주기 위하여 그렇게 하신 것이 아닌가 생각합니다. 몸의 가시가 무엇이든지 사역에 많은 지장을 주었던 것이 틀림없습니다. 이것을 없애 달라고 하나님께 세 번을 기도했습니다. 세 번이란 하루에 세 번이나, 한 달에 세 번 정도로 가볍게 한 것이 아닐 것입니다. 간절히 며칠간을 기도하고도 응답이 없으니까 체념하고 지내다가 몸의 가시를 더 견디지 못해서 또 한 번 기도하고, 이렇게 세 번을 했을 것입니다(7-8절). 하나님께서는 이 기도에 응답하셨는데, 가시를 제거해 주신 것이 아니라 하나님의 능력은 약한데서 완전해 진다는 말씀을 주셨습니다(9절 상).

1) 약함을 자랑한다

가시가 무엇이든지 이 말씀이 주는 메시지는 분명합니다. 하나님의 능력이 나타나도록 하기 위해서는 자신의 약함을 부끄러워하거나 숨기려 하거나 원망하지 말고 자랑해야 한다는 것입니다. 하나님의 능력은 약한데서 완전해지기 때문입니다. 그렇기 때문에 능력 있는 크리스천이 되려면 약함 가운데에 머물고 약함을 자랑하면 됩니다(고후 12:9 하-10). 왜 약함 가운데에 하나님의 능력이 역사할까요? 자신이 능력이 있다고 생각하는 사람은 하나님을 의지하지 않습니다. 그러면 자기 능력으로 일할 수밖에 없는데 인간의 능력에는 한계가 있기 때문에 인간의 능력으로 될 만큼밖에 일을 못합니다. 그러나 자신이 약한 것을 알 때는 하나님께 의지할 수밖에 없기 때문에 하나님의 무한한 능력이 나타납니다.

약함을 수용하는 정도를 넘어서 자랑하는 데에는 목적이 있습니다. 이루어질 수 없을 것 같은 일이 이루어졌을 때에 이것은 자신이 한 것이 아니고 하나님이 하신 것이라는 것을 주위에 분명히 나타나 보일 수 있게 하기 위함입니다. 자신의 약함을 내보이지 않으면 하나님이 해주셔도 본인이 잘해서 된 것처럼 보이지 않겠습니까?

그렇다고 해서 질병에 걸렸을 때에 치유를 추구하지 말고, 오해를 받을 때 오해를 풀려하지 말고, 역경을 당할 때 벗어나려고 하지 말라는 뜻은 아닙니다. 사도 바울도 자기를 찌르는 가시를 제거해 주시기를 세 번이나 기도했던 것을 기억해야 합니다. 그러나 이러한 기도에도 불구하고 약함이 사라지지 않을 때에는 하나님께서 약함을 통해 능력을 나타내기 원하시기 때문이 아닌가는 가능성을 진지하게 고려해야 합니다. '몸의 가시' 즉 '사탄의 하수인'으로 인해 끊임없이 괴로울 때 낙담하지 마시고 힘을 내십시오. 하나님이 능력을 나타내십니다. 하나님이 기적을 베푸십니다. 하나님이 승리하십니다.

2) 영적 체험을 자랑하지 않는다

또한 능력 있는 크리스천이 되기 위하여 체험이나 능력 받는 것을 지나치게 자랑하지 마시기 바랍니다. 사도 바울을 대적하고 교인들의 믿음을 흔들어 놓은 사람들은 영적 체험이 많은 사람들이었습니다. 자신이 겪었던 여러 신비한 체험들을 자랑하니 영적으로 미숙했던 고린도 교인들이 현혹되었습니다. 사도 바울은 고린도교인들을 설득시키기 위하여 자신도 신비한 체험이 있었음을 무척 어색해 하면서 말합니다(고후 12:1). 그것도 남의 얘기처럼 3인칭을 써가면서 말하고 자세한 내용은 언급하지 않습니다(고후 12:2-4). 그런데 이 체험이 14년 전에 있었던 것이라고 말하는 것을 보면 14년 동안이나 사도 바울은 고린도 교인들에게 이 체험을 말하지 않았던 것을 알 수 있습니다. 왜 그랬을까요?

하나님의 능력은 체험에서 나오는 것이 아니라 자신의 약함에서 나오는 것을 알기 때문에 체험에 관한 말을 길게 하면 고린도 교인들에 그런 체험에서 사도 바울의 능력이 나온다고 오해하지 않을까 싶어서 일 것이라고 생각합니다. 그래서 사도 바울은 간단히 체험이 있었음만 언급하고 약함을 자랑한다고 말을 맺습니다(고후 12:5).

영적 체험을 하고 능력을 받는 것이 나쁜 것이 아닙니다. 믿음 생활에 유익할 수가 있습니다. 그러나 진정한 능력 있는 크리스천이 되기 위해서는 신비 체험을 추구하거나 능력 받기를 갈망하기보다 약함을 자랑해야 합니다. 약함을 자랑할 때 그리스도의 능력이 우리를 통하여 나타납니다.

주님의 일꾼의 증거는 고난이다

하나님이 쓰시는 종인지 아닌지 어떻게 알까요? 영적인 체험이 있거나 능력이 나오는 것이 반드시 하나님이 쓰시는 종이라는 증거가 못 된다는 것은 이제 아셨을 것입니다. 사실 신비한 체험이나 초자연적인 능력은 다른 종교를 믿는 사람들에게서도 볼 수 있습니다. 사이비 종교에도 예언이 있고 방언이 있습니다. 잠정적으로 병이 치유되는 역사가 일어나기도 합니다. 그렇다면 진정한 하나님의 종은 어떻게 알 수 있을까요? 고난을 통하여 알 수 있습니다. 진정한 주님의 일꾼에게는 주를 위한 고난이 있습니다. 사도 바울은 11장에서도(11:23-27) 12장에서도 (12:10)에서도 자신이 받은 고난을 열거하는데, 자신이 진정한 주님의 종이라는 것을 보여주기 위해서입니다.

1) 고난을 기뻐한다

사도 바울은 자신을 대적하는 사람들과 자신을 비교하며 자신이 얼마나 더 큰 고난을 받았는지를 말하고 있습니다(12:23). 일꾼이 얼마나 큰지는 주를 위하여 받는 고난에 비례한다고 생각하고 있는 것을 알 수 있습니다. 진정한 주님이 종이라면 고난을 받을 수밖에 없는 것이, 세상은 사단에게 속했기 때문입니다(요일 5:19). 사단 편에 붙으면 사단은 손보지 않고 버려둡니다. 그러나 주의 일을 하면 공격합니다. 그래서 사도 베드로도 환난이 닥치면 이상하게 생각하지 말고 큰 기쁨으로 알라고 말했습니다(벧전 4:12-13). 사단의 적이요 하나님의 군사라는 의미이기 때문입니다.

제가 산호세에서 부목사로 사역할 때 6개월 사이 3번 자동차 사고가 난 적이 있습니다. 한번은 주일 저녁 집회에를 가는 길에 신호등이 빨간 불로 바뀌어서 섰는데 어떤 차가 탱크처럼 굉음을 내며 내차를 받아서 차가 완파되었습니다. 두 번째는 아들을 학교에를 데려다 주는 길에 교차로에서 좌회전을 하는데 대형 트럭이 신호등을 무시하고 와서 차 앞쪽을 받아 차가 완파가 되었습니다. 세 번째는 차를 정지하고 신호등이 바뀌기를 기다리고 있는데 어떤 차가 와서 뒤를 '쾅'받고는 도망 가버렸습니다.

이때 드는 생각이 있었습니다. "아마 내가 사단이 싫어하는 일을 하고 있어서 나를 공격하는 모양이다. 그렇다면 하나님께서 기뻐하시는 일을 하고 있음이 틀림없다." 그러면서 기쁨으로 가슴이 충만했던 적이 있었습니다(사족이지만, 큰 사고가 세 번이나 났음에도, 몸을 다친 사람도 없고 보험에서 잘 처리해 주어서 경제적인 손해도 보지 않았습니다. 주를 위해 받는 고난은 하나님께서 책임져 주시는 것 같습니다).

2) 기꺼이 고난을 받는다

가정교회로 인하여 제가 제법 알려진 목사가 되었지만, 천국에 가서 심판 받을 때 큰 상급을 받지는 못할 것 같습니다. 상급을 많이 받을 사람들은 바울처럼 주를 위하여 고난을 받은 사람들입니다. 복음을 받아들이지 않는 원주민들을 대상으로 사역하는 선교사들, 언제 끊어질지 모르는 선교 후원금 때문에 마음 졸이며, 열매도 없어 보이는 사역을 위하여 고난을 감수하며 섬기는 선교사들이 저보다 훨씬 더 많은 상급을 받을 것이라고 생각합니다.

그렇다고 제가 선교사로 나갈 수는 없습니다. 사역지는 주님이 정하시는 것인데, 주님께서 저에게 정해주신 자리는 휴스턴서울교회이기 때문입니다. 그러나 선교지가 아닌 휴스턴에서라도 주님 앞에서 큰 일꾼으로 인정받기 위하여 스스로 고난을 자초하여, 사도 바울처럼 주님의 고난에 동참하려고 노력합니다(빌 3:10). 잠이 부족하더라도 새벽에 교회당에 나와서 스스로 시간을 정해 기도한다든지, 가계에 재정적인 어려움을 가져올 수 있어도 사역에 필요하다면 헌금도 하고 돈도 씁니다. 주님의 참된 종인지 아닌지는 얼마나 세상적인 축복을 누리느냐가 아니라 얼마나 주를 위해 고난을 받느냐가 결정한다는 것을 알기 때문에 스스로 주를 위한 고난을 자초하는 것입니다.

여러분들도 자신이 얼마나 큰 일꾼인지를 알고 싶으면 주를 위해 받는 고난이 얼마나 큰지를 생각해 보시기 바랍니다. 직장이나, 사업장이나, 가정에서 신앙 때문에 고난과 희생을 치르고 있으면 기뻐하시기 바랍니다. 하나님께 인정받는 크리스천이라는 징표이기 때문입니다. 그러나 고난이 없다면 고난과 희생이 있는 선택을 만들어 실행하시길 바랍니다. 이것이 하나님이 인정하시는 크리스천이 되는 길이며 능력이 나오는 길입니다.

▋ 하나님의 일꾼은 오해의 소지를 없앤다

하나님이 쓰시는 크리스천이 되기 위해서는 오해의 여지를 제거해야 합니다. 사도 바울과 고린도교인들과의 갈등의 요소는 바울이 교회로부터 재정적인 지원을 받지 않은 것입니다. 고린도교인들은 이것이 자신들의 사랑을 거부하는 것으로 생각했고, 사도의 자격이 없기 때문이라고 오해를 했습니다. 그런데 사도 바울은 고린도 교회를 다시 방문할 계획을 말하면서도 역시 재정적인 보조를 받지 않을 것을 선언합니다. 폐가 되는 것을 원하지 않았기 때문입니다(13-14절). 사도 바울은 지금 생활 보조를 받으면 문제가 사라질 듯싶지만, 나중에 더 문제가 생길 것이라고 생각한 듯싶습니다. 또 예루살렘에 헌금을 한다면서 그 돈을 자신의 사역을 위해서 사용하려고 하지 않느냐는 의심이 있었던 것 같습니다(16절). 이에 대해서는 자신과 제자 디도의 재물에 관한 한 흠이 없었음을 예로 삼아서 반론을 펼칩니다. 사도 바울이 이처럼 많은 오해와 악랄한 공격에서도 꿈쩍하지 않을 수 있었던 것은 평소에 깔끔한 삶을 살아서 오해의 여지를 없앴기 때문입니다.

하나님이 쓰시는 크리스천이 되기 위해서는 오해의 소지를 없애야 합니다. 제가 아내 아닌 여성과 단둘이 같은 차를 타지 않거나 식사를 같이 하지 않는 것은 상대방이 나를 유혹할까봐 두려워서 그러는 것이 아닙니다. 혹시 오해가 생길지 모르기 때문에 오해 여지를 없애기 위해서입니다. 안 믿는 사람과 식사를 할 때에는 반드시 제가 식대를 지불

합니다. 목사는 얻어먹기를 좋아하는 사람이라는 오해를 줄까 봐 그럽니다.

얼마 전 한 젊은 목자가 요즈음도 가끔 당구를 치고 싶은 충동이 생겨서 힘들 때가 있다고 했습니다. "당구 치는 것이 죄가 아닌데 가끔 치지 그래요." 그랬더니 이렇게 대답했습니다. "휴스턴에서 한인이 운영하는 당구장에서는 술을 팝니다. 내가 당구장에서 나오는 것을 사람들이 보면 자동적으로 술 먹었다고 생각할 것입니다. 서울교회 목자로서 그런 오해를 줄까봐 출입을 않습니다." 이 목자는 많은 비신자들이 예수님을 영접하고 변화되게 만든 사람입니다. 이처럼 '사역에 지장을 주지 않도록 노력하고 오해의 소지를 주지 않으려고 노력하니까 하나님이 사랑하셔서 사역에 열매가 있었구나.' 속으로 머리를 끄덕였습니다.

고린도후서 13장

건강한 공동체를 이루려면

우리는 모두 다 공동체의 일원이 되는 것을 피할 수 없습니다. 가정, 직장, 교회 등 공동체의 일원으로 삽니다. 공동체 안에서 어떤 삶을 사는지가, 인생의 질을 결정합니다. 공동체의 삶이 기쁘고 즐거우면 인생이 행복할 것이요 공동체의 삶이 힘들고 고되면 인생도 불행할 것입니다.

고린도후서를 기록하는 사도 바울의 의도는 한 마디로 집약하자면, "완전하게(고후 13:9), 혹은 온전하게(고후 13:11) 되라"는 것이라고 말할 수 있겠습니다. '완전하게'나 '온전하게'로 번역된 단어는 헬라어로는 같은 단어인데, "완전히 수리하여 새것을 만든다"는 뜻입니다. 영어로는 '리스토어'(restore)가 가장 가까운 단어입니다. 가짜 사도로 인하여 믿음의 기초가 흔들리고 불순종하는 태도가 자리 잡고 있는 공동체를 건강하게 회복시키라는 말입니다. 이러한 의도로 쓴 편지의 마지막 장을 통하여 공동체의 건강을 회복하고 온전하게 만들기 위해 어떻게 할 것인가를 생각해 보겠습니다.

하나님이 같이 하는 사람을 경외한다

회복되어 건강한 공동체를 이루려면 하나님이 같이 하시는 사람을 존중할 줄 알아야 합니다. 사도 바울은 자신이 하나님이 불러주신 사도라는 사실을 자주 강조합니다. 이는 자존심을 살리기 위한 것이 아닙니다. 고린도교인들이 사도 바울이 하나님께서 보낸 사람이라는 것을 알아야 그가 전하는 복음을 하나님의 말씀으로 받아들일 수 있기 때문입니다. 또한 그렇게 할 때에 복음 위에 확실히 선 교회가 될 것을 알기 때문입니다. 사도 바울은 자신을 알아달라는 것이 아니라 자신을 사용하시는 하나님을 인정하라는 것입니다.

편지를 마감하면서 사도 바울은 자신이 하나님이 보낸 사람이라는 사실을 인정하지 않을 사람들을 엄중하게 처단할 것을 명령합니다(고후 13:1-2). 사도 바울은 철저하게 그리스도의 삶을 사는 사람이고(갈

2:20) 평소의 보였던 것은 그리스도의 온유이지만, 이러한 온유함을 약함으로 오해하고 계속하여 회개하지 않으면 그리스도의 엄중함을 맛볼 것이니 조심하라고 경고합니다(고후 13:3-4). 여기에서 바울은 자신을 존중해 달라는 것이 아니라 자신을 사도로 불러서 사용하시는 주님을 경외하라고 말합니다.

1) 하나님이 권위를 위임한 사람을 경외한다

하나님을 경외하는 사람은 하나님의 권위를 위임받은 사람을 존중합니다. 사도 바울은 로마 교인들에게 편지를 쓰면서 크리스천들에게 권세 즉 국가 권위에 순종하라고 명합니다. 이유가 무엇입니까? 하나님이 세워주신 것이기 때문입니다(롬 13:1). 그러므로 나라 권세에 불순종하는 것은 하나님께 불순종하는 것과 마찬가지이기 때문에 하나님께서 벌하신다고 말합니다(롬 13:2).

우리는 여기에서 크리스천들이 나라 법을 지켜야 할 이유를 발견합니다. 하나님이 그 나라와 정부를 세워주셨기 때문입니다. 그러므로 크리스천은 하나님의 뜻에 어긋나지 않는 한 나라 법을 준수해야 합니다. 세금 포탈을 한다든가, 가짜 물건을 판다든가, 허위로 사회보장 제도 혜택을 받는 것은 다 하나님을 속이려는 것과 마찬가지입니다. 잠시 이익이 있을지 모르지만 하나님이 주시는 복을 받을 수 없습니다.

권위에 순종하는 원칙은 모든 공동체에 해당합니다. 건강한 크리스천 가정이 되려면 자녀들이 부모에게 순종하고 아내들이 남편에게 순종해야 합니다. 부모나 남편이 반드시 훌륭해서가 아닙니다. 그에게 권위를 주신 하나님에 대한 경외심 때문입니다. 교회에서는 목자와 사역부장에게 순종해야 합니다. 교회에서 세운 직분 뒤에는 하나님께서 위임하신 권위가 있기 때문입니다.

출애굽기 21:7에 "부모를 저주하면 사형에 처하라"고 했습니다. 현대인에게는 너무 가혹하게 들릴지 모르지만, 당시의 부모는 단순히 자녀들을 먹이고 입히는 것뿐만 아니라 하나님의 뜻에 따라 양육하는 책임과 권위를 받는 사람들입니다. 부모를 저주하는 것은 하나님을 저주하는 것과 마찬가지이기 때문에 이러한 가혹한 계명을 주신 것입니다.

권위에 순종한다는 것은 세상적인 가치관으로 보면 매력적이지 않습니다. 세상은 불순종하고 자신의 뜻대로 사는 사람을 멋지게 봅니다. 소설, 드라마, 영화의 주인공은 모두 권위에 저항하는 사람들입니다. 그러나 실제로 자기 멋대로 사는 사람들이 속한 가정이나 직장을 보십시오. 불화와 갈등이 끊이지 않고 진정한 사랑을 볼 수 없습니다. 건강하고 행복한 공동체는 하나님이 세워주신 권위를 가진 사람에게 순종할 때에 얻어집니다.

2) 불우한 사람을 돌봅니다.

건강한 공동체를 이루기 위해서는 하나님이 같이 하시는 사람들을 존중해야 합니다. 하나님은 은혜와 긍휼의 하나님이시기 때문에 그의 사랑은 낮은 곳에 임합니다. 하나님은 불우한 사람들에 대해 특별한 관심을 갖고 계십니다. 그렇기 때문에 이미 여러 번 말씀드린 대로, 이스라엘 백성들에게 계명을 주실 때에, 과부, 고아, 외국인 근로자를 잘 돌보라고 곳곳에서 당부하셨습니다. 예수님께서도 양과 염소의 비유를 말씀하실 때에 배고프고 헐벗고 감옥에 갇힌 사람들을 돌보는 것이 자신을 돌보는 것이라고 말씀하셨습니다(마 25:35-36, 40). 반면에 불우한 사람을 돌보지 않은 것은 주님을 박대하는 것과 마찬가지라고 말씀하셨습니다(마 25:45).

세계를 다녀보면 미국처럼 잘 사는 나라가 별로 없습니다. 그렇게 잘 살게 된 데에는 이유가 있습니다. 기독교 정신에 기초하여 불우한 사람들을 돌보았기 때문입니다. 건축을 할 때 신체장애자를 배려하여 그들이 들어갈 수 있는 장치를 안 하면 건축 허가를 내주지 않습니다. 노인들에 대한 사회 보장 제도도 잘 되어 있어서 이민 와서 사시는 할아버지 할머니들은 아들딸이 아니라 미국 정부가 효자라고 말하기도 합니다.

우리가 성탄절을 지내면서 가족끼리 선물할 돈을 가지고 불우한 사람에게 선물을 하기로 했는데 이것이 주님의 탄생을 축하하는 가장 좋은 방법이라고 생각합니다. 불우한 사람을 돌볼 때에 주님께서 자신에게 해준 것처럼 기뻐하시기 때문입니다. 이러한 것을 연중행사로 그치지 말고 삶의 스타일로 정착되면 좋겠습니다. 그렇게 될 때 주님이 기뻐하시는 건강한 교회가 될 것입니다. 이런 원칙은 어느 공동체에나 해당됩니다. 가정도 병약한 노부모님을 모시고 사는 가정이 잘 될 것입니다. 목장도 자폐증 가진 자녀를 둔 부모를 돕는 목장이 잘 될 것입니다. 회사도 신체장애자들을 고용하는 회사가 잘 될 것입니다. 나라도 불우한 자와 소외된 자를 돌보는 나라가 잘 될 것입니다.

▍자신이 믿음 안에 있는지를 살핀다

고린도 교인들은 끊임없이 사도 바울이 진정한 하나님의 종이고 사도인지 의심하고 점검하려 했습니다. 사도 바울은 이런 태도를 괘씸해 하지 않고 온유함으로 이들의 요구에 응하여 자신이 참된 사도임을 증명해 보였습니다. 그러나 편지를 마감하면서 최후의 도전을 합니다. 고린도 교인들로 하여금 자신들이 과연 믿음 안에 있는지 스스로 점검해 보라는 것입니다(고후 13:5-6).

건강한 공동체를 이루기 위해선 우리도 자신이 믿음 안에 있는지를 종종 점검해야 합니다. 특별히 공동체가 위기 상황에 처했다고 느껴져서, 리더가 불만, 두려움, 절망감, 염려에 사로잡혀 있을 때에는 자신이 믿음 안에 있는지를 살펴야 합니다. 믿음이란 신뢰입니다. 주님을 진정으로 신뢰하고 주님이 일하시도록 하고 있다면 이런 감정에 지배받을 수 없습니다. 자신을 살펴서 하나님에 대한 신뢰가 결여되어 충분이 맡기고 순종하지 못했다고 판단이 되면, 회개하고 순종을 결심하시기 바랍니다. 공동체를 향한 하나님이 뜻이 무엇인가를 발견하고, 결과에 집착하지 말고, 하나님의 뜻만을 절대적으로 순종하기를 결심하기 바랍니다. 이렇게 할 때에 공동체의 건강이 회복됩니다.

자신이 믿음 안에 있는지 없는지는 느낌이 아니라 삶으로 증명됩니다. 어제 휴스턴 기온이 급격히 내려갔습니다. 눈이 내리는 법이 없는 곳인데 어떤 지역에는 눈도 살짝 내릴 정도였습니다. 모든 TV 일기예보 담당자들이 밤에 온도가 빙점 이하로 내려가므로 대비하라고 했습니다. 이 일기 예보를 진짜 믿은 사람은 어떻게 하겠습니까? 꽃을 집안에 들여다 놓을 것이고, 파이프가 얼지 않도록 천으로 씌우든지 물이 밤새 흐르도록 해서 파이프가 터지지 않도록 할 것입니다. 그러나 이런 TV 보도를 듣고서도 아무 조처도 취하지 않는 사람은 이 보도를 믿지 않는 사람입니다. 믿음은 행동으로 증명됩니다. 그래서 야고보도 '행함이 없는 믿음은 죽은 믿음'이라고 했습니다(약 2:26). 행함으로 증명되지 않는 믿음은 가짜 믿음입니다.

자신보다 공동체를 우선한다

건강한 공동체를 이루려면 공동체 구성원들은 자신의 유익보다 공동체를 우선해야 합니다. 사도 바울은 고린도후서 13:7-9에서 고린도 교인들에게 자신이 믿음에 있는지를 살펴보라고 하면서, 믿음 안에 있다면 사도 바울도 믿음 안에 있는 것을 알게 될 것이라고 말합니다. 그러나 반대 결론을 내리더라도 믿음을 점검해서 강한 믿음의 사람들이 된다면 그것으로 기뻐할 것이라고 말합니다. 사도 바울은 자신에게 유익이 될지 불이익이 될지에 상관없이 고린도교회 공동체가 굳건하고 온전하게 서길 바라는 것을 볼 수 있습니다.

건강한 공동체를 이루기 위해 공동체 구성원이 자신보다 공동체의 유익을 우선해야 합니다. 그런데 이것이 쉽지가 않습니다. 많은 논객들이 국민과 정치인들이 자신보다 나라의 유익을 우선하면 나라가 잘 될 것이라고 말합니다. 회사 직원과 경영자가 자신보다 회사의 유익을 우선하면 회사가 잘 될 것이라고 말합니다. 문제는 이렇게 해주기만 하면 좋겠는데. 문제는 자신의 유익보다 공동체의 유익을 우선으로 할 이유가 없다는 것입니다. 인간은 이기적이기 때문입니다. 약간 양보하여 자신에게 더 큰 유익이 돌아온다면 약간의 양보는 할 수 있지만, 공동체를 위하여 자신을 희생시켜야할 이유가 없습니다. 그렇기 때문에 공동체를 건강하게 바꿀 수 있는 사람은 크리스천밖에 없습니다. 크리스천은 주님의 뜻을 이루고 주님께 영광이 된다면 희생을 서슴지 않고 필요하다면 목숨까지도 바칠 각오가 되어있기 때문입니다.

가정과 교회는 하나님이 직접 세워주신 공동체입니다. 요즈음 배우자가 자신의 필요를 채워주지 못하고 자기실현에 방해가 된다고 생각하면 서슴지 않고 이혼을 합니다. 그래서 가정을 쉽게 깨지만 이것을 방지할 도리가 없습니다. 예수를 믿지 않는 사람들은 자신을 희생하면서까지 가정을 지켜야 할 절대적인 이유가 없기 때문입니다.

그러나 예수님을 주님으로 모신 사람들은 건강한 가정, 회복된 가정을 이룰 수가 있습니다. 가정은 하나님이 세워주신 공동체이기 때문에 인간이 깨서는 안 된다는 생각 때문입니다. 그래서 어떻게든 가정을 깨지 않으려고 노력하다 보니 자아를 죽이고 상대방을 이해하려 애씁니다. 이렇게 하다보면 자연스럽게 부부 관계가 회복되고, 자녀들도 좋은 영향을 받아 건강한 가족 공동체를 이루게 됩니다.

교회 공동체도 성도들이 교회의 유익을 자신의 유익보다 우선할 때 건강해질 수 있습니다. 자신의 유익보다 교회의 유익을 우선한다는 것은 두 가지 마음을 갖는 것입니다. "사역만 되면 된다!""복음만 전해지면 된다!" 서울 교회가 건강한 이유는 교인들이 이러한 마음가짐을 갖고 있기 때문이라고 생각합니다.

얼마 전 초등부가 주관해서 드린 성탄절 축하예배 후에, 교회 나오기 시작한 지 1년밖에 안 되는 한 자매님이 교회 홈페이지에 글을 올렸습니다. 특별 예배를 드리기 위해서 수많은 사람들이 도움이 필요한데, 돕는 사람들을 보니까 사회에서는 높은 지위에 있는 분들이 많더라는 것입니다. 이런 분들이 주연이 아니라 돕는 역할을 맡아서 정성을 다해 기쁨으로 섬기는 모습을 보면서 참된 섬김의 모습을 보았다고 글을 올렸습니다. "사역만 되면 된다!"는 생각 때문에 이런 일이 가능합니다.

사역만 되면 된다. 복음만 전해지면 된다는 생각이 일반화 되어있는 곳이 목장 사역입니다. 목자치고 자신의 목장이 부흥하는 것을 원치 않는 목자가 어디에 있겠습니까? 그럼에도 불구하고 목장 식구가 적응을 힘들어하거나 새로 방문한 목장 식구가 잘 안 맞는 것 같으면 다른 목장으로 옮길 수 있도록 조처해 주는 목자들이 많습니다. 이러한 관용을 보일 수 있는 것은 목장을 부흥시키는 목자로써 인정받기보다 목장 식구의 믿음이 더 중요하다는 마음가짐 때문일 것입니다. 이러한 자세가 교회를 건강하게 하는 것입니다.

자신의 필요보다 교회의 필요를 우선하는 모습은 안수 집사님들에게서 잘 볼 수 있습니다. 새로운 회계연도를 시작하게 되면 사역부서를 지정해 주는 것이 아니라 부서 명단을 주고 선호하는 순서로 번호를 매겨서 제출하라고 합니다. 그래서 가능하면 원하시는 부서에서 섬기도록 배려해드리는데, 그러다 보면 아무도 원치 않는 부서가 생기기도 합니다. 그래서 '목사님이 지정해 주시는 부서'라는 란을 만들었는데, 많은 분이 여기에 기표를 하십니다. 그래서 아무도 원치 않는 부서를 맡아 성실하게 사역을 하십니다. 이처럼 자신이 하고 싶은 사역보다 교회에서 필요로 하는 사역을 하고자 하는 마음이 우리 교회를 건강하게 만들고 있습니다.

답은
고린도에
있다

제1판 1쇄 발행 · 2019년 5월 15일
제1판 4쇄 발행 · 2024년 10월 10일

지은이	최영기
발행인	김용성
편집	강성모
제작	정준용
보급	이대성

펴낸곳	요단출판사
등록	1973. 8. 23. 제13-10호
주소	07238) 서울특별시 영등포구 국회대로 76길 10
기획	(02)2643-9155
보급	(02)2643-7290
	Fax(02)2643-1877

ⓒ 2019. 요단출판사 all rights reserved.

값 15,000원
ISBN 978-89-350-1747-8 03230

이 책의 저작권은 요단출판사가 소유하고 있습니다.
출판사의 사전 승인 없이 책의 내용이나 표지 등을 복제, 인용할 수 없습니다.